# 新しい時代の技術者倫理

札野　順

新しい時代の技術者倫理（'15）
©2015　札野　順


装丁・ブックデザイン：畑中　猛

# まえがき

　2011年3月11日に発生した東日本大震災並びにそれに起因する原子力発電所事故は，科学技術と社会の関係を変えた。科学技術に光と影があることは，震災以前から認識されてはいたが，津波に流される家屋や水素爆発を繰り返す原子力発電所の様子を目の当たりにして，人間が作り上げた科学技術の成果が，自然の力の前では無力で，また，時には社会に牙をむくことを思い知らされた。何のための科学技術なのか，社会と科学技術の関係はどうあるべきなのか，科学技術を担う専門家や組織は何を為すべきなのか。人類は，これらの問題に真摯（しんし）に向き合わなければならない「新しい時代」に入った。

　この新しい時代において技術者は，どのように意思決定をし，行動すべきなのだろうか。その行為を「設計」する際に，どのような価値を重視すべきなのだろうか。科学技術がもたらす恩恵と潜在的に持つリスクとのバランスを，一般の人々と共有するためには，何が必要なのだろうか。

　技術は，不可能であった「行為」を可能にする。また，その「行為」は，公衆の安全・健康・福利に貢献することもあるし，それらを脅かすこともある。現代の高度科学技術社会では，技術を実践する技術者の「行為」が，社会や環境に多大な影響を与えるのだ。それ故，「新しい時代」においては，技術者が，その職務を遂行する上で，技術の本質や技術と社会の関係，技術に関する制度や組織（企業など）のあるべき姿，また，個々の技術者や組織の意思決定と行動，などを理論的かつ総合的に考察することが求められている。そして，その考察の成果を自らの実践に反映させるための「知の領域」が，「技術者倫理」である。

「技術者倫理」を学問分野とは呼ばず，あえて，「知の領域」と書いたのにはわけがある。それは，「技術者倫理」が，単に，科学技術に携わる人々の行為・行動を，学術的・第三者的に検討し批評する理論的な学問ではなく，科学技術を担う当事者が，さまざまな「価値」のバランスを取りながら自らの行為を「設計」し実行する「実践」のための知であるからだ。

　「技術者倫理」の重要性は，世界中で認識されている。技術者を育成する教育課程の質を国際的に保証するシステムが構築されつつあるが，それらのなかで，技術者倫理に関わる教育目標が明示されている。企業等の組織でも，技術者倫理にかかる研修が実践されている。

　本科目は，主に，これから技術者になろうとする人たちを「技術者倫理」という新しい「知の領域」に誘うことを目的に開発された。しかし，「技術者倫理」の世界は，広くて深く，かつ，常に新しい問題群が生まれているという意味で動的である。したがって，1つの科目ですべてを網羅することはできない。本科目は，あくまでも，入門的なものであることを理解していただきたい。

　技術者倫理の教育では，通常，具体的な事例に関するグループ・ディスカッションなどを通して能動的学習を行う。読者及び受講生の皆様は，本科目で扱う問題や事例を「もし自分が当事者であったなら，どのように行動するか」という視点で熟考するだけでなく，できる限り，身近な人々と話し合うようにしていただきたい。技術者倫理は，肘掛け椅子に座って沈思する学問ではなく，意思決定と行動のための実践的知であるからだ。

　本科目は，2004年から開講された「技術者倫理'04」，その改訂版である「技術者倫理'09」を基に開発された。したがって，本書も，根幹的な部分で，これまでの印刷教材である『技術者倫理』（放送大学教育振

興会，2004年）及び『改訂版　技術者倫理』（放送大学教育振興会，2009年）と共通している内容が多い。また，本書で提示する技術者倫理とポジティブ心理学の関係並びに志向倫理についての記述は，拙著『技術者倫理の必要性と目的─「幸せ」を求めて─』（品質月間テキスト）（日本科学技術連盟，2011年）が初出であり，それを基にして最新の知見を加えた。

　本科目および本書は数多くの方々の献身的なご協力の賜である。紙面の関係で逐一お名前を挙げることは控えるが，インタビューや取材にご協力をいただいた方々，放送大学の関係者の方々ならびに主任講師の本務校である金沢工業大学の関係者に心からの感謝の意を表する。

　最後に，「技術者倫理」の重要性を早くから認識し，本科目の前身となった科目を2004年に新設することを企画された中島尚正先生（当時放送大学大学院教授）に感謝申し上げたい。もし，皆様がこの科目を通して，「技術者倫理」が新しい時代の技術者に不可欠な資質・能力であることに同意していただけるのであれば，それはまさしく中島先生が示された卓越したビジョンの賜である。

2014年11月
執筆者ならびに講師を代表して
札野　順

# 目次

まえがき　　札野　順　3

## 1 新しい時代の技術者倫理とは何か
　　　　　　　　　　　　　　　　　　　　｜ 札野　順　11

　1．「新しい時代」とは　　11
　2．科目概要と本科目の学習・教育目標　　14
　3．技術者倫理とは　　15
　4．科学技術と価値―技術者倫理の特殊性―　　18
　5．志向倫理と予防倫理　　19
　6．「幸せ」を目指す技術者倫理　　22

## 2 技術者が意思決定を迫られる状況とは(1)
　　　　　　　　　　　　　　　　　　　　｜ 札野　順　26

　1．技術者倫理教育におけるケース（事例）の重要性　　26
　2．スペースシャトル・チャレンジャー事故の概要　　29
　3．技術者にとっての安全―ボジョレーの葛藤―　　33
　4．倫理的問題―対立する価値―　　48

## 3 技術者が意思決定を迫られる状況とは(2)
　　　　　　　　　　　　　　　　　｜ 札野　順・栃内文彦　51

　1．ステークホルダーと価値　　51
　2．技術者倫理の4つのレベル（メタ，マクロ，メゾ，
　　　ミクロ）と技術者倫理の必要性　　59
　3．チャレンジャー号事故を4つのレベルで考える　　64

## 4 | 科学技術と社会・環境　　　｜ 札野　順　68

1．科学技術が人間社会に与える影響に関する考察　68
2．「未来はわれわれを必要としているか」　73
3．21世紀に技術者が解決すべき重要課題と志向倫理　76

## 5 | 新しい時代の技術者とは何か
　　　―その資質と能力―　　｜ 札野　順・夏目賢一　80

1．新しい技術者像と技術者教育　80
2．技術者倫理教育　88

## 6 | 技術者としての行動設計(1)
　　　　　　　　　　　　　｜ 札野　順・金光秀和　93

1．技術者の直面しうる倫理問題　93
2．倫理的思考の特徴　95
3．代表的な倫理学理論　98

## 7 | 技術者としての行動設計(2)
　　　―技術者が重視すべき価値―
　　　　　　　　　　　　　｜ 札野　順・金光秀和　107

1．プロフェッションと倫理綱領　107
2．倫理綱領の機能　109
3．倫理綱領の歴史　111
4．倫理問題と設計問題のアナロジー　118
5．価値を共有するための倫理プログラム　120

## 8 | 技術者としての行動設計(3)
### ―倫理的意思決定の方法―

| 札野　順・金光秀和　127

1．セブン・ステップ・ガイド　127
2．技術者と法律　135
3．倫理的意思決定の阻害要因と促進要因　137

## 9 | 技術者の責任
### ―優れた意思決定がもたらすもの―

| 札野　順　142

1．技術者が特別の責任を持つ理由　142

## 10 | 組織の中でいかに行動すべきか(1)

| 札野　順・夏目賢一　166

1．ケース・メソッドによる学習　166
2．組織の中の技術者　174
3．公益通報が倫理的に許される条件　175
4．公益通報をめぐる諸問題　176

## 11 技術者とISO26000「Guidance on Social Responsibility（社会的責任に関する手引き）」について ｜ 札野　順・岡部幸徳　181

1．ISO26000とは　181
2．ISO26000の構成　183
3．「社会的責任の基本を理解する」　187
4．「社会的責任の中核主題を理解する」　193
5．「社会的責任を組織に取り込む」　197
6．まとめ　200

## 12 組織の中でいかに行動すべきか(2) ―企業の社会的責任と倫理―

｜ 札野　順・岡部幸徳　編　202

事例1：パナソニックグループにおける
　　　　グローバル・コンプライアンスの推進　202
1．「社会の公器」として，公明正大に事業を推進　203
2．違反の原因に即した施策を推進　205
3．コンプライアンスのグローバル展開　207
4．リスクの大きさとバランスのとれた
　　コンプライアンス推進に　208
5．まとめ　210
事例2：アデランス社「アデランスの事業と一体化した
　　　　戦略的CSR活動」について　211

## 13 東日本大震災後の社会における技術者の新しい役割
　　　　　　　　　　　　　　　　　| 札野　順・夏目賢一　224
1. 東日本大震災の教訓　224
2. 技術に関連するリスクの不確実性と
　　その客観的評価の限界　227
3. 社会的合意形成を求めて
　　―技術者の責任と役割の拡大―　236

## 14 責任ある研究活動とは何か
　　　　　　　　　　　　　　　　　| 札野　順・栃内文彦　245
1. 研究倫理の事件簿　245
2. 「責任ある研究活動」とは何か　250
3. 「責任ある研究活動」を促進するためには　254

## 15 社会のなかの，社会のための技術者
　　―「幸せ」をもたらす技術者倫理―
　　　　　　　　　　　　　　　　　　　　　　| 札野　順　262
1. 「新しい時代」―再考―　262
2. 社会の「福利」を最優先する技術者　268
3. 「幸せ」な Philosopher―Engineer を目指して　272

付録1．技術者倫理用ビデオ教材「ソーラーブラインド」　277
付録2．Gilbane GOLD　292
索引　310

# 1 | 新しい時代の技術者倫理とは何か

札野　順

《目標＆ポイント》　東日本大震災後の「新しい時代」における技術者の倫理について考える。
《キーワード》　技術者，倫理，技術者倫理，技術者倫理教育の学習・教育目標，行動の設計，ポジティブ心理学，well-being

## 1.「新しい時代」とは

### （1）　東日本大震災後の科学技術と社会の関係

　2011年3月11日14時46分頃，宮城県沖の海底を震源として発生した東北地方太平洋沖地震は，日本における観測史上最大のマグニチュード9.0を記録した。この地震により，大津波が発生し，東北・関東地方の太平洋沿岸部は未曾有の被害を被った。地震と津波の影響で，東京電力福島第一原子力発電所は，原子炉を冷却するための全電源を喪失して，原子炉建屋の爆発や格納容器の損傷により，大量の放射性物質の放出を伴う重大な原子力事故に発展した。このため，原子力発電所周辺の多数の住民は避難を余儀なくされ，大気中や海中に放出された大量の放射性物質により，畜産物・農作物・海産物も甚大な影響を受けている。

　いわゆる東日本大震災は，我々日本人だけではなく，人類全体に，「科学技術と社会とのあるべき姿」について重大な問いを投げかけた[1]。

　20世紀に技術者が成し遂げた偉業として米国工学アカデミーは20の技術を選出した。このなかには，電力・電化，自動車，飛行機，水の供給，

電子技術などが含まれる[2]。

　東日本大震災が起こるまで，多くの日本人や先進諸国の人びとにとって，これらの技術的成果のない世界，特に，電気と水のない世界を想像することは難しかった。しかし，震災により，水の供給を含む重要なインフラストラクチャーが壊滅的な打撃を受け，それまで「湯水のように」使っていた電気の使用が大幅に制限されることにより，人びとは，人間社会が，科学技術とその成果に，いかに大きくかつ深く依存しているかを再認識させられた。

　東日本大震災が明確に示したように，我々は，科学技術が，人間社会に広範で深遠な影響を与える時代に生きている。「科学技術」という無機質の名詞を使ったが，人間の介在しないところに「科学技術」は存在しない。科学技術の歴史を検討してみれば明らかなように，科学と技術に携わる個人や組織の意思決定により，「科学技術」の方向性は定められ，意思決定の連鎖がその成果を生み出す。それ故，科学技術に関わる意思決定をする個人や組織，とりわけ，科学技術の専門家（本科目であつかう「技術者」を含む）の意思決定とそれに基づく行動が，社会に多大な影響を与える。従って，「技術者」には，自らが下す意思決定とそれに従う行動が善いのか悪いのかを判断する，「倫理的判断能力」と正しい判断に従って行動する「倫理的意思力」が求められている。これが，今，技術者の倫理が求められている大きな理由のひとつである。

　多くの識者も指摘するように，科学技術は人間に可能な行為を拡大する。そうすると，可能になった行為（例えば，核エネルギーの利用）を本当に行って善いのか悪いのか，という「倫理」問題を考える必要性が生まれる。当然のことながら，このような科学技術に関連する倫理問題は，一般の人びとを含め，科学技術によって影響を受ける，また，科学技術に影響を与えるすべての人々が参画して検討すべきものである。と

ころが，これまでの日本では，例えば，原子力発電をはじめとする核エネルギーの使用が善いのか悪いのかという「倫理」問題に関して，十分な検討を行ってこなかった。国策として推進しようとする政府と電力会社および関連企業などと反対派の対立構造の中で，はじめに賛否ありきの議論は行われてきたが，国民一人ひとりが，この倫理問題を直視することは少なかった。しかし，今回の原子力事故と，その結果起こった電力不足と放射能汚染に直面して，すべての国民が原子力利用の是非について真剣に検討することが必要となった。特に，原子力にかかわらず，すべての「技術」に携わる専門家や企業は，自らが社会に提供しているサービスや製品が，本当に必要なのかを自問する必要がある。科学技術と社会の関係は，「新しい時代」に入ったといえる。このような状況の中で，「新しい時代の技術者倫理」とは何かを検討することが本科目の目的である。

(2) ものの豊かさからこころの豊かさへ

　さらに，東日本大震災とそれに起因する原子力発電所事故が加速させたのは，「豊かさ」に関する人びとの意識の変革である。一言でいえば，「ものの豊かさ」から「こころの豊かさ」への変化が，特に日本社会においては，明らかに起こっている。第2次世界大戦後，物質的・経済的な豊かさを優先し，求め続けてきた社会が，「幸せ」とは何かを真摯に模索するようになった。また，科学的・学術的なエビデンスを基にした「幸せ」に関する検討が，さまざまな国や機関でなされるようになった。例えば，国際連合は，2011年9月の総会で，加盟国それぞれが国民の「幸福度」について測定するべしという決議を採択し，2012年には，最初の「World Happiness Report」を公表した。また，OECD（経済協力開発機構）は，独自の「幸福度指標（Well-being Indicators）」を作

り，加盟国の「well-being」を比較できるようにした。ブータンが，GDP（国民総生産）ではなく，GNH（国民総幸福）の向上を目指す政策を展開していることはよく知られている。この「ものの豊かさ」から「こころの豊かさ」への転換は，人間社会が「新しい時代」に入ったことを意味している。このような「新しい時代」における技術者の役割とは何なのだろうか。

## 2. 科目概要と本科目の学習・教育目標

　すでに述べたように，科学技術は，新しい「価値」を生み，社会と環境に大きな影響を与える。技術を実践する「行為者」である技術者は社会に対して特別の責任を負っている。本科目では，「新しい時代」の技術者がその職務を遂行する上で，必要な「倫理」について考察する。また，技術者が直面する可能性のある種々の倫理的問題を，具体的な事例を通して紹介し，それらの問題を分析し，倫理的に推論する方法について学ぶ。特に，技術者が重視すべき「価値」（安全など）を検討する。さらに，これらの学習を踏まえ，新しい時代の技術者に求められる倫理的な資質・能力について考察する。

　本科目の学習を通して，読者には次のような目標を達成していただきたい。

1. 科学技術の発展に伴い，人間の「行為」の領域が拡大したので，技術を実践する「行為者」である技術者には，新しい「倫理」が必要であることを認識する。
2. 科学技術が，社会や環境に与える影響の範囲と大きさを説明できる。
3. 技術者の専門職としての倫理と責任について，その歴史的・社会

的背景も含めて理解する。
4. 企業などの組織の社会的責任とそこでの技術者の役割について理解する。
5. 技術を実践する上で，技術者が直面する可能性のある倫理的問題を認識できる。
6. 倫理的問題を解決し，優れた判断を行う手法について理解するとともに，それらの手法を具体的な事例に適用できる。
7. 新しい時代の技術者に求められる態度と共有すべき価値を理解し，共感できる。

## 3. 技術者倫理とは

これまで，厳密な定義を与えることなく，「技術者倫理（engineering ethics）」という言葉を使ってきたが，本節では，その基本概念について検討する[③]。engineering ethics を「工学倫理」，「技術職倫理」，「技術倫理」と訳することもあるが，本科目では，後述のメタからミクロまでのすべての領域を含む概念として「技術者倫理」とする。まず"engineering ethics"を構成する2つの語，"engineering"と"ethics"についてそれぞれ考えてみよう。

そもそも，「倫理（ethics）」とは何か。専門職倫理に詳しい哲学者マイケル・デイビス（Michael Davis）も指摘するように，この語が少なくとも次の3つの異なった意味で使われる[④]。

1. 習俗，慣習（性格，徳）
2. ある社会集団の行動規範
3. 学問分野としての倫理学

『広辞苑』によると、「倫理」とは「人倫のみち。実際道徳の規範となる原理。道徳。」と定義されている。また、「倫理」と同義であるとされる「道徳」とは、「人のふみ行うべき道。ある社会で、その成員の社会に対する、あるいは成員相互間の行為の善悪を判断する基準として、一般に承認されている規範の総体。〈以下略〉」である。つまり、「倫理」とは行為の善悪という価値を判断する基準の体系である。これはデビスの第2の定義に近い。

　西欧における倫理の数多くの定義のなかで、おそらく最も簡潔なものの1つは、"Ethics is the science of conduct."であろう[6]。つまり、「倫理とは、行為の科学」なのである。これはデビスの定義の第3の意味に近い。ともかく、「ある社会集団の行動規範」にしろ「行為の科学」にしろ、その中心課題は、（ⅰ）「善（悪）とは何か」と（ⅱ）「正義（不正）とは何か」という人間存在に関わる根本的な「価値」の問題に答えることである。

　これらの問いに対する答えを巡って、西欧においては、紀元前5〜4世紀のソクラテス・プラトン・アリストテレスの時代から連綿と精緻な論考が続けられてきている。しかしながら、残念なことに、物理学におけるニュートンの運動方程式のように、すべての倫理学者が納得するような倫理理論はいまだない。例えば、「嘘をつく」という一つの行為の善悪ついて評価する際にも、倫理学でいうところの功利主義の立場をとるか義務論の立場をとるかによって結果が異なる。

　本科目では「倫理」という語を拡大解釈し、デビスの定義では、第2と第3の定義を統合した形で、「倫理とは、ある社会集団において行為の善悪や正不正などの価値に関する判断を下すための規範体系の総体、およびその体系についての継続的検討という知的営為である。」と定義しておく。

ところで，技術者が実践する，技術（engineering）とは何か。世界各地で行われている技術者教育の質の同等性を保証する活動を推進する国際エンジニア連合（International Engineering Alliance：IEA）は，21世紀のグローバル社会の現状と今後の世界のあり方に対するビジョンを基に，技術について興味深い規定を行っている。IEAは，「技術とは，人びとのニーズ，経済発展，社会へのサービスの条件を満たすために不可欠な活動である」とし，技術が人間社会に利益をもたらすだけでなく悪影響を与える可能性も認めた上で，「技術は，責任を持って倫理的に実践されるべきである。また，利用可能な資源を効率的に使い，経済的で，健康と安全を守り，環境的に対して健全で持続可能であり，一般にシステムのライフサイクル全般においてリスクの管理がなされていなければならない」（強調は著者による）としている[7]。後述するように，IEAの文書に現れる「価値群」は，技術者が「技術を専門とする社会集団」の一員として重視すべき「価値群」として広く認められており，技術系学協会の倫理綱領などに明記されている。これらの「価値群」を満足させることのできる意思決定と行動が，「技術者としての倫理」なのである。

　技術者教育の改革では世界を先導する米国では，「技術」を，研学・経験・実務を通して獲得した数学的・科学的知識を応用して，技術的な「価値」だけではなく，人類の安全・健康・福利を含むさまざまな「価値」に対する「判断」を下しながら，人類の利益のために自然の力を経済的に活用する，"profession"（プロフェッション：知的専門職）であると定義している[8]。したがって，上記の専門職能を実践するものが「技術者（engineer）」であるといえる。

　これらの定義を認めるとすると，「技術者倫理」とは，「技術者が，ある社会集団において，研学・経験・実務を通して獲得した数学的・科学

的知識を駆使して，人類の利益（価値）のために自然の力を経済的に活用する上で必要な行為の善悪，正不正や，その他の関連する価値に対する判断を下すための規範体系の総体，ならびに，その体系の継続的・批判的検討，さらに，この規範体系に基づいて判断を下し，それに従って行動する能力」といえる。

　さて，このように「定義」をすると，技術に関わるさまざまな価値について判断を下す基準を理解していない者や，理解していたとしても適切な倫理的判断能力をもたない者は「技術者」とはいえないことになる。技術者倫理をもたない者は技術者ではないのだ。すなわち，「技術者倫理」は，技術者にとって中核となる資質と能力であり，自らのアイデンティティに直接関係している。技術者が，技術者倫理を学ばなければならない最も重要な理由がここにある。

## 4．科学技術と価値―技術者倫理の特殊性―

　技術者の倫理と他の人びと（例えば，経営者や法律家）の倫理とどこが違うのであろうか。技術者倫理は一般的な倫理，また，他の専門職倫理とは異なる側面をもっている。その特殊性は，科学技術の発展に伴って新しい「価値」がつくり出されるため，常に新しい「価値」についての検討が必要であることに起因する。例えば，かつて他者の臓器は，我々にとってほとんど「価値」のないものであった。しかし，臓器移植のために不可欠な免疫抑制剤が開発され，臓器移植という技術が確立された今日では，例えば重い心臓病をもっている人にとって，自分の身体に適合する他者の心臓は，なにものにも代え難い「価値」をもつ。つまり，臓器移植という技術が生まれたがために，それまでまったく価値がなかった他人の臓器が価値をもち始めたわけである。しかも，技術によ

って創造された新しい価値，創り出される価値は，通常，一般の人びとにすぐに認識されるわけではなく，その分野の専門的知識をもった人間にしかわからない。例えば，1932年に中性子の存在が確認されたとき，中性子を使えば，ウラニウムという元素が新しいエネルギー源や爆弾の原料として利用できる「価値」があることは，レオ・シラード（Leo Szilard, 1898-1964）らごく一部の物理学の専門家にしかわからなかった。新しく創造された「価値」をどう扱うか，これが，技術者が直面する倫理問題の特殊性である。したがって，技術者には専門能力に裏づけられた新しい価値に関する判断能力と，それらを既存の価値群とどうやってバランスを取るか，さらに，自らの判断に従って，自らが取るべき行動を考案し実践する能力が要求される。換言すれば，技術者倫理とは，常に新しい行動を設計していくことである。前述のように「倫理とは，行為の科学である」という定義があるが，これにならえば，技術者とは，「技術の実務を行っていくうえで自分自身の行為を設計すること」であると，定義することもできる。

## 5. 志向倫理と予防倫理

表1-1 倫理の二つの側面

| やってよいこと | やってはならないこと |
| --- | --- |
| Aspirational Ethics<br>（志向倫理） | Preventive Ethics<br>（予防倫理） |
| 積極的倫理 | 消極的倫理 |
| 外向きの倫理 | 内向きの倫理 |
| 元気の出る倫理 | 萎縮の倫理 |

通常，倫理というと，やってはいけないこと，守らねばならないことなど，事故や不祥事を起こさないためには，何をしてはいけないのかという負の側面ばかりが強調される傾向がある。確かに，事故や不祥事の事例を取り上げて，その中での倫理的に不適切な意思決定や行動を検討することは重要である。それゆえ，本科目でも，技術者として守るべき規範や責任の根拠について考察する。これらは，倫理の一側面で，倫理的問題に直面した場合に，誤った行動をしないように予防しようとする予防倫理（preventive ethics）と呼ばれる。例えば，米国のプロフェッショナル・エンジニア協会の倫理綱領に書かれている条項の80％は，消極的あるいは禁止を促す種類のものであるといわれている[9]。

しかしながら，「倫理的考察」の本来の目的は，「善く生きる」ために何を為すべきかを考える正の側面にある。技術者として，何を目指して，何を開発すべきなのか，また，企業として何を目指して何を開発すればよいのか。このような技術者や企業のあるべき姿，またよりよい意思決定と実践を目指す知的営為を志向倫理（aspirational ethics）と呼ぶ（両者の対比については，表1-1を参照のこと）。米国で広く使われている技術者倫理の教科書の著者らも，近年，志向倫理の重要性を強調している。エド・ハリス（Ed Harris）らは，志向倫理を説明するためには，多くの倫理綱領に見られるような「公衆の安全・健康・福利を最優先せよ」という規範の形ではなく，「善き技術者（good engineer）」を特徴づける「プロフェッショナルとしての品性（professional character）」を使うことがより適切であり，それらの品性とは，1)「専門職としての誇り（professional pride）」，2)「社会に対する認識（social awareness）」，3)「環境意識（environmental consciousness）」であるとしている[10]。他の識者達も同じような主張を始めている。例えば，カール・ミッチャム（Carl Mitcham）は，"humanitarian engineering"という考え

方を提唱し，マイク・マーティン（Mike W. Martin）は"meaningful work"という概念で説明しようとしている。日本でも，伊勢田哲治，黒田光太郎，戸田山和久らが，「技術者の誇り」を強調している[11]。

　予防倫理は，安全や健康に直接関わる領域などでは，必要不可欠な面もあるが，一般に，企業での研究開発に携わる場合などのような，創造的な現場で明確な指針を示してくれるものではない。また，科学者や技術者を鼓舞し，例えば，第9章で述べるように1960年代後半から1970年代初頭にかけて日本の自動車メーカー（本田技研）のエンジニアたちが，「子供たちにきれいな空を残そう」という大義を掲げ，一企業の枠を超えた自動車産業界全体の課題として，低公害エンジンの開発に取り組んだようなときのような，強い動機付けを技術者に与えてくれるものでもない。企業等組織の管理者の立場としては，事件や不祥事を起こさないようにしようとする必要性に迫られ，「何々をしてはならない」「何々をしなければならない」といった条項が並ぶマニュアルを整備し，いわゆる「法令遵守型」の体制を構築しがちである。また，技術者の責任と義務ばかりを強調し，権利（特に「幸せ」を追求する権利）を忘れがちである。技術者も知的専門職集団の一員である前に人であり，一人の人間として，自らの仕事を通して自己実現を目指すことにより，あるいは，プロジェクトに集中して取り組むことで，「幸せ」を感じることにより，はじめて，「善き技術者」として生きることができるのである。すでに述べたように，倫理の本来の目的は，いかにして「善く生きるか」という根源的な問いに答えることなのである。

　ハリスらの表現を借りれば，ホンダの技術者たちは，「善き技術者」の特質である「専門職としての誇り（自分たちにしかできないし，自分たちがやらねばならないという自負心）」，「社会に対する認識（自動車産業に携わるものとして社会のために排気ガス問題を解決しなければな

らないという使命感）」，そして，「環境意識（子供たちのために環境を保全しようという志）」を共有することにより，不可能と思われたプロジェクトを完成させたのである。

## 6. 「幸せ」を目指す技術者倫理

　「新しい時代」の技術者倫理教育は，志向倫理の重要性を再確認することだけではない。さらに，伝統的な責任論を越えて，技術者を「幸せ」にすることを目指す。

　これまでの技術者倫理の教育では，第9章で述べるように「社会契約説」や「高度技術社会における相互依存説」などを基にして，技術者が特別の責任を持つことを強調してきた。事故や不祥事などの事例を分析し，そのなかで技術者や組織が行った不適切な価値判断や行動を指摘し，これらの責任論に基づく予防倫理的な教育がなされてきた。そして，技術者がプロフェッショナルとして守るべき責任を持つ倫理綱領や行動規範を示し，これらを守るべしという形での教育や研修が行われてきた。そこでは，技術者倫理の第一原則として，「公衆の安全・健康・福利を最優先して職務を遂行する」ことを，技術者に課してきた。

　この原則を示した上で，確かに，「安全」や「健康」という価値については，さまざまな形で検討され，技術者倫理の中心課題として，多くの事例が集められ，分析されてきた。しかしながら，「福利（well-beingあるいはwelfare）」については，学術的な検討がほとんどなされてこなかった。

　「ものの豊かさ」から「こころの豊かさ」への転換が進む「新しい時代」のなかで，「well-being」に関する科学的な研究の成果が，技術者倫理に新しい視点を与えている。

詳細は，第9章で議論するが，1990年代の後半から，人間の持つ優れた徳性や品性に着目し，これらをさらに伸ばすために心理学的な知見や介入の方法を活用しようという新しい動きが起こってきた。このような領域は，一般にポジティブ心理学（positive psychology）と呼ばれる。そのなかで，人間の well-being について，科学的な研究が進められている。

　この「well-being」を日本語に訳するのは難しいが，あえて，誤解を招くことを承知の上で，「幸せ」としておく。これは単なる「幸福（happiness）」ではなく，「よく生きること」である。

　ポジティブ心理学が示す知見のなかで，技術者倫理の立場から最も興味深いのは，この領域を主導してきたマーティン・セリグマン（Martin Seligman）の PERMA モデルである[12]。セリグマンは，人の「well-being」を一つの尺度で表すことはできないが，これを構成する要素については，科学的に測定可能であると主張する。そして，それらの要素には，少なくとも，1) 楽しい・うれしいなどのポジティブ感情（P: Positive Emotion），2) 何かに没頭すること（E: Engagement），3) 他者とのよい関係（R: Relationships），4) 自分よりも大きな存在のために貢献すること（M: Meaning），5) 何かを達成すること（A: Achievement），という5つがあり，頭文字をとって，PERMA と呼んでいる。

　これらの五つのなかで，自分よりも大きな存在のために貢献をすることが「幸せ」を構成する重要な要素であること，また，他者のために「意味のある」行動をすることによって得られる主観的幸福度が，最も大きく，最も長続きすることを指摘している[13]。（本書では，この要素のことを，「意味のある行為による幸せ」あるいは「Meaningful な幸せ」と呼ぶことにする。）

　この科学的な研究の成果は，技術者倫理の教育に新しい可能性を与え

てくれた。すなわち、技術者倫理の第一原則である「公衆の安全・健康・福利を最優先する」ことを、伝統的な義務論ではなく、より積極的な「幸福論」で論じることができるようになったのである。

「公衆の安全・健康・福利を最優先する」技術者、すなわち、倫理的な技術者は、当然、自分よりも大きな存在のために貢献できる。そうすると、その技術者は、自らの行動から「意味のある行為による幸せ」を得ることができる。技術者が倫理的にあることは、他者の福利に貢献するだけでなく、自らの「幸せ」を高めることができるのである。

このような伝統的な義務論を越えた視点も、「新しい時代の技術者倫理」の特質である。

### ・注および参考文献

① 例えば、文部科学省、「平成24年度版科学技術白書」などを参照のこと。
② National Academy of Engineering, 2009, http://www.greatachievements.org/, 2014年3月10日アクセス。
③ engineering ethics を「工学倫理」、「技術職倫理」、「技術倫理」と訳することもあるが、本科目では、後述のメタからミクロまでのすべての領域を含む概念として「技術者倫理」とする。
④ 例えば、Micheal Davis, *Thinking like an Engineer : Studies in the Ethics of a Profession*, Oxford University Press, 1998
⑤ 新村出編『広辞苑』第五版、岩波書店、2008年
⑥ Oliver A. Johnson, *Ethics : Selections from Classical and Contemporary Writers*, 7th ed.（Fort Worth, TX : Harcourt Brace College Publishers, 1994), p. 1
⑦ International Engineering Alliance, "Graduate Attributes and Professional Competencies," version 2, 2009, p. 1. http://www.washingtonaccord.org/GradProfiles.cfm, 2011年9月20日アクセス。

⑧ ABET のホームページ（http://www.abet.org）より，1998年3月9日アクセス。
⑨ Charles E. Harris, Jr. et al., *Engineering Ethics : Concepts & Cases*, 4th ed.（Belmont, CA : Wadsworth, 2009），pp. 12-13
⑩ Ibid., pp. 14-17
⑪ Carl Mitcham and David Munos, *Humanitarian Engineering, Synthesis Lectures on Engineers, Technology, and Society*（Morgan and Claypool : 2010）; Mike W. Martin, *Meaningful Work*（Oxford : 2000）; 伊勢田哲治，黒田光太郎，戸田山和久共編『誇り高い技術者になろう　工学倫理ノススメ』名古屋大学出版会，2004年
⑫ Martin E. P. Seligman, *Flourishing : A Visionary New Understanding of Happiness and Well-being*（Free Press : 2011）。同書のなかで，セリグマンは，自ら提唱した，「幸福」を「人生の満足度」で測ろうとする「幸福理論」を批判的に検討し，あらたに「well-being」を対象として「持続的幸福度（flourishing）の増大」を目的とする「ウェルビイング理論」を展開している。マーティン・セリグマン著宇野カオリ訳『ポジティブ心理学の挑戦―"幸福"から"持続的幸福"へ―』ディスカヴァー・トゥエンティ・ワン，2014年。翻訳書では，「well-being」をカタカナで表記しているが，本書では「善く生きる」という意味での「幸せ」とする。
⑬ Martin E. P. Seligman, *Authentic Happiness : Using the New Positive Psychology to Realize Your Potential for Lasting Fulfillment*（Free Press : 2002）.

# 2 │ 技術者が意思決定を迫られる状況とは(1)

札野　順

《目標＆ポイント》　本章では，技術者が意思決定を迫られる状況について，技術者倫理の分野でおそらく最も有名な事例であるスペースシャトル・チャレンジャー事故というケースを使って検討する。評論家的にあるいは第三者的にこのケースについて考えるのではなく，自分が当事者として，シャトルの開発や打ち上げの意思決定に直接関係していたらという視点で学習を進める必要がある。また，第3章以降でも，このケースの登場人物や安全など重要な役割を果たした「価値」を繰り返し検討することになるので，注意深い考察が必要である。
《キーワード》　スペースシャトル・プログラム，チャレンジャー事故，NASA，モートン・サイオコール，O-リング，安全

## 1．技術者倫理教育におけるケース（事例）の重要性

　後述するように倫理的問題には，数学や物理学のように唯一絶対的な「正解」はない。もちろん，よくない（非倫理的な）解は存在するし，よりよい解も存在する。技術者倫理の教育は，倫理的問題に直面したときに適切な価値判断を行い，問題を解決するための行動を「設計」する能力と，その行動を実践する意思力を伸ばすことが目的であるので，その教育手法として，具体的な事例を使い，自分が当事者であればどのように行動するかを熟考するケース・メソッドが使われる。本科目でも，比較的複雑な二つの仮想事例について考察する。
　読者は，是非，真剣に事例の分析と行動の設計に取り組んでいただき

たい。第3者的に，評論家的に，これらの事例を読むだけでは得るところは少ない。

　一般に，事例を使った教育手法には，ケース・スタディとケース・メソッドの2種類がある。前者は，実際に起こった事件を，ケースの著者が選んだ視点から分析し，その中にある問題点などを明確にし，受講者の理解を促す方法である。この手法の利点は，実際の事例であるため，その背景や要因など具体的で詳細な情報が得やすいので，綿密な分析ができる点である。しかし，一方で，情報の収集と整理・分析に注力し，何のためにその事例を検討しているのかが見落とされてしまう傾向がある。

　それに対して，ケース・メソッドでは，（多くの場合実際に起こった事例を参考にしながら）仮想的な状況を設定するが，最終的に何が起こるかを明示することなく，ストーリーが展開する。学習者は，自分が，その事例のなかの主人公（あるいは中心的な登場人物）になったと想定して，いろいろな意思決定を必要とする場面で，自らの問題として考察する。この意味では，学習者が，倫理問題を「疑似体験」する機会を提供することができることが，ケース・メソッドの利点である。一方，どうしても事例の背景などについての情報量が少なくなり，しかも，仮想事例なので，学習者は必要と思われる情報を独自に集めることができないという欠点もある。

　本科目で扱う二つの仮想ケース，すなわち，「ソーラーブラインド」と「ギルベイン・ゴールド」は，時代背景も舞台となる場所も扱う技術の種類も異なる。また，後者はある程度まで主人公のとった行動（公益通報）がわかる事例である。

　繰り返しになるが，是非，主人公（真田およびジャクソン）になったつもりで，真剣に，問題解決の方法を考えていただきたい。

これらのケースを通して倫理問題を考え抜くための方法や共有すべき価値を，これから学んでいただくことになる。

　以下では，倫理的問題を考える上で重要な概念や用語などを，技術者倫理の領域では最も有名なスペースシャトル・チャレンジャー事故の分析を通して紹介していきたい。
　ただ，この事故に関しては膨大な調査資料があり，また，多くの優れた研究や調査が行われているので，事故そのものの分析については，それらを参照していただきたい。
　本科目では，あくまでも，技術者倫理教育を行う上での教材として，この事例を再構成して提供する。また，この事故が起こるまでの経緯を，いくつかのステージに分け，それぞれのステージで，一人の技術者がどのような意思決定が可能であったかを考察してもらえるように編集したことを明記しておく。是非，それぞれのステージで，自分がこの現場技術者の立場であれば，どのように意思決定をし，どのように行動したかを考えていただきたい。その際には，第１章で述べたように，事故に繋がらないようにという予防倫理の観点からだけではなく，よりよい結

図２−１　チャレンジャー号爆発の瞬間
（写真提供：ユニフォトプレス）

末，よりよい将来のために，技術者は何ができるのかという志向倫理の立場での考察も行って欲しい。

## 2. スペースシャトル・チャレンジャー事故の概要

### (1) スペースシャトル・プログラムとは

　スペースシャトル・プログラムは，米ソ冷戦時代に米国が国防と科学技術振興を目的として，1970年代初頭にスタートさせた宇宙開発計画である。1969年にアポロ11号で人類初の月面着陸を成功させたアメリカ航空宇宙局（National Aeronautics and Space Administration：NASA）は，アポロ計画に続くプログラムとして，地球の軌道を回る大規模な有人宇宙ステーション，および月の軌道を回る宇宙ステーションの建設，また，これらと並行して火星への有人探査を目指す技術開発など，壮大な構想をもっていた。当初，スペースシャトルは，これらの計画の一部として，乗員と輸送物資を宇宙へ運ぶための完全再利用型輸送システムとして考案された。しかし，ポストアポロ計画全体は，ベトナム戦争に揺れる1970年代初めのアメリカの政治的・経済的状況の中でとても認められるものではなかったが，国家安全保障の観点から，低コストを謳い文句としたスペースシャトル計画だけが1973年に承認される。当初，NASAはほとんどすべての部品を再利用するスペースシャトルを，年間50回以上打ち上げることができるとしていた。端的にいえば，廉価（部品はできるだけ再利用）に，頻繁に，乗員と機材（軍事衛星・通信衛星など）を大気圏外に送り出すためのプログラムである。NASAは，順調にプログラムが実行されれば，自立採算はもちろんのこと，利益さえ生むと主張していた。NASAの試算が甘かったことは最初から認識されていたが，当時の大統領リチャード・ニクソンは，特に国防の観点からこ

の計画を推進した。

　NASAの威信をかけたスペースシャトル計画であったが，設計コンセプトの曖昧さ，予算の不足，予期せぬ技術的トラブルなどが原因で計画は大きく遅れ，初飛行は当初予定されていた1978年3月から3年以上たった1981年4月に行われた。このように，スペースシャトル計画はさまざまな問題を抱えて始まったが，人類が宇宙と地球を頻繁に行き来できる輸送システムを手に入れたという意味で，宇宙開発の歴史に新しいページを開いた。この新しいフロンティアへの挑戦は，人類が地球という惑星に閉じ込められた生物種ではなく，果てしない宇宙に飛び出すことのできる種なのだという夢と希望を人類に与えるものであった。

　1982年7月4日に4度目のシャトルが無事エドワード空軍基地に着陸したときに，当時の大統領ロナルド・レーガンが，「スペースシャトルは（実験段階ではなく）実用段階に入った」と宣言した。実際，1981年には年間2回であった打ち上げが，82年3回，83年には4回，84年5回，そして事故の前年1985年には9回と毎年着実に回数を増やしていた。しかし，この運用段階に入ったという宣言は，NASAや関係する組織の人びとにとって大きなプレッシャーとなった。容易に打ち上げの中止や延期を提案しづらくなったのである。このように宇宙への有人飛行がめずらしくなくなったと人びとが考え始めたときにチャレンジャー事故が起こったのである。

（2）　チャレンジャー事故とその原因

　事故は，1986年1月28日に世界中の人びとが見守る中で起こった。フロリダのケネディ宇宙センターから発射されたチャレンジャー号が，打ち上げ73秒後に炎に包まれ，爆発炎上し，「宇宙に出た先生」クリスタ・マコーリフ（Christa McAuliffe）を含む搭乗員7名全員が死亡し

た。この日，フロリダは記録的な寒波に見舞われていて，打ち上げ時の気温は摂氏2.2度という低温で，それまでの打ち上げよりも約10度も低いという特異な条件だった。実は，この異常な低温が事故の原因につながっていたのである。

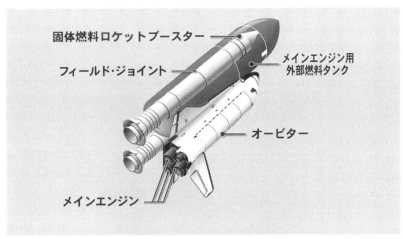

図2-2　シャトルの全体図

　打ち上げ時のシャトル全体は，図2-2のようになっている。三角翼と3基の主エンジンをもつオービターが，その主エンジンに液体燃料を供給する「外部燃料タンク」の上におぶさるように取り付けられている。さらに，外部燃料タンクの左右に1機ずつ，打ち上げ初期に必要な推力を発生する「固体燃料ロケットブースター (Solid Rocket Booster: SRB)」が取り付けられている（なお，外部燃料タンク以外はすべて回収されて再使用される）。

　固体燃料ロケットブースターの各部分はNASAが契約していたモートン・サイオコール（Morton Thiokol）社（以下MT社）のユタ州にあ

る工場で製造され，打ち上げ場所であるケネディ宇宙センターで組み立てられていた。各部分をつなぐ接合部は，フィールド・ジョイントと呼ばれ，打ち上げ時にブースター内部に発生する高温高圧の燃焼ガスの流失を防ぐため，これらのジョイントは密閉させる必要がある。事故直後につくられた大統領事故調査委員会の調査結果によると，事故の直接の原因はこのジョイントの一部からガスが漏れだし，外部燃料タンクに引火したためであることが判明した[1]。

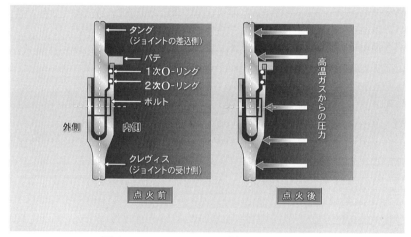

図2-3　フィールド・ジョイントの図

　燃焼ガスが漏れだしたフィールド・ジョイントには，特殊ゴム製のO-リングが取り付けられていた。しかし，低温ではゴムの弾性が低下し，O-リングは期待された密閉機能を果たさなかったのである。O-リングは，安全性を高めるために，1次リングと2次リングという2重の構造になっていたが，チャレンジャー事故の場合，ロケット内部の燃焼ガスは2次リングも突き抜けて，外に出てしまったのである。

## 3. 技術者にとっての安全—ボジョレーの葛藤—

　実は NASA も MT 社も，フィールド・ジョイントの問題については，1970年代後半のシャトル開発段階から認識していた。さらに，1981年からジョイントの問題に関わり，その危険性を訴えていた技術者がいた。当時 MT 社に勤務していたエンジニア，ロジャー・ボジョレー（Roger Boisjoly）である。

　本節では，現場の技術者であるボジョレーの視点からこのケースを考えてみる。もちろん，この事例を歴史的に公平に分析するためには，NASA や MT 社幹部の証言も検討する必要があるが，今回はあくまでも技術者倫理を考えるうえでのケースとして，ボジョレーの立場からこの事故を扱う[2]。

　1985年1月からチャレンジャー事故に至るまでを4つのステージに区切り，それぞれのステージごとに，あなたがボジョレーであったらどのように判断し，どのように行動するのかを考えながら，事件の経緯を追っていただきたい。

### （1）問題の認識

　〔1985年1月〕スペースシャトルとしては15回目にあたるディスカバリー号の打ち上げ後の検査に携わっていたボジョレーは，2重になっている O-リングの間にあるグリースにかなりの量の焦げがあることに気づく。さらに調査を行ったボジョレーは，1次 O-リングから燃焼ガスが漏れていたこと，また，もし2次 O-リングが機能を果たさず，それより先にガスが漏れたならば，爆発のおそれがあることを認識する。1981年11月から1985年1月までの様子をボジョレーは次のように語っている。

1981年11月，シャトル2回目の打ち上げ後の点検調査をした際に，1次リングに53,000分の1インチの浸食を見つけました。燃焼ガスが漏れてはまずい部分です。エンジニアリングの常識からすると，その時点で次の打ち上げを中止し，計画全体を見直し，設計変更をします。しかし3回目と4回目の打ち上げが行われ，7月4日にエドワード空軍基地でレーガン大統領は，シャトル計画は運用段階に入ったと発表したのです。われわれは耳を疑いました。それは，もう研究開発の段階は終わったので，シールの欠陥を改善しないまま，シャトルを飛ばし続けろということだからです。結局14回打ち上げ，その間もO-リングに欠陥が見つかりましたが，幸いにもそれらはささいなものでした。

　だからといって，われわれは宇宙飛行士の命を軽んじていたわけではありません。問題のジョイント部分を33回もさまざまな形でテストしたのです。温度上昇や点火時間などを本番と同じ状態に設定し，しかもO-リングに燃焼ガスが吹きかかるよう小さな穴まで用意しました。そして33回のテストの結果O-リングに断面にして0.123インチ，直径0.280インチの浸食が見られましたが，これは許容範囲です。欠陥はあるにしても安心して飛ばすことができました。

　問題のジョイントは私が入社した1980年7月より以前に設計されたもので，本当なら内部からの圧力で密閉するようになるべきでした。しかしそのようにはなっていなかったのです。1977年の最初のテストでは油圧が用いられました。私を含めて社の全員が問題を認識していました。

　こうした状況の中で1985年1月を迎えたのです。私も打ち上げに立ち会いました。私が現場に立ち会った数少ない打ち上げです。気温は19℃と暖かい日でした。しかしその前の数日間は非常に寒かったのです。実は15回目の打ち上げ後に点検をした際，2か所のジョイントで大量に燃焼ガスが漏れていました。1か所は80度の弧を描いて焦げたグリースが付着し，もう一方には110度の弧状に真っ黒なグリース。通常はハチミ

ツ色のグリースが靴墨のようでした。本当に驚きました。このままでは予定された有人飛行は失敗し，宇宙飛行士たちの命を奪うことになると。（2003年10月23日ユタ州プローバでのインタビューより要約）

Stage A：あなたがボジョレーであったら，この1985年1月の時点でどのように行動するか。

> ある行動をするしないという二者択一的な単純な解決策だけではなく，誰に，いつ，どのように，と具体的な行動を考えてみよう。また，ひとつの選択肢だけではなく，複数の選択肢を組み合わせるような行動も考えてみよう。さらに，事故を防ぐという予防倫理の観点からだけではなく，技術者として目指すべきことは，という志向倫理の観点からも考えてみよう。

選択肢：
1．誰にも相談せず，一人で問題をより詳細に検討する。
2．同僚に相談する。
3．直属の上司に相談する。
4．直接，技術部門の最高責任者（MT社の場合は技術担当副社長）に，自らの懸念を伝える。
5．直接，最高経営責任者に自らの懸念を伝える。
6．MT社もしくはNASAの倫理相談窓口（もしあれば）に相談する。
7．外部の組織に通報する。
8．他の分野の技術者を含めて検討チームを作り，解決策の基本案を作った上で，上司やNASAに提案する。
9．上記以外の行動をとる。

## （2） 問題解決に向けた努力と挫折

　さて，ボジョレー自身は実際にはどのような行動をとったのだろうか。
　すでにフィールド・ジョイントの問題は認識されていたので，ボジョレーは，ディスカバリーが発射されたときの気温が特に低かったことに着目し，気温がO-リングの性能に影響しているという仮説を立てたうえで，これを直属の上司であるカップに報告した。カップはマーシャル宇宙航空センターに出向き，その仮説についてNASAの関係者に報告することを命じた。その後，何が起こったのだろうか。

　私の報告はすぐにNASAに伝わり，マーシャル宇宙センターに呼ばれました。とりあえず見たままを説明するしかありません。証拠写真は現像待ちでした。問題の部分を100枚ほど，プロのカメラマンに撮らせたのです。グリースも化学分析に出しました。NASAの管理者と技術者45人を前にして私は報告しました。「みなさんは聞きたくないでしょうが，打ち上げ前に低気温が続いた場合には1次リングに漏れが生じます」と申し上げました。すると部屋の後ろからこんな声がしました。「ロジャー，確かに聞きたくない話だ」。気温の調査が行われ，その日は昼夜の温度差が過去最大だったと判明しました。100年に1度の記録的な低温。私と同僚のアル・マクドナルドはO-リングの温度が12℃だったことを調べ，低気温での打ち上げはやめるようNASAに進言しました。彼らは拒みました。「100年に1度の天気などもう起こりえない」と。そして打ち上げは続行されました。しかしその決断がジョイントの問題を拡大させたのです。（2003年10月23日ユタ州プローバでのインタビューより要約）

　こうして実際にボジョレーは，気温とシールの密閉性の関係について

報告した。しかし，NASAは次の発射を予定していた4月のフロリダでは，問題となるような低温が考えられないことから，ボジョレーにその見解について強調しないよう要請してきたのである。

　Stage B：あなたがボジョレーであったら，この1985年4月の時点でどのように行動するか。
　選択肢：
1．4月であることを考えると，当面は懸念されるような低温，すなわちフロリダでは「100年に1度」の低温での打ち上げはないと思われるうえに，NASAは重要な顧客なのでNASAの要請を受け入れ，気温とシール機能の関係について関係者以外には話さない。
2．打ち上げの日が低温であるか否かにかかわらず，安全性に関するきわめて重要な情報である。NASAの姿勢を批判する文書を作成し，直属の上司，および技術担当副社長に届ける。
3．当面は，低温での打ち上げはないと思われるが，重大な問題であることには変わりはない。NASAの要請を受け入れたうえで，問題をより詳細に検討するためのチームを立ち上げることを上司に要求する。
4．社内の他分野の技術者や広報など事務系の人びとも含めた自主的な検討チームを作り，事故が起こった場合の影響などについて調査をした上で，今後，MT社が取るべき施策について提案する。
5．MT社もしくはNASAの倫理相談窓口に相談する。
6．上記以外の行動をとる。

　ボジョレーは4月の発射に際し，低温下でのシールの密閉性が原因となる事故は起こりえないと考え，NASAの要請を受け入れる一方で，自

らの仮説を，気温が問題となる時期までに証明するため，より正確なデータを集めようと，同僚のアーニー・トムソンとこの問題について議論し，仮説を検証するための実験などを始めた。実験の結果，ボジョレーとトムソンは気温とシールの密閉性には関係があることを確信した。すなわち，低温では O-リングが硬化し，期待される機能を果たすことができない可能性が高いことが明らかになった。ボジョレーらは，この結果を正当な手段を用いて，なんども会社の上層部に伝え，代替案を示したが，会社としての対応はとられないまま時が過ぎていった。

〔1985年6月〕同年4月29日に打ち上げられたチャレンジャーのフライト（51-B）（17回目）後の調査に参加したボジョレーは，今度はノズル部分の接合部で，1次 O-リングをガスが貫通したことを示す不良兆候を発見し，シールの構造そのものに対する大きな懸念をもった。この間の様子はボジョレー自身の言葉では，以下のとおりである。

　その後17回目の打ち上げは暖かな4月に行われました。点検のために送られてきた機体を調べてみるとノズル接合部の1次リングを貫通していました。しかし危険性は低い部分です。たとえ1次リングが浸食されても，そして2次リングが浸食されたとしても予備のゴムが金属の間に挟んであるのです。それが浸食される可能性はゼロです。万一浸食してもボルトで留められているので漏れる可能性はゼロです。1985年の打ち上げ3回でこれらのことが起こり，NASA も私も心配でした。NASA は会議を開き，私も呼び出され密閉機能について説明を求められました。包み隠さずすべてを提示し，説明は2日にわたりました。そして密閉機能の欠陥を全員が認識したのです。実はわれわれは2月にも予備テストをし，O-リングが10℃で効力を失うことを発見していました。

　ついにわが社の経営陣もその事実を知ったわけです。そこでジョイン

トの設計を見直すため非公式のチームが組まれ，私も一員に選ばれました。シール効果向上のため設計技師とともに33の代替案を考えました。7月に再び招集されるはずの会議の場で新たな設計を見せる予定になっていましたが，結局会議は招集されませんでした。そこで，私は問題点と懸念を伝える文書を技術担当副社長に送りました。（ユタ州プローバでの2003年10月23日インタビューの要約）

〔1985年7月〕1985年7月29日に打ち上げを予定されていたシャトルの飛行準備検討会で，フィールド・ジョイントの問題が取り上げられ，低温がO-リングのシーリング性能に与える影響に関する実験結果が発表された。しかし，この問題について，MT社およびNASAの上層部の意識は低く，ボジョレーの望んだ検討チームの設置には至らなかった。そこで，ボジョレーは直属の上司の確認を得たうえで，直接，会社幹部にこの問題について早急に対応するようメモを提出した。

　フィールド・ジョイント問題を最優先課題とする問題解決チームをただちに編成しなければ，われわれはすべての発射台設備とともに，シャトルそのものを失う危機にさらされているということが，私の率直かつ本当に現実的な恐怖です[3]。(1985年7月31日付けボジョレーのメモ〈宛先：技術担当副社長ランド〉)

このメモはランドに届けられ，ついに問題解決のための検討チームが発足することになった。しかし，折角，検討チームができたにもかかわらず，会社からの支持が得られず，ほとんど実質的な仕事はできなかった。15もの実験を計画し会社に申請したが，結局ただの1つも実施できなかったのである。

〔1985年10月〕NASA の指示により，米国自動車技術者協会年次大会に MT 社から代表者を派遣してシールの問題について発表することになった。これは，シールの専門家から O-リングの問題について協力を得るためであった。発表者に選ばれたボジョレーは，抱えている最大の問題である低温下でのシール機能の問題について述べようと考えた。しかし，NASA からの要請は，問題の緊急性を述べるのではなく，問題解決に向けての努力とその成果を強調した発表をすることであった。そのため，ボジョレーの発表では，シールの専門家とチャンレンジャーの設計改善に結びつくような有益な情報交換は行われなかった。

こうして，大きな進展のないままに，時はさらに過ぎた。8月に発足した検討チームに対しても，会社幹部からの支持はほとんどなく，資金も情報も十分には与えられなかったため，不良兆候がどのような場合に起こるかについて定量的な答えが出ず，年末になってもまだ多くの課題を残していた。

Stage C：あなたがボジョレーであったら，この1985年末の時点でどのように行動するか。
選択肢：
1. 検討チームに，より多くの資源を投入するよう技術担当副社長に進言する。
2. 安全性の問題であるにもかかわらず，会社側の支持を得られない状況を自分が所属する学協会に通報する。
3. この問題に関する日誌をつけて，自分の活動・見解などを克明に記録する。
4. 会社の方針に従い，与えられた条件の下で仕事をする。
5. 上記以外の行動をとる。

O-リングの問題について会社から十分な支持を得ることができなかったボジョレーは，1985年8月以降，この問題に関して活動内容だけではなく，自身の高まるいらだちなどを綿密に記録した日誌をつけていた。さらに，活動報告書にも実験のデータだけではなく，例えば，技術担当副社長であるランドには直接意見を伝えるなど，通常の方法を用いたさまざまな行動を取ったことや，自分たちの努力に対して会社の注目が低いことなどについても詳細に記録した。このようにボジョレーが残した記録は，事故後の調査において，重要な証拠となった。

### (3)　チャレンジャー事故前日
　チャレンジャー号打ち上げの前日，打ち上げ地点の夜間気温が，それまでのシャトル打ち上げの最低気温を大きく下回る摂氏マイナス8度と予想されていることを知ったボジョレーらは，このような低温では，シールの密閉性能が低下し，乗組員の生命が危険にさらされる状況であると確信し，直接，技術担当副社長ランドに会い，打ち上げ延期を求めた。このとき，ランドは危険性を理解し，NASAに対して打ち上げ反対を進言する決意をする。シャトルの打ち上げには，MT社を含むすべての下請け企業の承認が必要であったので，MT社が反対すれば，打ち上げはできないことになる。
　夕方，ケネディ宇宙センター，マーシャル宇宙飛行センター，MT社を結んだ電話回線を使った遠隔地間会議が行われた。シールの危険性についての議題から始まったこの会議は，ボジョレーらが提出したデータに基づき，NASAとMT社間で意見が交された。しかし，ボジョレーらが用意したデータは，いままでの飛行で気温とシールの密閉性に問題があった飛行のみをとりあげ，その不具合数と気温を示したものであった。そのため，不具合のない飛行の条件となる気温について，あるいは

必ず不具合の起きる条件となる気温について等，全飛行から気温とシールの密閉性を考察ができるものではなかった。こうした中，データを再評価する時間が欲しいというMT社の申し出により，会議は5分間の予定で中断された。遠隔会議の回線を切って行われたMT社での会議は，予定を大幅に超過して30分にもおよんだ。ボジョレーとトムソンは再度，自分たちの考えを経営幹部に説明し，打ち上げに反対した。しかし，遠隔会議に参加した人びと，特にNASA側の伝説の技術者ジョージ・ハーディやブースター・ロケット関連の責任者ラリー・ムロイが，MT社に対してあからさまな不快感を表明していたことや，示されているデータが打ち上げを中止するほどの決定的なものではないと主張していたことは，MT社幹部の意思決定に大きな影響を与えていた。

　最終的に，技術的な議論が進展せず，平行線をたどり始めたため，上級副社長メイソンは同席していたほかの経営幹部3名（ウィギンス，キルミンスター，ランド）に，「打ち上げたいと思っているのは俺だけか」と怒鳴り，怒りをあらわにしながら「経営的判断」を求めた。メイソンの態度によって，まずウィギンス，キルミンスターの2人が打ち上げに賛成した。さらに，技術者の意見を尊重し，打ち上げ反対の立場を取っていた技術担当副社長ランドも，メイソンから「技術者の帽子を脱いで，経営者の帽子をかぶりたまえ（"Take off your engineering hat and put on your management hat."）」という言葉をかけられた。最終的には，ランドも打ち上げ賛成に回り，経営幹部の意見は賛成4，反対0となった。これによりMT社は打ち上げに同意することになる。MT社は，ブースター・ロケットの安全性には問題がなく，打ち上げを認めるという文書をブースター・ロケット事業の責任者であるキルミンスターの署名入りでNASAに提出した。こうしてMT社が報告書を提出したことにより，チャレンジャー号は，予定通り1月28日に打ち上げられる

ことが決定された。
　ボジョレー自身は，打ち上げ前日の様子を次のように語っている。

　　低気温での打ち上げについて，NASAに意見を求められたのは前日の昼頃のことでした。昼食の間に同僚と相談し結論を出しました。打ち上げを中止するよう説得しようと。そして技術者たち全員がそれに納得してくれました。皆危険性をわかってくれたのです。事業部の管理者たちとも話し彼らも納得してくれ，社の意見は一致しました。しかし，宇宙開発の歴史の中で下請け会社が打ち上げの中止を願うなど前例のないことでした。
　　NASAに連絡した時は時差があったため，夕方で帰宅寸前のマネージャーをやっと捕まえました。上層部の管理責任者です。打ち上げを中止してほしいと頼みました。彼は納得しましたが，上司がケネディ・スペース・センターにいるのですぐにかけ直すといいました。2時間ほど待ちましたが，NASAがわれわれの打ち上げ中止要請に反対してくるとは思いませんでした。ジョイントの欠陥に関して決定的な証拠を見せて，低温下での飛行の危険性に気づいてもらえば，NASAは打ち上げを中止すると思っていました。
　　2時間後電話がきました。緊急電話会議を開くので参加しろというのです。しかし，その会議開始まで準備時間はたったの45分。技術者生命がかかった会議です。平均25年以上の経験をもつ同僚と4人合わせて100年分の経験を注ぎ込みました。オフィスに駆け込みファイルを引っぱり出し大急ぎで報告書を調べ，説得に必要な資料を片っ端からコピーしました。そしてそれを抱えて別の部屋に行き会議で言うべきことを紙に書き出しました。同僚たちが何を用意したか知りません。打ち合わせる時間は皆無だったのです。

マーシャル宇宙センターとケネディ宇宙センターに資料をファックスで送り，彼らはそれを見ながらわれわれの説明を聞きました。同僚のアーニー・トンプソンと私が中心となって説明を進めました。NASAの態度は容赦なく非常に攻撃的でした。次から次へと鋭い質問を浴びせかけてきます。過去半年間のわれわれの研究状況を承知で，説明できない点ばかりを突いて質問してきたのです。我慢しかねて私は叫びました。「答えられないのはわかってるでしょう。そのデータは取りたくても取らせてもらえなかったんだ」。部屋の後ろにいた上司ににらまれました。さすような目でね。顧客にそんな物言いは許されませんからね。会議は1時間ほど続き，技術部担当副社長が要点をまとめました。「打ち上げは中止を。あるいは暖かくなるまで待つべきです。O-リングの温度が12℃以上になるまで」。会議が終わるとNASAは事業部担当副社長に意見を求めました。答えは「説明を聞く限り打ち上げは勧められません」というものでした。私は心の中で"やった！"と叫びました。彼がどう答えるかはわれわれには操りようがなかったからです。これで打ち上げは中止だとホッとしました。同僚のアーニーも喜んで席につきました。13人が長テーブルを囲み椅子に身を沈め，5秒ほど安堵感に浸っていたでしょうか。NASAはマーシャル宇宙センターのジョージ・ハーディに意見を求めました。彼はこう答えました。「中止しろとはまったくがくぜんとした。しかし，技術者の決定に反対はしませんが」。ジョージ・ハーディを知らぬ技術者はいません。多くの尊敬を集める技術部の責任者で，NASA創設以前から宇宙計画に携わってきた人物です。彼の発言にわれわれはギョッとしました。私には彼の言葉が信じられませんでした。しぶしぶ中止に賛成するなんて。NASAは話をまとめてこういいました。ラリー・ムロイは「4月まで待てとでも。打ち上げの前日にぐずぐずいわんでくれ」。この言葉にわが社の経営陣は震え上がりました。「寒いと打ち上げられないとなると，今後の予定がめちゃめちゃだ。バ

ンデンバーグでの打ち上げも控えてる。あそこはもっと寒いんだぞ」。NASA側の言葉を一句一句正確に覚えているわけではないですが，彼らはそういう意味のことをいい，その会議をこう結論づけたのです。われわれが提示したデータは不確実で決定的ではないと。しかし，すでに2人の人物が打ち上げ中止を支持しています。なのにデータが不確実ですって。そもそもこれは打ち上げの安全性を証明するための会議でわれわれは危険だと訴えた。データが不確実だというなら安全性も保証できないはずです。つまりNASAの言い分は完全に矛盾していたのです。これを受けて事業部担当副社長は5分間のMT社側だけの会議を申し出ました。のちに事故調査委員会は，NASAとわが社の経営陣にプレッシャーについて尋ね，両者はプレッシャーはかけず，かけられなかったと答えました。とんでもありません。私は感じました。あの場にいてひしひしとね。ものすごいプレッシャーでした。MT社の幹部が感じなかったというなら，なぜあの場になって幹部だけで会議をしたんですか。会議で使っていた電話を保留にし，幹部たちは声をひそめて4人で相談を始めました。「経営的な決断を下す」と私やアーニーは無視です。幹部とはそこにいた4人の副社長です。3人はテーブルにつき，壁にもたれた1人は何も発言しませんでした。打ち上げ同意へと意見を変えるのは見え見えでした。アーニーがノートをつかみ，立ち上がりました。彼はふだんは穏やかでとても冷静で，激しやすい私とは正反対のタイプです。その彼がノートにジョイント部分の図を描き，もう一度副社長たちに危険性を強く訴えました。その晩の気温はマイナス2℃だったのです。零下ですよ。なのに彼らはアーニーを無視し図を見ようともしなかった。彼らの表情はこういっているようでした。「うるさい。事実など知るか」。アーニーは黙って席にもどりました。私はそのとき決定的な証拠写真をもっていました。2枚の写真です。1枚は15回目の打ち上げで燃焼ガスが1次リングから漏れ，真っ黒なグリースが付着した写真。もう1枚は

22回目の暖かな日の打ち上げ。灰色がかったグリースが写っていました。一方は80〜110度の弧状に真っ黒なグリース。もう一方は30度の弧状に灰色のグリース。その差を見れば低気温での打ち上げの危険性は歴然としています。私は２枚の写真をアーニーの図の上に載せ，怒鳴るように彼らに説明しました。無視されると承知で私は写真を指さし危険性を説きました。「グリースが黒いほど失敗の可能性は高い」「12℃でこれですよ。今夜はマイナス２℃だ。それでも問題ないとでもいうのですか」。彼らはまったく聞こうとせず，写真を見もしなかった。怒りで体が震えました。われわれが何をいおうと，もう彼らは心を決めていたのです。５分の幹部会議はすでに25分を過ぎ，技術担当副社長が迷っている様子だったのでメイソンはいいました。「技術者の帽子を脱いで経営者の帽子をかぶりたまえ」。結局副社長４人だけで決を採ることになり，全員一致で打ち上げに同意することになりました。（2003年10月23日ユタ州プローバでのインタビューの要約）

Stage D：あなたがボジョレーであったら，発射前日の会議が終わった後，どのように行動するか。

選択肢：
1．会社の最終的な経営判断なのだからこれを尊重し，シールが低温下でも密閉性を保つようひたすら祈る。
2．決定を覆さないと，この件を外部に通報すると条件をつけて，再度，MT社の経営陣と交渉する。
3．安全性が脅かされていることをNASAの上層部に通報する。
4．安全性に問題があることをシャトルの乗組員の家族に知らせる。
5．大統領を含めた政府の関係者に，安全性に問題があることを連絡する。

6. とにかく低温下での打ち上げを中止させるために，これまでの経緯をマスコミに公表する。
7. 上記以外の行動をとる。

　ボジョレーは，怒りと失意に打ちひしがれた。しかし，彼は会社の決定を変えるための行動を取らなかった。そして，1986年1月28日。NASAは予定通りチャレンジャー号を打ち上げ，機体は発射から73秒後に空中で炎上・爆発し，乗組員7名は全員死亡した。

## （4） NASA が発射を望んだ理由

　なぜ，NASA は予定通りの打ち上げを強く望んだのだろうか。まず，当初 NASA は，年間に50回の民間衛星打ち上げの委託なども含めた発射を行うことで，利益すら出る可能性のある計画をしていたが，実際には年間に1桁(けた)の打ち上げしかできず，計画全体が遅れていた。また，欧州宇宙機関も同じようなシャトル計画を進めており，ライバルの出現に焦りもあったであろう。さらに，アメリカの議会が，莫大(ばくだい)な予算をつぎ込みながら，それに見合った成果の出ていないスペースシャトル計画に対し，疑問視し始めていた。1986年は，そのように疑問視している議会へのアピールのためにも，過密な打ち上げ計画を立てていたのである。また，打ち上げ後に行われる予定であったレーガン大統領の年頭教書には，教育政策に力を注いでいないとの批判をかわすための，チャレンジャー号に初の民間乗組員として加わる教員マコーリフのことがすでに書かれていたことも，影響したといわれている。

## 4. 倫理的問題—対立する価値—

　この事例の詳しい検討は次章で行うが，本章のまとめとして，この事例でどのような倫理的問題があったのか，どのような価値が対立したのかを簡単に整理してみよう。ボジョレーは，顧客や自分の属する組織，あるいは自分自身よりも，技術者にとって重要なのは「安全」であるとはっきり述べている。すでに述べたように，技術倫理の第一原則は，「公衆の安全，健康，福利」を最優先することであり，このことは，主要な技術系学協会が重視すべき価値を明確化した文書である倫理綱領でも述べられている。例えばABETの倫理綱領では，次のようになっている。

　基本憲章1「エンジニアは，その専門職能上の職務を遂行するにあたり，公衆の安全，健康，福利を最優先しなければならない。」

　ボジョレーの行動は，この規範に基づく，技術者として当然の倫理的な行為であるといえる。しかし，同時に，倫理綱領では，雇用主や依頼主への忠誠が要求されている。今回のケースで，雇用主はMT社であり，依頼主（顧客）はNASAである。ボジョレーには，利害の対立を回避して，彼らの指示に従う義務もあった。

　基本憲章4「エンジニアは，その雇用主，あるいは依頼人に対してプロフェッショナルとして忠実な代行者または受託者として行動し，利害の対立を回避しなければならない。」

　このケースのように複数の価値が対立した場合はどうすればいいのだろうか。すくなくとも米国の倫理綱領では，「公衆の安全，健康，福利」を他のなにものよりも優先することが明記されている。これが，米国流

の技術者倫理の持つ明確さである。

　さらに，技術者が，自分ができることをすべて行い，起こるであろう結果も含めて行った提案などが覆された公益を守るためには，自分の所属する組織を越えて，公的な機関に通報することが倫理綱領で要請されている。

　ガイドライン 1c「エンジニアの専門家としての判断が，公衆の安全や健康を危険にさらすような状況下で覆された場合，依頼主や雇用主に，予想される可能性について報告し，かつ，必要な場合は，他の適切な公的機関に通報しなければならない。」

　チャレンジャー事故後にボジョレーは，会社からの指示に反して，自分が経験したことをすべて事故調査委員会の前で証言するが，これもある意味でこのような規範に基づく行動ともいえる。この行動の是非については，いろいろな意見があるが，少なくとも米国流の技術者倫理規範に則った行為であるといえる。

　しかしながら，果たしてボジョレーはできることはすべてやったのであろうか。公益通報をめぐる諸問題については，後の章で詳しく検討する。

## ・注および参考文献

① スペースシャトル・プログラムの歴史などについては，例えば，The Columbia Accident Investigation Board, Report, Vol. 1 (NASA, 2003) や NASA のホームページ (http://www.nasa.gov/home/index.html) などを参照のこと。
② 公式な見解は，大統領諮問委員会報告書 Report of the Presidential Commission on the Space Shuttle Challenger Accident (http://history.nasa.gov/rogersrep/genindex.htm) を参照のこと。公聴会での証言記録も含まれている。
③ このケースに関しては多くの著作がある。組織論・社会学の立場からの分析としては，Diane Vaughan, *The Challenger Launch Decision : Risky Technology, Culture, and Deviance at NASA* (Chicago : the Univ. of Chicago Press, 1996). また，前掲のコロンビア号事故調査委員会報告にも興味深い記述がある。さらに，本章の構成などについては，オンライン科学技術倫理センター (Online Ethics Center for Engineering and Science) (http://onlineethics.org/) にあるチャレンジャー事故およびボジョレーの行動に関する記述を参考にしている。本章を執筆する際，参考にした技術倫理関連の著作としては，キャロライン・ウィットベック(札野順・飯野弘之訳)『技術倫理1』みすず書房，2000年，第4章，pp. 167-183；ローランド・シンジンガー・マイク・W.マーティン（西原英晃監訳）『工学倫理入門』丸善，2002年，3章，pp. 139-152；ジェームス・リーズン（塩見弘監訳）『組織事故』日科技連，1999年；ハリー・コリンズ・トレヴァー・ピンチ（村上陽一郎・平川秀幸訳）『迷路の中のテクノロジー』化学同人，2001年，pp. 48-89
④ Rojer M. Boisjoly, "Personal Integrity and Accountability," *Accounting Horizons* (American Accounting Association) Vol. 7, No. 1 (March 1993), pp. 59-69

# 3 | 技術者が意思決定を迫られる状況とは(2)

札野　順・栃内文彦

《目標＆ポイント》　技術者倫理の考察と意思決定において重要となる概念であるステークホルダーと価値，およびそれらの関係について検討する。また，技術者倫理の4つのレベルについて理解する。
《キーワード》　ステークホルダー，価値，技術者倫理の4つのレベル

## 1. ステークホルダーと価値

### (1)　ステークホルダーとは何か

　技術者倫理を学ぶ意義の一つは，第1章で示した定義からもわかるように，技術者が日々の活動において倫理的問題に関わった際に自らの行為を適切に「設計」する能力を向上させることである。では，何をもって「適切な行為」と判断すれば良いのだろうか。また，いずれも適切そうな複数の行為の中から最善の行為を選択するにはどうすれば良いのだろうか。

　そのような判断・選択(倫理的意思決定)をする上で欠かせないのは，自分の下した倫理的意思決定の影響を受ける人々，組織，事象をどれだけ広範囲に意識できるかどうかである。一般的な例としては，自分，自分の家族，ユーザー，自分の所属する組織（企業，研究機関など）や同僚，同僚らの家族，自分の所属組織と関係のある組織（下請け企業，販売店など）やそれらに関わる人々，関係官公庁，地方自治体や地域住民，関連学協会，マスメディアなどが挙げられる。自らの行為の影響を

直接・間接を問わずに受けるこれらの人びとや組織を「ステークホルダー」という[①]。日本語では「利害関係者」と訳されることが多い。ただし，上述のように，金銭上などの損得や，利益や被害・損害を与えたり受けたりする関係だけではない。本書では，「利害」という語の持つこのような語感によって考察が狭められることのないように，敢えて片仮名で「ステークホルダー」と標記することにしよう。さらに「ステークホルダーとは，ある道徳的行為者の意思決定や行為に，直接的および間接的な影響を与えたり，それらによって影響を受けたりする存在である」と定義しておく。

考慮すべきステークホルダーを遺漏なく特定するために留意すべき点を二つ挙げておこう。第一に，ステークホルダーには強い立場・弱い立場があり得る，ということを意識する必要がある。技術者にとって，自分らの作ったモノを使う「ユーザー」や「顧客」は重要なステークホルダーである。ユーザーや顧客は，モノとしての安全性が保たれていることについて製造側（技術者）に依存するという点で，「弱い立場」に置かれている（例えば，航空機を設計・製造する技術者とその航空機の乗客の関係を想起してみよう）[②]。責任を負う対象を適切に把握するうえで，立場の弱いステークホルダーを意識することが有効だろう。

第二に，ステークホルダーの「見えやすさ」には違いがあることにも気を配る必要がある。例えば，ユーザーの家族は，考慮すべきステークホルダーだが「見えにくい」。また，アスベスト（石綿）の健康被害問題などの事例を見れば明らかなように，直接的ユーザーから時間的・空間的に隔たった人びと（離れた地域に暮らす人びとや，未来世代の人びとなど）もステークホルダーとして考慮しなければならない。しかし，考察の範囲を意識して広げなければ，そのようなステークホルダーを見出すことは難しいだろう。

我々は，何かの問題に直面した場合，目先のことばかりにとらわれがちになる。そうすると，自分の組織の内部のステークホルダーしか考慮しない，ということになりかねない。そうなってしまうと，適切な倫理的意思決定を下すことはできない。近視眼的な思考に陥ることを避けるために，意識して「弱い立場」・「見えにくい」ステークホルダーを考慮するようにしよう[3]。

　さらに，第1章で述べ，また，第9章で検討するように，「自分より大きな存在のために貢献する」ことにより得られる「幸せ」は，最も大きく，深く，長続きする。これも，より広範に，俯瞰的な視点から，できるだけ多くのステークホルダーと，その「well-being」を考えるべき理由である。

　以上を踏まえて，前章で検討したスペースシャトル・チャレンジャー号事故におけるステークホルダーを列挙してみよう：NASA，モートン・サイオコール社（MT社），NASAのラリー・ムロイら，MT社のボジョレー，メイソン，ランドら，クリスタ・マコーリフ他チャレンジャー号の乗組員，乗組員らの家族，マコーリフの教え子達，米国政府（レーガン大統領ら，関連各省庁とその関係者らなど），MT社の地元自治体・住民，MT社の社員やその家族ら，MT社の下請け企業やNASAの他の請負業者など（社員，家族，ほか各種関係者ら），日本や世界各国の宇宙開発関係者，アメリカ国民，など。乗組員らは「エンドユーザー」に相当する「弱い立場」のステークホルダーであり，技術者倫理の検討において，決して見落としてはならない。「見えにくい」ステークホルダーの多くは爆発事故に直接関わらないとはいえ，乗組員の家族など，重要性が「エンドユーザー」に準じるステークホルダーも含まれる。また，大勢の人びとの夢と希望を載せたプロジェクトで発生した大きな事故だから，何らかの影響を受けた人びとも多い。そのような人び

とも（ほとんど「見えない」けれども）ステークホルダーである（こちらからは重要ではないように見えても，彼（女）らの人生を変えた，ということがあり得る）。

### (2) 価値とは何か

　倫理に関して考察する際に，「価値」が重要な意味をもつことは，本書のこれまでの議論からも明らかであろう。では「価値」とは何なのか。一般的な国語辞典によると，単なる好き嫌いという個人的な「選好」と区別して，「人間の欲求・関心の対象となる性質や，目的の実現に役立つ性質。また，その度合い。ねうち」。また，哲学的な用語としては，「個人の好ききらいに関係なく，一般によいものとして承認すべきもの。真・善・美など」（『学研　国語大辞典』）とされている。真・善・美は価値の伝統的分類であり，それぞれ知的価値（真），道徳的価値（善），美的価値（美）である。他に，ものごとの手順などに関する思慮的価値や，宗教上の聖・邪などに関わる宗教的価値などがある。さらに，もともとは物品など流通する際の市場価値（経済価値）などによる分類も可能である。

　これらの価値に基づく判断が「価値判断」であり，それは「ある事柄について，善い悪いを述べる判断。ある事柄について，一定の価値（真・善・美など）を基準として主観的に下す判断」（『学研　国語大辞典』）である。価値判断における「主観性」の問題は，技術者倫理に関して考察を進める際の重要な基軸となる。なぜなら，一般に技術者は，ある程度の「客観性」をもって共有可能な技術的な情報（科学的法則や理論，実験データなど）を扱うことに関しては十分な教育・訓練を受けているが，より「主観性」の強い要素（例えば，宗教的な価値・文化的価値・政治的価値）などについての感受性や理解は，一般の人びとと同等であ

ると考えられるからだ．したがって，どうしても客観性の高い情報を重視する傾向があり，「主観的」な判断を求められると困惑する場合もある．しかしながら，「技術者倫理」は，個々の技術者が自らの価値判断に基づき，価値のバランスを取りながら，最善の解を導くための行動を設計することなのであるから，「主観的な」価値判断能力は，倫理的能力の基盤ともいえる．これが本書で「価値」の重要性を繰り返し主張する所以である．

　さらに，「新しい時代」の技術者は，ステークホルダーの「幸せ」と自らの「幸せ」という，これまでは注目されてこなかった「価値」を重視する必要がある．まだ，本当の意味で「幸せ」に関する「客観的な」指標があるわけではないが，心理学者たちは，科学的な妥当性を持つ指標を開発しつつある．ポジティブ心理学の中心的な研究者であるマーティン・セリグマンは，ある地域の天候を一つの指標で表すことができないように，「幸せ」を一つの指標で表すことは困難であるが，「幸せ」を構成する要素，例えば，ポジティブな感情や他者との関係などは，測定可能であることを強調している．すでに述べたように，技術者倫理の第一原則は，「公衆の安全・健康・福利」を最優先することである．これまで，「安全」や「健康」という価値については，さまざまな形で検討が進められてきたが，「福利」については，ほとんど考察されてこなかった．今後は，ポジティブ心理学をはじめ，多くの分野で始まった「幸せ」に関する研究の成果を，技術者倫理で重視すべき「価値」の考察に反映させていく必要があろう．

　さて，では，技術者が自らの行動を設計する（価値判断を下す）際にどのような価値が判断基準として用いられるのだろうか．第2章で我々は，チャレンジャー号爆発事故のケースを取り上げ，現場の技術者ボジ

ョレーの立場から，行動の設計についての検討を行った。それを踏まえて，ここでは彼の意思決定において判断基準となった価値のいくつかを具体的に見ることにしよう[4]。

　ボジョレーが最も重視した価値は「安全」である。前章における彼の行動の検討から分かるように，固体ロケットブースターのフィールドジョイント密閉性の問題を認識してから，彼は一貫して打ち上げ時の安全性を十分に保つべくさまざまな努力を重ねた。それは，彼がインタビューに答えて「安全性が第一です。有人ならそれが当然。たとえ無人でも，人がいる上空を飛ぶなら，やはり安全性が第一です」[5]と語っていることからよくわかる。ここで，ボジョレーが，乗組員らはもちろんのこと，スペースシャトルの飛行軌道下の住人という「見えにくい」ステークホルダーをも考慮に入れていたことに注目されたい。

　技術者としての「名誉」や「誇り」も重要な価値である。それは，前述の引用の続きでボジョレーが，「エンドユーザーを第一に考えるのです。それでキャリアを失っても本望だと思えれば，それが本当に職務を果たすこと，[中略]そうできるのが真の技術者です」[6]と述べていることからもわかる。彼が「真の技術者」としての名誉や誇りを持ち，自分の立場よりも技術者として自分が負っている責務を全うすることの方がより大切だ，と思っていることが現れている。

　また，「効率」も，ボジョレーが重視した価値の一つだろう。この価値を度外視するのであれば，例えば，ブースターの設計を一体構造に改めることで安全性は大幅に向上する。しかし，それでは，輸送や整備が著しく困難になる。ブースター製造元のMT社も，打ち上げを実施するNASAも，組織を問わず，そのような設計は受け入れがたいだろう。つまり，安全を重視していたボジョレーが既存の設計を改良すべく努力を重ねたことは，「安全」だけでなく，「効率」なども重視すべき価値と

して，彼の行動の判断基準にしていたことを示している。

　加えて，ボジョレーは，組織で働く技術者として重視すべき「雇用主（MT 社）・依頼主（NASA）への忠誠」という価値をも守ろうとしていた。組織内の指揮系統を尊重して行動し，乗組員らの安全性だけでなく，各組織の利益を最大限に守ろうと努力した。

　他にも彼が重視していた価値は（明確に意識していたかどうかはともかく）複数あるので，考えてみてほしい。ボジョレーは，誠実な技術者として，さまざまな価値を考慮に入れ，（「安全」を最優先した上で）いずれの価値をも可能な限り満足させる行動を取ろうと努力した。だからこそ，彼は，（悲劇を防ぐことこそ適わなかったが）「真の技術者」として高く評価されるのである。

（3）　ステークホルダーと価値

　前節では，チャレンジャー号事故のケースにおいて，現場の技術者ボジョレーが自らの行動を設計する（価値判断を下す）上で焦点となった価値の幾つかを具体的に検討した。読者は，他のステークホルダーについて，それぞれの立場から価値について検討してほしい。それにより，ステークホルダー（の置かれた立場）によって重視される価値が異なる，という重要な点に気づくことだろう。

　このことが最も端的に，そして，決定的に現れているのが，打ち上げ前日の電話会議を受けて MT 社内で行われた幹部会議の場である（詳細な経緯は第 2 章を参照）。予定通りの打ち上げを強く望む NASA の意向に沿って打ち上げ同意の意見に傾きつつある幹部陣の中で，技術担当副社長のランドは最後まで，技術的見地から安全性に懸念を持っていた。しかし，上級副社長メイソンから「技術者の帽子を脱いで経営者の帽子をかぶりたまえ」と言われて，打ち上げ同意に意見を転じた。

ランドは技術者であると同時に経営者でもある。したがって，「利益」（会社の利益を上げ続けること）や「依頼主への忠誠」(NASAの意向に可能な限り沿うこと）などの価値を，（直接経営には関わらない）現場の技術者よりも重視しなければならない。しかし，それは「経営面の価値のみを考慮する」ことではない。技術者として重視すべき「安全」などと，経営者として重視すべき「利益」「依頼主への忠誠」などのさまざまな諸価値のバランスの取れた行動を設計する（価値判断を下す）必要があった。つまり，彼は「技術者の帽子」と「経営者の帽子」の（いずれかではなく）両方をかぶらなければならなかったのである。かくして，ランドが考慮すべき価値のバランスの取り方を決定的に誤り，間違った価値判断を下したことで，全員一致で打ち上げが同意され，7名の命が失われることとなった。

　ステークホルダーごとに異なる立場に応じて，価値の重視され方も異なる。しかし，少なくとも技術者倫理においては安全に関わる価値は常に最重視されなければならない。その上で，各ステークホルダーは考慮すべき価値を適切に把握し，それらのバランスが保たれるような行動をする必要がある。

## (4) すべてのステークホルダーが共有できる価値とは

　では，価値の間のバランスが保たれているかどうかをどのように判断すればいいのであろうか。後述するように，功利主義の立場では，「最大多数の最大幸福」を導く行動が，善い行為，すなわち，倫理的な行動であると考えられてきた。ここでの「多数」は人間のみであり，「幸福」は，心理学的には，気持ちよい・うれしいという「ポジティブ感情」の多さと辛い・悲しいなどの「ネガティブ感情」の少なさによって規定されてきた。しかしながら，「新しい時代」の技術者は，例えば，功利主

義の立場をとるとしても，「多数」のなかに，可能な限り多様なステークホルダーを含めるべきであるし，それは，人間だけではなく，他の動植物を含む環境，あるいは，文化などもステークホルダーとすべきであろう。また，「幸福」については，測定が比較的容易である経済的な充足やポジティブ感情の多寡だけではなく，「幸せ」を構成する他の要素（セリグマンの PERMA モデル），例えば，よりよい人間関係をどうすれば促進できるかといった視点での考察も必要であろう。

## 2. 技術者倫理の4つのレベル（メタ，マクロ，メゾ，ミクロ）と技術者倫理の必要性

表3-1 技術者倫理の四つのレベル

| レベル | 対象 |
|---|---|
| Meta | 技術そのものの本質とそこから導かれる技術者のあるべき姿 |
| Macro | 技術と社会の関係とそこから導かれる技術者のあり方 |
| Meso | 技術に関連する制度・組織およびそれらと個人との関係 |
| Micro | 技術者個人（あるいは個々の企業など）とその行動 |

　本科目では，技術者倫理の必要性と目的を論ずるだけでなく，技術者がどのように倫理的な意思決定を行うか，倫理的判断を行う上での「価値」の問題，倫理的判断のための方法，なども扱う。このように個人の判断と行動に焦点を当てた倫理に関する考え方をマイクロ・エシックスと呼ぶことがある。これは，一般に，もっと大きく，科学技術全体と社会の関係などについて考察するマクロ・エシックスに対比させて使われている。本科目では，技術者倫理を，表3-1のように四つの相（レベル）にわけて考える[7]。

技術者倫理に関わる諸問題を検討する際，しばしば議論が錯綜する場合がある。その原因は，この四つのレベルの問題群が，同時に混乱して扱われることにある。例えば，耐震構造偽装事件において，何故，元一級建築士があのような問題を起こしたのかを検討するにあたり，建築士の個人としての意思決定（ミクロ・レベル）と，構造計算を依頼した企業との関係（メゾ・レベル）や日本の建築士制度（メゾ・レベル），あるいは，マンションなどの建築物とそれを購入し住む人たちの安全や経済の問題（マクロ・レベル）を整理して検討すると，問題の本質を理解しやすい。

　この四つのレベルを意識することは重要である。読者も，これらを常に意識しながら，技術者倫理について考察を進めていただきたい。ではまず，技術者倫理がなぜ必要とされているのかを，これら四つのレベルから考えてみよう。

　技術とは何か，何のために存在するかという根源的で哲学的な問題を扱うのがメタのレベルである。21世紀に入り，情報技術の急発展と経済のグローバル化，また，潜在的に大きな危険性を孕（はら）む種々の新しい技術（ナノテクノロジー，合成生物学，遺伝子工学，ロボット工学，再生医療など）の出現と発展，人口・資源・環境問題の深刻化，社会の（テロ活動を含む）不安定化，大規模な自然災害（新興感染病を含む）の発生などにより，人類の将来には多くの不確実性とリスクが予想される。このような状況のなかで，技術が果たすべき役割をはじめとする，技術そのものについての深い考察が求められている。例えば，米国工学アカデミー（National Academy of Engineering）は，人類の未来について複数のシナリオを想定した上で，西暦2020年に大学を卒業する技術者が持つべき資質について次のように述べている[8]。

＜将来のエンジニア＞は，リリアン・ギルブレスのような発明の才，ゴードン・ムーアのような問題解決能力，アルバート・アインシュタインのような科学的洞察力，パブロ・ピカソのような創造性，ライト兄弟のような決意，ビル・ゲイツのようなリーダーシップ能力，エレノア・ルーズベルトのような良心，マーティン・ルーサー・キングのようなビジョン，そして，私たちの孫が持つような好奇心と物ごとを不思議がる心とを合わせ持つことを志向しなければならない。

　つまり，このような資質を持たなければ実践できない専門職業が「技術」であると，「技術」をその実践者の持つべき能力群から定義しているわけである。技術的な独創性・問題解決能力や科学的な洞察力のほかに，リーダーシップ，ビジョン構成力，そして「良心」が求められていることに注目していただきたい。

　「技術とは何か」という問いかけは，それを実践するものすなわち「技術者」の定義に直接関係する問題なので，技術者は自らのアイデンティティと存在意義を確認するためにも，継続的にそのキャリア全体を通して，深く考察する必要がある。前述のIEAの規定に代表されるように21世紀に入ってからの「技術」の定義の多くが，社会や環境に対する「責任」と「倫理」の重要性を明示的に含んでいる。これが，まず，メタ・レベルで技術者倫理が必要とされる理由である。

　次に，科学技術と社会との関係に焦点を当てた考察とそれに基づく倫理的判断と行動設計がマクロ・レベルである。このレベルに関する解説とそこから導かれる技術者倫理の必要性については，第4章で詳しく述べるのでここでは省略する。

　個人や企業の意思決定と行動に焦点を当てたミクロ・レベルの倫理に対して，組織と人の関係や，教育や資格・免許など制度に関係するのが

メゾ領域である（メゾとミクロを合わせて，「ミクロ」とする考え方もある）。技術者が日常的に業務を行う上で問題となるのはほとんどの場合，これらミクロおよびメゾ領域の問題群である。しかし，科学技術の専門化・高度化が進むなかで，同時にメタおよびマクロな視点での考察も必要となることを再認識する必要がある。

　メゾの領域で特に考慮すべき点は，技術者の育成と技術者資格である。例えば，1990年代後半から技術者の国際レベルでの社会的流動性についての検討が始まり，「APEC Engineer」資格や，ヨーロッパにおける「European Engineer（Eur Ing）」資格などが整備された。そこでは，専門的な知識や能力に加え，実務を行う地域の法律だけでなく，倫理や行動規範に従うことが求められている。日本においても技術士制度が2000年に大きく改定されて，倫理的な資質が要求されている。この改定の基となった技術士審議会の報告書の冒頭には，「技術に携わる者の備えるべき倫理要件」として次のように述べられている[9]。

　　現代社会において，技術は社会の隅々まで浸透し，多くの便益をもたらし，安全で豊かな生活を可能とすると同時に今後の経済社会の発展の基盤として不可欠な存在となっている。しかしながら，一方で，技術は安全問題や環境問題を生じさせる場合もある等，技術が社会に及ぼす影響の大きさは，正の効果も負の効果も拡大する傾向にある。
　　従って，技術に携わる者は，実務担当能力を有することはもちろんのこと，社会や公益に対する責任を企業等の活動の前提とする旨の高い職業倫理を備えることが必要である。
　　また，自己の能力の範囲を明確に認識し，業務遂行上，専門的な助力の必要性に関して的確に判断し，適切に助力を得ること等も重要である。
　　こうした職業倫理を徹底するためには，技術者が属する企業等を含め

第3章　技術者が意思決定を迫られる状況とは(2) | **63**

社会全体がその重要性等について十分に理解することが不可欠である。

　また，技術者教育においても，1990年代後半から世界各地で改革が進められていて，工学系の教育課程修了者が，技術者としての倫理と責任について理解していることが，要求されるようになっている。例えば，日本技術者教育認定機構は，認定を受けようとする教育課程が，機械工学・電気工学などの専門分野にかかわらず学習教育目標のなかに，「地球的視点から多面的に物事を考える能力とその素養」や，「技術が社会や自然に及ぼす影響や効果，および技術者が社会に対して負っている責任に関する理解」を含めることを共通基準として要求している。同様の要求は，欧米諸国や英語圏の国々また韓国や台湾などのアジア諸国にも見られる。すなわち，現在では，技術者倫理を学ばずに，技術者となることはできないのである。これらが，メゾ・レベルで技術者倫理が必要とされる理由である。

　ミクロ・レベルにおける技術者倫理の必要性は説明の必要はないであろう。世界的にも日本においても技術に携わるものの倫理が問われる事件や事故が，残念ながら多発している。チャレンジャー号事故は，最もよく知られているケースのひとつであろう。

　我が国においても，特に1995年のオウム真理教サリン事件，同年の高速増殖炉「もんじゅ」事故および隠蔽工作にはじまり，1999年のJCO臨界事故，2000年に発覚した三菱リコール隠し事件，2002年に明らかになった東京電力原子炉格納容器問題などなど，技術者の顔や組織の実態が見える事件が頻発している。これが，社会が，技術者や企業の倫理のあり方を問題視し，技術者倫理を要求する理由である。

## 3. チャレンジャー号事故を４つのレベルで考える

　技術者倫理の４レベルを意識して事例を具体的に検討することで，技術者個人の意思決定（に基づく行動）が個人のレベルを超えて，組織さらに社会全体に大きな影響を及ぼすことや，各レベルの違いの理解を深めやすくなる。逆に，そのような理解を深めることで，技術者個人が自分の行動に関する意思決定をする際に考慮しなければならないステークホルダーと価値の見極めを，より的確に行えるようになる。それにより，より良い「行動の設計」が可能になるだろう。

### (1) メタ・レベル

　メタ・レベルで，チャレンジャー号事故を考えると，そもそも宇宙の謎を解くために何故人類は努力するのかといった問いや，宇宙と人間との関係についての問い，宇宙開発が人の自己理解をどのように変えるかなどの問題群が考えられる。これらはそれぞれ哲学的に興味深い問題ではある。しかし，本科目でチャレンジャー号のケースを取り上げる理由は，具体的に行動を設計する際に必要な手法などを検討するための準備をすることなので，紙面の制限もあり，ここでは取り上げない。

### (2) マクロ・レベル

　このレベルでは，着目する科学技術と社会との関係の考察を行うことになる。環境倫理・生命倫理・情報倫理は，マクロ・レベルでの倫理的考察の代表的な枠組みと言える。
　チャレンジャー号事故のケースでは，社会的要因（背景）などの考察が，マクロ・レベルにあたるだろう。第２章で検討したように，スペースシャトル・プログラムは，当時の東西冷戦構造を背景に進められた国

の威信を懸けたプロジェクトである。しかし計画は大幅に遅れており，予算も削減されていたNASAは，これ以上のトラブルは許されないというプレッシャーを組織として感じていた。さらに，初の民間人宇宙飛行士クリスタ・マコーリフは教員であり，教育政策を批判されていた当時の大統領レーガンとしては，批判をかわすためにも年頭教書演説前に打ち上げてもらいたい，という政治的思惑もあった。打ち上げ直前の会議でMT社が打ち上げ延期を当初は求めたにもかかわらず（「下請け」が打ち上げ延期の要求をしたのは前代未聞だったことに留意されたい。そのような異例の強い延期要求にもかかわらず）NASAが予定通りの打ち上げに固執したことは，マクロ・レベルから社会的背景の検討をしないと理解が難しい。

### (3) メゾ・レベル

倫理的な検討を組織，制度の観点から行うメゾ・レベルは，企業倫理や経営倫理の範疇で技術者倫理の枠の外，と考えるかもしれない。しかし，技術者の多くは企業その他の組織の一員として活動する。狭義の（ミクロ・レベルのみを扱う）技術者倫理では，直面した倫理的問題に対処して適切な行動を設計できるかもしれないが，それが所属組織の構造的問題だとしたらどうだろうか。その組織に属する限り，再び同じような倫理的問題に直面することになるだろう。

チャレンジャー事故のケースでは，ボジョレーら現場の技術者は問題点を精確に把握していて，事故を防ごうと最大限に努めた。MT社の経営陣も（特に技術担当副社長のランドは）当初は，その問題点に起因する危険性を理解し，「下請けとしては前代未聞の」打ち上げ延期勧告を行いすらした。しかし，NASAの「圧力」に負け，社として打ち上げに同意してしまった。一方のNASAも，前節で検討したようなマクロ・

レベルでの「圧力」などにより，危険性を示すデータを客観的に見られなくなってしまった。どちらの組織も，「圧力」にさらされた際に，組織レベルで適切な倫理的意思決定を下せなくなっていたのである。したがって，仮にこの時の打ち上げにおいて幸運にも爆発が起こらなかったとしても，組織的な（メゾ・レベルでの）問題が残っている限り，似たような状況が再び出来した時に，同様の事態が繰り返されるだろう。

　一般的に，このような問題を抱えた組織は，各技術者にとって働きやすい「環境」ではない。それだけではなく，重大な事故を引き起こす可能性を内在している。実際，チャレンジャー事故では7名の命が奪われた。個々の技術者が「設計」する適切な行動を実行に移し，それが（事故を未然に防ぐ，などの）結果をもたらすには，物事がそのように進行することを促進する「雰囲気」，即ち組織レベルでの態勢が欠かせない。また，組織を動かす制度も重要な役割を果たす。このような検討を行うのが技術者倫理のメゾ・レベルである。

### (4) ミクロ・レベル

　倫理的意思決定が求められる状況に直面した技術者は，（メタ，）マクロ，メゾの各レベルでの検討などを踏まえて，自らの行動を「設計」することになる。ミクロ・レベルでは，そのような個人（あるいは小さな組織）の取る行動の倫理的検討が行われる。

　第2章で，読者は，「あなたがボジョレーの立場ならどう行動するか」という視点から，チャレンジャー事故のケースを検討し，ボジョレーという一人の技術者が取った，あるいは，取り得た行動を倫理的に検討しただろう。これが典型的なミクロ・レベルでの検討である。

## ・注および参考文献

① 「ステークホルダー」という用語は企業・経済活動において用いられることが多い。その場合は、「企業に対して利害関係を持つ人。社員や消費者や株主だけでなく、地域社会までをも含めていう場合が多い」(『大辞林』)のように定義される。

② 「安全」は、技術者が常に最優先しなければならない価値である(このことの詳細な検討は第7章で行う)。

③ 更に考察の範囲を広げるならば、自然環境や動植物も考慮すべきステークホルダーに含まれ得る。が、ここでは、相手の立場に自分を置いて考えることのできるステークホルダー(すなわち、人間と人間により構成される組織)に限定する。これらを意識した上で、実際に倫理的意思決定を下すための具体的な手法は第6章から第8章で紹介する。

④ 技術者が重視すべき価値についての一般的検討は第7章で行う。

⑤ 2003年10月23日ユタ州プローバでのインタビューより。

⑥ 同上のインタビューより。

⑦ これらの諸相については、札野順「科学技術倫理の諸相とトランス・ディシプリナリティ」、『科学技術社会論研究』第1号、2002、pp. 204-209などを参照のこと。

⑧ National Academy of Engineering, *The Engineer of 2020*, National Academy Press, 2004, p. 57

⑨ 文部科学省技術士審議会、「技術士制度の改善方策について」、平成12年2月23日 p. 1

# 4 | 科学技術と社会・環境

札野　順

《目標＆ポイント》　科学技術が社会や環境に与えた影響を正負，両面から考える。現在の人類がおかれている状況を，特に，エネルギーと人口の面から俯瞰的に考察し，人類が直面する問題群を認識する。21世紀の技術者が解決すべき重要課題について理解し，志向倫理の立場から，「新しい時代」の技術者が持つべき姿勢について考える。
《キーワード》　技術者倫理の諸相，コズミック・カレンダー，エネルギー・人口問題，ビル・ジョイの警鐘，Grand Challenges for Engineering，科学技術基本計画

## 1. 科学技術が人間社会に与える影響に関する考察

　科学技術に関わる事故や不祥事が頻発し，技術者の倫理に関わるさまざまな問題が議論されるようになった。本書では，技術者個人が日常的に職務を遂行するうえで，どのように倫理的な意思決定を行うべきか，倫理的判断を行ううえで考量すべき「価値」とは何か，企業における技術者の権利と義務とは何か，などの問題を主に検討してきた。すでに述べたように，このように個人に焦点をあてた倫理に関する考え方をマイクロ・エシックスと呼ぶ。これは，もっと大きく科学技術全体と社会の関係などについて考察するマクロ・エシックスに対比される。第3章でも議論したように，このような分類を含めて，技術者倫理はその考察の対象により，メタ・マクロ・メゾ・ミクロという4つのレベルに分ける

ことができる。

　技術者が日常的に業務を行ううえで問題となるのはほとんどの場合，ミクロの問題群である。しかし，科学技術が高度化する中で，俯瞰的な観点からの考察もその重要性を増している。そこで，本章では，ミクロからマクロへと視野を拡大して，技術者個人の問題を云々するのではなく，視点を人類全体におき，科学技術と社会の関係を考えてみたい。

　倫理的問題に直面したときには「時間・空間・関係性を拡大し，相対化させて考察せよ」という考え方がある。つまり，倫理的な判断をする際には，一度立ち止まり，眼前の問題を異なった時間的・空間的視点から考察し，さらにさまざまな関係性も拡大して考察してみようということである。例えば，現在は解決不可能に思える倫理的問題も，それを構成する要素を歴史的に考えてみれば，それほど大きな問題ではない場合もありうる。自分が所属する組織の中ではどうしようもないと思われる問題も，より大きな視点，例えば日本，あるいは世界の視点から見れば容易に解決できる問題である場合もある。以下では，時間と空間を究極のところまで拡大して，技術者がもつべき倫理的能力について考察する。

## （1）「宇宙の歴史を1日にたとえると」コズミック・カレンダーから見えるもの

　天文学者の故カール・セーガンは宇宙の始まりから現在までを1年にたとえた，いわゆるコズミック・カレンダーを考案した[1]。つまり，約135億年前と考えられている宇宙生成の瞬間「ビッグ・バン」がこのカレンダーの始まりで，今現在が，新しい年の最初の1秒であると考える（このカレンダーの1秒が，実際の時間の約430年にあたる）。そうすると，地球の誕生は9月14日頃で，人類が地球上に登場したのが，大晦日午後10時30分頃ということになる。そして，現在われわれが享受してい

```
コズミック・カレンダー：12月31日

~22:30          人類誕生
23:56           最後の氷河期の始まり
23:59:20        農業の発明
23:59:35        新石器文明，最初の都市
23:59:50        シュメル，エジプトなどに
                最初の王朝
23:59:56        ローマ帝国の成立
23:59:59        ヨーロッパのルネッサンス
                近代科学の成立
                科学と技術の広範囲な発展
```
~カール・セーガン著（長野敬 訳）『エデンの恐竜』より改変~

図4-1　コズミック・カレンダー

る科学技術の起源である近代科学が西欧に生まれたのが大晦日の夜12時59分59秒である。つまり人類はコズミック・カレンダーでいえば，わずか1秒にも満たない間に，近代科学技術文明を築き上げると同時に，潜在的には自分自身を含めて地球を破壊しうる巨大な力を手に入れたのだ。このカレンダーは，人類の偉大さを示す一方，悠久の時間の流れの中で人類の歴史の占める位置がいかに短いかを教えてくれる。また，このような視点に立つと，倫理的な問題に直面している技術者を取り巻く諸条件が，たとえいかに強く固定されたもので，自分たちでは変えることができないもののように思えたとしても，歴史的にみればほんの局所的な現象にすぎず，変更不可能なものではないことがわかる。

(2)　人類の成し遂げたこと

近代科学技術の誕生からコズミック・カレンダーでは，わずか1秒の間に，人類は多くのことを成し遂げた。米国工学アカデミーが調査に基

づき選んだ20世紀の偉業は,以下のとおりである。

表4-1 20世紀に技術者が成し遂げた偉業

| 1.電力・電化 | 6.ラジオ・テレビ | 11.高速道路 | 16.医療技術 |
| 2.自動車 | 7.農業機器 | 12.宇宙船 | 17.石油化学技術 |
| 3.航空機 | 8.コンピュータ | 13.インターネット | 18.光学技術 |
| 4.水の供給 | 9.電話 | 14.画像技術 | 19.原子力技術 |
| 5.電子技術 | 10.冷房・冷蔵 | 15.家庭電化機器 | 20.高機能材料 |

＜出典：National Academy of Engineering, 2009, http://www.greatachievements.org/＞

これらの偉業が我々の生活に与えた影響は甚大である。

図4-2 20世紀初頭,百年前の日本の生活風景
（出典：https://www.flickr.com/photos/styeb/2682951361/sizes/z/in/photostream/）

例えば,電気や水の供給のない生活は,現在の我々にとって想像しがたいものである。図4-2の写真のような生活に戻ることは実質的に不可能であろう。

コズミック・カレンダーでは,わずか4分の1秒ほどの間にこれらの

偉業を技術者が成し遂げたわけであるが,これらを使うためにはエネルギーを必要とする。

　すこし視点を変えてみよう。19世紀末における世界の人口は17億人程度で,エネルギー需要は石油換算で年間約5億トンであったとされている。ところが,それから100年後の2000年の人口は約60億人で,エネルギー消費は年間約92億トンにおよんでいる。わずか1世紀,つまりコズミック・カレンダーでは4分の1秒ほどの間に,人口は約4倍,エネルギー消費量にいたっては約18倍に急増している。21世紀に入ってわずか10年あまり後には,人口は70億人を,エネルギー消費量は120億トンを越えた[②]。

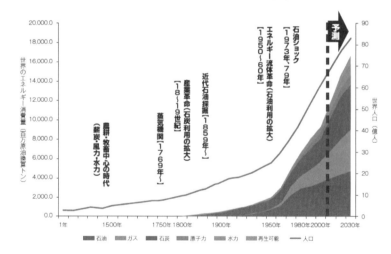

(出典) United Nations,"The World at Six Billion"
United Nations,"World Population Prospects 2010 Revision"
Energy Transitions: History, Requirements, Prospects
BP Statistical Review of World Energy June 2012
BP Energy Outlook 2030: January 2013

**図4-3　エネルギー使用量および人口増加**
（出典：エネルギー白書2013, p. 8）

20世紀の間に1人当たりのエネルギー消費量は約5倍の増加ということになるが，全世界の人口の大部分を占める途上国の人びとのエネルギー消費量はそれほど増えていないので，欧米諸国および日本など先進諸国の人びとが増加分を消費していることになる。途上国の産業化が進み，先進諸国と同じレベルでエネルギーを使うようになれば，一体どのような事態が起こるのかと危惧せざるをえない。

　図4-4で明らかなように，21世紀に入って中国をはじめとするアジア太平洋地域におけるエネルギー消費量の急増は注目に値する。

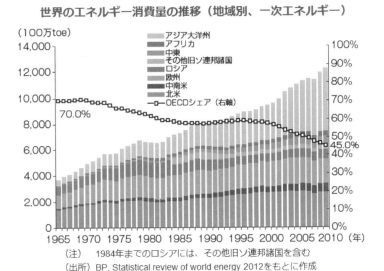

図4-4　エネルギー消費量の推移
（出典：エネルギー白書2013，第2部）

## 2.「未来はわれわれを必要としているか」

　「インターネットのエジソン」とも呼ばれたビル・ジョイは，20世紀

最後の年に「未来はわれわれを必要としているか」という衝撃的な論文を発表した[3]。そのなかで、自らがその進歩に大きく寄与したコンピュータ技術を含め、21世紀の科学技術がもつ危険性について警鐘を鳴らした。

図4-5　ビル・ジョイ
（写真提供：ユニフォトプレス）

ジョイは、21世紀に急激な発展を遂げると考えられる科学技術の3分野、遺伝子工学（Genetics）・ナノテクノロジー（Nanotechnology）・ロボット（Robotics）の3分野（GNR）に注目し、コンピュータの能力が飛躍的に向上することによって、これらの分野で人類を滅ぼしうる技術が開発される可能性を指摘する。遺伝子工学の分野では、例えば、感染力を強化したインフルエンザや、特定の人種だけが感染する人造病原体などを、近い将来つくることができるようになると予測する。さらに、核爆弾などが一過性であるのに対して、人造病原体は、自己増殖機能をもつ可能性が高いので、長期かつ広範囲な影響があると考えられる。また、2030年までには2000年当時に比べ100万倍の能力をもったコンピュータが開発されると予測したうえで、その能力を駆使すれば、ナノテク

ノロジーやロボット工学においても，自己複製能力をもった，ナノスケールの極微人工物や，高度の知能と自己複製機能をもったロボットが開発されるだろうとしている。もちろん，これらの技術が人類の福利に多大な貢献をするであろうことを認めながらも，ジョイは，その潜在的な危険性に強い懸念を示している。

　しかも，これらの技術は，20世紀を特徴づけた核兵器の開発のように，国を挙げての巨大プロジェクトを組織しなくても，小規模な施設で開発が可能であると指摘する。原子爆弾開発計画は，当時の金額で20億ドルを費やし，延べ12万人の科学技術者を動員した国家プロジェクトであったが，GNRに関しては，場合によっては個人が自宅のガレージで，パーソナル・コンピュータを使って開発することができる。かつては，大型計算機で何日もかかった計算も，今では個人のコンピュータで処理が可能な環境の中で，GNRの開発は，想像以上に容易なことであろう。

　また，コンピュータを含むIT技術の発展により情報伝達のスピードと規模は急増し，GNRに関してもひとたび新しい知見が生まれれば，その情報はインターネットを介して広がり，管理は難しい。悪意をもった犯罪者たちにも，これらの情報は共有されてしまう。したがって，ジョイいわく，21世紀の人類は「乗客全員がいつでも『墜落ボタン』を押せる状態で飛んでいるジェット機」に乗っているようなものであり，これらの科学技術は，個人に種としての人類の運命を決定する能力を与えることになるとしている[1]。

コラム：ライフサイエンスの展開：再生医療と合成生物学
　科学技術の進展は著しい。特に，ライフサイエンスの領域では，これまで想像もできなかったような新しい展開が進んでいる。例えば，2012年にノーベル生理学賞を受賞した京都大学山中教授のiPS細胞の樹立を契機に，再生医療の実現に向けた研究が一気に進み，臓器の再生を含めた驚くべき成果が生まれている。一方，実際には自然界に存在しない生物やその要素を人工的に作り上げたり，生物を改変したりすることを目的とした合成生物学（synthetic biology）という領域がある。日本でも，「細胞を創る」会などが中心となって学際的な研究が進められている。もちろん研究の目的は，生命の理解やその応用として新薬等の開発であるが，一方では，1918年に猛威をふるったスペイン風邪やポリオのウイルスを「合成」することに成功し，その成果は，サイエンスなど誰で見ることができる雑誌などに公開されている[⑤]。悪意を持った科学者・技術者が，合成生物学を使って，例えば，特定の人種が持つタンパク質に影響をあたえる細菌などを開発する可能性は十分にある。この意味でも，ビル・ジョイの警鐘を無視することはできない。

## 3. 21世紀に技術者が解決すべき重要課題と志向倫理

　かなり暗い未来予想図を示したが，我々はこの現実を直視する必要がある。これらの問題を引き起こした原因の一つは，明らかに，無計画な科学技術の成果の利用である。一方，これら，人類が直面する問題を解決できるのも，また，科学技術者なのである。

米国の工学アカデミーが中心となって進めているプロジェクトにGrand Challenges for Engineeringがある。これは，同アカデミーが，各種の調査を体系的に行った上で，今後，技術者が解決すべき最重要課題を明確にし，その解決のために，教育も含めて技術者コミュニティ全体で取り組もうとするものである。現在，表4-2のように14の領域が示されている。

表4-2　Grand Challenges for Engineering

| ①太陽エネルギーの経済的利用 | ⑧よりよい医薬品の開発 |
|---|---|
| ②窒素サイクルの管理 | ⑨インターネット上の安全・安心の確保 |
| ③医療情報学の発展 | ⑩科学的発見のための技術の開発 |
| ④核テロの防止 | ⑪炭素固定化技術の開発 |
| ⑤個人に対応した学習/教育の開発・推進 | ⑫都市インフラの修復・改善 |
| ⑥核融合によるエネルギーの供給 | ⑬脳のリバース・エンジニアリング |
| ⑦世界中に清浄な水の提供 | ⑭仮想現実技術の開発 |

（出典：National Academy of Engineering, http://www.engineeringchallenges.org/）

例えば，インディアナ州のパデュー大学では，工学部に入学する学生を入学時に専門に分けることなく，最初の1年間は共通のカリキュラムでエンジニアとして必要な数学や設計に関する教育を行うが，その過程で，専門の教員，例えば，機械工学の教員が，「あなた方は機械工学を学びなさい」というのではなく，「機械工学を学ぶことにより，貴方は，Grand Challengesのこの領域に貢献できるエンジニアになることができます」という形で，工学教育を展開している。これまでの専門分野（discipline）を教育することから，人類が直面する課題を解決できるエンジニアを育成しようとする方向への明確な意思をそこに見ることがで

きる。
　このような教育は，単に専門的な知識やスキルを育てるだけでなく，本当の意味での「技術者」を育成することになる。これは，志向倫理の観点からも，優れた取り組みであり，かつ，「人類全体」という自分よりも大きな存在のために貢献できる技術者を育てることになり，これは，ポジティブ心理学の観点からは，人生に対する満足度の高い，すなわち，幸せな技術者を輩出することになろう。
　東日本大震災後の日本においても，Grand Challenges を明確にする必要がある。震災の直後に策定された第4期科学技術基本計画においては，我が国が，科学技術の成果を使って「目指すべき国」の姿が，次のように謳われている。

1．震災から復興，再生を遂げ，将来にわたる持続的な成長と社会の発展を実現する国
2．安全，かつ豊かで質の高い国民生活を実現する国
3．大規模自然災害など地球規模の問題解決に先導的に取り組む国
4．国家存立の基盤となる科学技術を保持する国
5．「知」の資産を創出し続け，科学技術を文化として育む国

　ここにも「新しい時代」を見ることができる。なぜなら，これ以前の科学技術基本計画は，科学技術を推進する立場から，科学技術はこちらの方向に推進すべしといったシーズ側からの計画提示であったが，第4期からは，日本社会のニーズに応えるための科学技術という方向への転換があるからである。
　「あるべき国の姿」を示し，そのなかで，「震災からの復興」や「豊かなで質の高い国民生活」などを掲げるのであれば，技術者倫理の第一原

則である「公衆の安全・健康・福利の最優先」という価値観をさらに広く共有する必要があろう。特に,「公衆の福利」とは何かを,技術者が総合的に,かつ独創的に考え,それを実現する社会の構築に向けて,システム的な発想を持ち,主体的に関与する必要があろう[6]。

## ・注および参考文献

[1] Carl Sagan, Dragon of the Eden (New York : Random House, 1977)
[2] 人口増加とエネルギー問題については,資源エネルギー庁『エネルギー白書』などを参照のこと。
[3] Bill Joy, "Why the future doesn't need us," Wired, Issue 8.04 (April, 2000)
[4] このまとめには,辻篤子による新聞記事「科学技術に制限を」朝日新聞,2001年8月29日付を参照している。訳文は辻による。
[5] 例えば,森　祐介,吉澤　剛「生命機能の構成的研究の現状と社会的課題:日本における「合成生物学」とは?」,iPA Note 7, 2011
[6] その具体的な取り組みのひとつとして,例えば,慶應義塾大学大学院システムデザインマネジメント研究科の活動をあげることができる。前野隆司,『幸せのメカニズム─実践・幸福学入門』講談社現代新書,2013年

# 5 │ 新しい時代の技術者とは何か
―その資質と能力―

札野　順・夏目賢一

《目標＆ポイント》　本章では，グローバル化が進む，新しい時代において，技術者に求められる資質と能力について考察する。
《キーワード》　グローバル化，技術者としての資質と能力，国際的同等性相互承認，ABET，JABEE，IEA

## 1．新しい技術者像と技術者教育

　人とものと資金が，国境を越えて動き，瞬時に情報が伝わるという，グローバル化が急速に進む，新しい時代において，技術者はどのような資質と能力を持つ必要があるのだろうか。

### （1）　国際的な状況
　急速に変化する世界の情勢に呼応するように，科学技術と社会の新しい関係の認識に基づき，世界各国で新しい技術者像の構築と，教育および資格を含めた技術者養成システムの改革が，1990年代以降，急速に進められてきた。経済活動のグローバル化に伴い，技術的成果や製品だけでなく，技術者も国境を越えてさまざまな経済圏で技術的な職務を遂行することが日常的になってきている。このような状況に鑑み，1995年に設立された世界貿易機関（WTO）は，モノの貿易だけではなく，技術的なサービスの国際的な品質保証を目指して活動しているが，その活動

に呼応して，技術者資格の国際相互承認の動きが1990年代後半に急速に進展した。英語圏の国ぐにを中心とする技術者教育相互承認条約であるワシントン・アコード（Washington Accord，1989年締結）の加盟国が中心となり，1996年３月に The Engineering Mobility Forum の設立に向けた会議が開催された。

　その後，急速に国際的な枠組みづくりが進み，現在では，技術者の教育と専門職資格の国際的相互承認を一元的に取扱う IEA（International Engineering Alliance）が組織されている。IEA は，国際的に高等教育機関における技術者教育の質を保証し，国際的な同等性を確保するための３つの協定を管理・運用し，同時に，技術者としての専門職資格の質保証と国際的流動性を確保するための３つの枠組を動かしている[1]。

　ヨーロッパにおいても，1999年に欧州29か国が調印したボローニャ宣言を契機に，高等教育の再編が進み，技術者教育についても，国際的な同等性確保のための取り組みが進んでいる。欧州全体で統一的に技術者教育の質保証を行うために ENAEE（European Network for Accreditation of Engineering Education）が組織され，"EUR-ACE" と名付けられた教育認定の枠組みを運用している。また，技術者資格については，"EUR ING" と呼ばれる専門職資格がある[2]。

　日本語の「技術者」は，多くの意味を持つ。本科目では，英語の engineer の意味で「技術者」という語を使っているが，英語圏を中心として，技術に携わる専門職業人を次の３つにわけることが多い。

Engineer：＜エンジニア＞
Technologist：＜テクノロジスト＞
Engineering Technician：＜エンジニアリング・テクニシャン＞

これらについて，日本技術者教育認定機構（JABEE）はつぎのように解説している[3]。

　国際舞台で Engineering に関する議論をするとき，我々日本人が先ず戸惑うのは言葉の意味付けです。日本で技術者というと，それには現場の作業者から設計技術者・開発研究者までさまざまな役割の人が含まれており，人によって頭に描くイメージはさまざまです。欧米でもこのように混乱した時代がありましたが，現在では次のように定義が固まってきました。技術を担うもの（engineering practitioner）は，知識の応用と構想力を中核能力とするエンジニア engineer，技能を中核能力とするテクニシャン technician，両者の中間的性格をもつテクノロジスト technologist の三つの職務に分類されます。中核能力の違いに応じてそれに必要な基礎教育期間も異なり，中等教育終了後エンジニアには4年以上，テクノロジストには3年以上，テクニシャンには2年以上の専門教育が求められます。簡単にいえばエンジニアは工学系の学士課程，テクノロジストは工業高等専門学校，テクニシャンは技能訓練学校の修了者と考えればよいでしょう。

これらを養成する教育プログラムの国際的相互承認に関する協定が，それぞれ最初に締結された地名をとって，ワシントン協定（Engineer），シドニー協定（Technologist），ダブリン協定（Engineering Technician）と呼ばれている。Engineer の教育に関するワシントン協定は，1989年に，英語圏を中心に，米国・英国を含む6つの国や地域を中心に結ばれ，2014年の時点では，15の国と地域に広がっている。（以下では，特に，明記しない限り Engineer についてのべる。）

IEAは，専門的な知識以外に，工学教育課程修了時に求められる資質・能力をGraduate Attributes（GA）として，表5-1のように定めている。

**表5-1　IEAによる工学部卒業生に求められる資質・能力（専門知識を除く）**
＜http://www.jabee.org/international_relations/iea/＞

| | | 区別する特性 | ワシントン協定卒業生に対して |
|---|---|---|---|
| 1 | エンジニアリングに関する知識 | 理論的および実践的な知識の種類と教育の広さと深さ | 複合的なエンジニアリング問題を解決するために，数学，科学，エンジニアリング基礎，および一つのエンジニアリング専門の知識を応用する |
| 2 | 問題分析 | 分析の複雑さ | 複合的なエンジニアリング問題について，数学，自然科学，エンジニアリング・サイエンスの原理の理解に基づいた知識を用いてその全容を同定し系統立て，文献を調べ，分析し，具体的な結論を得る |
| 3 | 解決策のデザイン／開発 | エンジニアリング問題の広さユニークさ，すなわち問題のオリジナリティの程度と解決法が確認され又は体系化されている程度 | 複合的なエンジニアリング問題について，公衆の衛生と安全，文化，社会および環境に適切に配慮しつつ，定められた要件を満たす解決策をデザインし，かつ，システム，構成要素又は工程をデザインする |
| 4 | 調査 | 調査や実験の広さと深さ | 複合的な問題について，研究ベースの知識，および実験計画，データの分析と解釈，情報の取りまとめ等の研究手法を用いて調査を行い，有効な結果を得る |
| 5 | 最新のツールの利用 | ツールの用途に応じた適切さの理解度 | 複合的なエンジニアリング活動について，制約条件を把握した上で，適切な技術手法，資源，および最新の工学・情報技術のツール（予測やモデル化を含む）を考案し，選定しおよび応用する |
| 6 | 技術者と社会 | 知識と責任のレベル | エンジニアとしての活動に関して生じる，社会，衛生，安全，法および文化に関する問題，並びにその結果に対する責任について，関連知識に基づく推論を用いて評価する |

| 7 | 環境と持続性 | 解決策のタイプ | エンジニアリングの解決策の実施が社会と環境に与える影響を理解し，持続可能な発展に関する知識を持ち，その必要性を認識する |
| 8 | 倫理 | 理解および実践のレベル | 倫理原則を適用し，専門職としての倫理を守り，責任を果たし，またエンジニア行動基準に従う |
| 9 | 個別活動およびチームワーク | チームにおける役割とチームの多様性 | 個別に，また，多様性のあるチーム又は多専門分野の要員が参加する場合を含むチームの一員又はリーダーとして，効果的に役割を果たす |
| 10 | コミュニケーション | 行われる活動のタイプに応じたコミュニケーションのレベル | 複合的なエンジニアリング活動に関して，報告書や設計文書の理解と作成，種々の発表，明確な指示の授受等を通じて，エンジニアリング関係者や広く社会と効果的にコミュニケーションを行う |
| 11 | プロジェクト・マネジメントと財務 | タイプの異なる活動に必要なマネジメント・レベル | チーム（多専門分野の要員からなる場合を含む）の一員又はリーダーとして，プロジェクトのマネジメントをするための基本的な知識と理解を有するとともに，それを自分の仕事に応用する |
| 12 | 生涯継続学習 | 継続的学習の準備とその深さ | 広い視野から見た技術の変化に応じて，生涯にわたり自主的に学習することについて，必要性を認識し，これに取り組む心構えと能力を持つ |

　技術者教育の改革を目的とする教育機関の国際的な連合体であるCDIOイニシアティブも技術者倫理を重視している。CDIOとは，Conceive（考え出す）–Design（設計する）–Implement（行動する）–Operate（操作・運営する）の略で，大学教育が企業現場において一般的とはいえない知識偏重型の教育が行われていたことを背景として，工科系大学の教育プログラムを改革することを狙いに2000年にマサチューセッツ工科大学（MIT）とスウェーデンの3つの大学が協力して発足したプロジ

ェクトである。2014年現在30カ国以上のほぼ120の高等教育機関が加盟している[4]。

CDIOは，技術者教育の学習・教育目標を「CDIOシラバス」という形で詳細にまとめているが，そのなかで，技術者倫理に関わるものは，次の図5-1のように多くある[5]。

```
CDIO Syllabus ver. 2.0
at the Third Level of Detail
(Broadly Ethics Related)

2.4 ATTITUDES, THOUGHT AND
    LEARNING
    2.4.1 Initiative and the Willingness to Make
          Decisions in the Face of Uncertainty
    2.4.2 Perseverance, Urgency and Will to
          Deliver, Resourcefulness and Flexibility
    2.4.3 Creative Thinking
    2.4.4 Critical Thinking
    2.4.5 Self-awareness, Metacognition and
          Knowledge Integration
    2.4.6 Lifelong Learning and Educating
    2.4.7 Time and Resource Management
2.5 ETHICS, EQUITY AND OTHER
    RESPONSIBILITIES
    2.5.1 Ethics, Integrity and Social
          Responsibility
    2.5.2 Professional Behavior
    2.5.3 Proactive Vision and Intention in Life
    2.5.4 Staying Current on the World of
          Engineering
    2.5.5 Equity and Diversity
    2.5.6 Trust and Loyalty

4.1 EXTERNAL, SOCIETAL, AND
    ENVIRONMENTAL CONTEXT
    4.1.1 Roles and Responsibility of Engineers
    4.1.2 The Impact of Engineering on Society
          and the Environment
    4.1.3 Society's Regulation of Engineering
    4.1.4 The Historical and Cultural Context
    4.1.5 Contemporary Issues and Values
    4.1.6 Developing a Global Perspective
    4.1.7 Sustainability and the Need for
          Sustainable Development
4.2 ENTERPRISE AND BUSINESS CONTEXT
    4.2.1 Appreciating Different Enterprise
          Cultures
    4.2.2 Enterprise Stakeholders, Strategy and
          Goals
    4.2.3 Technical Entrepreneurship
    4.2.4 Working in Organizations
    4.2.5 Working in International
          Organizations
    4.2.6 New Technology Development and
          Assessment

Source: E. Crawley, et al., "The CDIO Syllabus Ver. 2.0," <http://www.cdio.org/framework-benefits/cdio->
```

**図5-1　CDIOシラバスの中の倫理関連項目**

このように，技術者倫理は，技術者にとって不可欠の能力であるという認識は，グローバル化する世界のなかで，国際的な常識となっている。

このような国際的な動きの中で強い影響力をもつのは，アメリカのエンジニアを代表する技術者教育認定組織，ABETである。(元々は"The Accreditation Board for Engineering and Technology"という名称であったが，現在ではかつての通称 ABETが正式名称である。)

ABETは1930年代から，技術者教育の質を維持するために教育プログラムの認定を行ってきたが，1990年代に入って，その認定基準を抜本的

に改革した。ABETは，それまでの伝統的な技術者像とはまったく異なる，21世紀の技術者像を，新しい認定基準として示した。

この基準で，ABETが，技術者養成のためのすべての高等教育課程に要求したのは，専門分野にかかわらず，卒業生に次のような能力を身につけさせることである[6]。

(a) 数学，科学，工学の知識を応用する能力
(b) 実験を計画（設計）・実施し，得られたデータを分析・解釈する能力
(c) 経済，環境，社会，政治，倫理，健康，安全，製造可能性，持続可能性などの現実的な制約条件の中で，望まれるニーズを満たすシステムや部品，あるいは工程（プロセス）を設計する能力
(d) 異なった専門分野を持つ人材から成るチームで貢献できる能力
(e) 工学的な問題を見出し，明確に系統立てて説明し，かつ解決できる能力
(f) 専門職能を持つ者（プロフェッショナル）としての責任および倫理的な責任についての理解
(g) 効果的にコミュニケーションをとることのできる能力
(h) 工学的な解決策が，世界，経済，環境および社会的な文脈の中でもたらす影響を理解することができる幅広い教育
(i) 生涯を通して学び続ける必要性を明確に認識すること，およびそれを実行する能力
(j) 今日的問題についての知識
(k) エンジニアリングの実践に必要なテクニックや技能，および最新の工学上のツールを使うことのできる能力

ここに示された技術者像は，確固とした専門的知識・能力に加え，科学技術の成果が社会や環境に与える影響について包括的に考察できるエンジニアであり，自らの能力を継続的に向上させ，広範囲な意思決定に直接的に関与できるエンジニアであった。21世紀を担う技術者は，単なる専門分野の知識と能力に秀でたエキスパートではなく，科学技術分野以外の「価値」の本質を理解し，科学技術上の解決と，それがもたらす環境・社会・文化・経済・政治などへの広範な影響との適切なバランスをとりながら，的確な「(価値) 判断」に基づいた意思決定を行うことのできる「エンジニア（技術者）」なのである。

(2) わが国の状況

わが国においても，国際的に通用する技術者教育の認定システムを構築する必要があるという認識が高まり，1999年11月には日本技術者教育認定機構（JABEE）が設立され，2005年には，ワシントン協定に加盟することができた。また，2000年4月には，技術者資格に関して国際的な整合性をもつ形に技術士法が改正された。

JABEEは，その最初の認定基準の中で「この認定基準は，技術業（数理科学，自然科学および人工科学等の知識を駆使し，社会や環境に対する影響を予見しながら資源と自然力を経済的に活用し，人類の利益と安全に貢献するハード・ソフトの人工物やシステムを研究・開発・製造・運用・維持する専門職業）に携わる専門職業人（技術者）を育成する高等教育機関における教育を認定するために定めるものである」と明記し，「技術業」の定義を行い，技術者を「専門職業人」と明確に規定している。また，認定を希望する大学の教育課程は，専門分野にかかわらず，次の学習・教育目標を「全て満足していることを証明しなければならない」としている[7]。

(a) 地球的視点から多面的に物事を考える能力とその素養
(b) 技術が社会や自然に及ぼす影響や効果，および技術者が社会に対して負っている責任に関する理解
(c) 数学および自然科学に関する知識とそれらを応用する能力
(d) 当該分野において必要とされる専門的知識とそれらを応用する能力
(e) 種々の科学，技術および情報を活用して社会の要求を解決するためのデザイン能力
(f) 論理的な記述力，口頭発表力，討議等のコミュニケーション能力
(g) 自主的，継続的に学習する能力
(h) 与えられた制約の下で計画的に仕事を進め，まとめる能力
(i) チームで仕事をするための能力

このように21世紀高度技術社会を生き抜く技術者には，専門的な知識や能力をもつことは当然のこととして，激動する世界でグローバルな視点をもって活躍することのできる幅広い知識と能力，（経営者を含めて）他者と効果的にコミュニケーションを取る能力，さらに，自らの資質を継続的に向上させていく生涯学習の姿勢が要求されているのである。そして，なによりも自らが関与する技術が社会や環境にどのような影響を与えるかを理解し，自らが技術の専門家（プロフェッショナル）として倫理的に行動できる能力，つまり，技術者倫理がこれからのエンジニアに求められている。

## 2. 技術者倫理教育

このように世界の各地域で最近明確に定義されはじめた「21世紀高度技術社会における技術者像」の中で，最も注目に値するのは，すべての

地域で，技術者としての「倫理」的素養が重要視されている点である。

## （1） 国際的な状況

すでにみたように，IEA は技術者として持つべき能力・資質を明確にした。そのなかで，広い意味で技術者倫理に関連するものをあげると以下のような項目がある[8]。

> 3. 解決策のデザイン／開発：複合的なエンジニアリング問題について，公衆の衛生と安全，文化，社会および環境に適切に配慮しつつ，定められた要件を満たす解決策をデザインし，かつ，システム，構成要素又は工程をデザインする
> 6. 技術者と社会：エンジニアとしての活動に関して生じる，社会，衛生，安全，法および文化に関する問題，並びにその結果に対する責任について，関連知識に基づく推論を用いて評価する
> 7. 環境と持続性：エンジニアリングの解決策の実施が社会と環境に与える影響を理解し，持続可能な発展に関する知識を持ち，その必要性を認識する
> 8. 倫理：倫理原則を適用し，専門職としての倫理を守り，責任を果たし，またエンジニア行動基準に従う

## （2） 我が国の状況

JABEE は，技術者倫理に関連する学習・教育目標をさらに詳しく，次のように解説している[9]。

> (a) 地球的視点から多面的に物事を考える能力とその素養
> この項目は，物質中心の社会から精神的価値を重視した社会への変革

や持続可能な社会の構築を担い，国際的にも活躍できる自立した人材に必要な教養と思考力を示している．個別基準に定める次の内容も参考にして，具体的な学習・教育到達目標が設定されていることが求められる．
　・人類のさまざまな文化，社会と自然に関する知識
　・それに基づいて，適切に行動する能力


(b) 技術が社会や自然に及ぼす影響や効果，および技術者が社会に対して負っている責任に関する理解

　この項目は，技術者倫理，すなわち，技術と自然や社会などとの関わり合いと技術者の社会的な責任の理解を示している．技術史についての理解を含めるのもよい．また，技術と自然や社会との関わり合いを特定分野について理解させるのでも差し支えない．自立した技術者として必要な責任ある判断と行動の準備をさせることが重要であり，多くの機会を捉えて学生に自ら考えさせることによって得られる実践的な倫理についての理解が求められる．個別基準に定める次の内容も参考にして，具体的な学習・教育到達目標が設定されていることが求められる．
　・当該分野の技術が公共の福祉に与える影響の理解
　・当該分野の技術が，環境保全と社会の持続ある発展にどのように関与するかの理解
　・技術者が持つべき倫理の理解
　・上記の理解に基づいて行動する能力


(3) まとめ

　このように国際的にも，国内でも，技術者が持つべき資質に関する考え方が，大きく変わってきている．技術の専門的な知識と能力を何のために使うのかを考えることができることが，技術者の中核的な能力であ

ると認識されているのである。例えば，JABEEが解説するように，技術者倫理の能力は，「技術が公共の福祉に与える影響を理解」し，社会と環境の持続性に技術がどのように貢献できるかを理解して，適切に意思決定を下し，行動できる能力である。

　さらに，東日本大震災直後に策定された第4次科学技術基本計画において，科学技術振興が，シーズ側から，ニーズ側に移行した。すなわち，「我が国の目指すべき国の姿」を明確にし，1)震災から復興，再生を遂げ，将来にわたる持続的な成長と社会の発展を実現する国，2)安全，かつ豊かで質の高い国民生活を実現する国，3)大規模自然災害など地球規模の問題解決に先導的に取り組む国，4)国家存立の基盤となる科学技術を保持する国，5)「知」の資産を創出し続け，科学技術を文化として育む国，を目指すために，科学技術は貢献すべしという方針を明確にしたわけである。この計画を推進できる技術者は，単に，専門的な知識と能力を持つだけではなく，「持続性」，「安全」，「豊かで質の高い生活」などの価値を理解し，具現化する資質と能力を持たねばならない。

## ・注および参考文献

① IEA については，http://www.ieagreements.org などを参照のこと。
② ENAEE については，http://www.enaee.eu などを，また，技術者資格については，http://www.feani.org/などを参照のこと。
③ 日本技術者教育認定機構，「エンジニア，テクノロジスト，テクニシャン」http://www.jabee.org/about_jabee/concept/200707-1/　2014年7月10日アクセス。
④ CDIO については，http://www.cdio.org を参照のこと。
⑤ E. Crawley et al., "The CDIO Syllabus Ver. 2. 0," http://www.cdio.org/framework-benefits/cdio-syllabus
⑥ これらの基準については，http://www.abet.org/accreditation-criteria-policies-documents/を参照のこと。当初の基準からは若干の改訂がある。
⑦ これらの基準については，http://www.jabee.org/accreditation/を参照のこと。
⑧ 本章の表5-1から著者が抽出した。
⑨「日本技術者教育認定基準共通基準 (2012年度〜)」http://www.jabee.org/accreditation/basis/accreditation_criteria_doc/　当初の基準からは改訂がある。

# 6 | 技術者としての行動設計(1)

札野　順・金光秀和

《目標&ポイント》　本章では，「技術者としていかに行動すべきか」という問題を倫理学的に考察し，典型的な倫理問題の種類，倫理的思考の特徴，代表的な倫理学理論の基礎について理解することを目標とする。
《キーワード》　倫理問題，ジレンマ問題，線引き問題，普遍性，自律，行為者，行為，結果，功利主義，義務倫理学，徳倫理学，幸福

## 1. 技術者の直面しうる倫理問題

### (1) スペースシャトル・チャレンジャー号事故とジレンマ問題

　はじめに，技術者が直面しうる倫理問題を考察するために，第2章で扱った「スペースシャトル・チャレンジャー号事故」を取り上げてみよう。この事例でロジャー・ボジョレーが直面した問題は次のように構造化できるだろう[1]。

(1) 発射が低温下でなされた場合，O-リングはうまく機能しない。
(2) チャレンジャー打ち上げの時，気温は低かった。
(3) O-リングが機能しないことは，宇宙飛行士の生命を脅かす状況を招く。
(4) 作業に従事するエンジニアは，ユーザーの生命を脅かすようなデザインを考案するべきではない。
(5) O-リングを他の何かに置き換えることは，プロジェクトスケジュールの重大な遅延を招く。

(6) プロジェクトスケジュールを遅延させないことが会社の関心事である。
(7) エンジニアは，自らが属する会社に忠実でなければならない。
(8) (1)から(4)に従えば，エンジニアはO-リングのかわりになるものを探すべきだと結論づけられる。
(9) (5)から(7)に従えば，エンジニアはO-リングのかわりを探すべきではないと結論づけられる。
(10) 結論(8)と(9)は対立する。

(1)から(7)は推論の前提と呼ばれるものであり，その結論が(8)(9)(10)である。推論が適切なものであるためには，前提は真でなければならず，また結論は正しく導かれたものでなければならない。技術者が直面しうる問題には，不適切な推論が原因となる場合もあるだろうが，それのみが問題であるわけではない。

では，(8)と(9)の対立はどのように生じたのであろうか。(1)から(3)および(5)(6)は事実であり，この対立の原因ではない。ここで問題なのは，道徳的な規範である(4)と(7)を同時に満たすことができないということである。

このように，一人の人間に対していくつかの要求（責務）が課せられており，それらを同時に満たすことができないにもかかわらず，いずれかを選択しなければならないという状況で生じる問題は，「ジレンマ問題」（あるいは「相反問題」）と呼ばれている。これが倫理問題の主要な類型の一つである。この問題に適切に対処するためには，倫理的価値の本質や倫理的考察の視点を理解しなければならず，その上で，多様な価値の間で倫理的に決断しなければならない[2]。

### (2) 線引き問題

　もう一つ，倫理問題の主要な類型に「線引き問題」がある。すなわち，ある倫理的規則に照らしてみて，そのつどの現実的な行為が許されるかどうかが問題になることがある。というのは，定式化された倫理的規則は一般的であり，そこから行為を導き出すにはいわば「解釈」が必要になるからである。線引き問題は，ある倫理的規則の妥当性を前提とした上で，それを具体的に行為に適用する際に，規則の定める基準や概念をどのように理解し判断するかという場面で生じる。その際，最も重要なのは，規則や条文の「精神」（あるいは「理念」）を理解することであろう[3]。

## 2. 倫理的思考の特徴

### (1) 普遍性

　それでは，倫理的思考とはどのようなものであろうか。第一に，「普遍性」を倫理的思考の特徴として挙げることができる。そもそも「倫理」や「道徳」は，すでに第1章で検討したように，共同体において一定の秩序をもって人びとを結びつけている「慣習」や「習俗」を意味する言葉に由来する。その意味で，倫理とは「共同体における行動規範の総体」であり，倫理や道徳を欠く共同体はありえない。すなわち，倫理は，単なる個人的な行動指針という意味を超えた「普遍性」を備えており，倫理的思考の第一の特徴は，「いかに行動すべきか」という問題に関して，同じような状況にあるすべての人に対して妥当する「普遍的な判断」を求めるというところにある[4]。

　ただし，「共通の行動規範」とは，さしあたりはそれぞれの共同体の内部においてのみ通用するものであり，限定的な普遍性をもつにすぎな

い。そこで，あらゆる社会や文化に共通の倫理はありうるのか否かという問題，すなわち，倫理的価値をめぐる相対主義と絶対主義の対立という問題が生じることになる。これらの問題に関しては，さまざまな議論があり，早急な解決を図ることは困難であるが，以下の点を確認しておくことが重要であろう。すなわち，現実に普遍的な倫理基準についての合意が存在しないとしても，そのことは，いかなる倫理的判断もその妥当性に関して同じ資格をもつことを意味するわけではないということである。例えば，企業への忠誠義務と公衆の安全・健康・福利に対する配慮義務とのジレンマに陥ったとき，技術者は，企業の経営方針や倫理綱領が体現している価値，個人的信念の背景にある価値，技術者協会の倫理綱領に反映されている価値などをより普遍的な観点から吟味し，いずれを優先させるかを考えなければならない[5]。

### （2） 自律

倫理的思考のもう一つの特徴は，「自律」である。すなわち，倫理的思考は，行為が定められた規則に適合しているかどうかということだけでその行為の善悪を判断するのではなく，行為を評価する際には，行為者自身による自律的選択という契機を不可欠のものとするということである。

例えば，企業の被雇用者として会社の経営方針に従うのか，それとも専門家として技術者協会の倫理綱領に従うのかという選択に迫られる場合もあるだろう。こうした場合，そのいずれを選択するにせよ，決断するのはその人自身であり，しかも自らの選択と決断に基づく行為に対してのみ，われわれは責任を負うことができる。この意味で，自ら選択し決断するということは，われわれの行為に倫理的な価値が与えられるための最も基本的な条件なのである[6]。

ところで，ここに「倫理」と「法律」の区別を見て取ることができる。なぜなら，上記のように，規則や法律として定められた行動規範の普遍性が限定的である場合には，それらに違反するような行為でも，さらに普遍的な立場から倫理的な価値を認められることがありうるからである。例えば，「悪法」に対する「市民的不服従」などは，法律に反するとしても，倫理的に正当化される可能性があるだろう[7]。

しかし，より根本的な理由は，われわれが何らかの規則に従って行為する場合でも，その規則に従うことを自ら選択したとみなされなければならず，倫理的思考は行為のこの契機にこそ注目するからである[8]。

## （3） 倫理と法律

では，倫理と法律の関係はどのようになっているのであろうか。この問題についてはさまざまな理論的立場があり，一義的に規定することは困難であるが，両者の関係について以下の点を確認しておくことにしよう。それは，倫理が法律よりも，より広く基本的なものであるということである。そのことは，法律が「後追い」という性格を免れえないということとも関連すると考えられる。

例えば，我が国において，「個人情報の保護に関する法律」が2005年4月1日より全面施行されている。これはすでに公布されていた「行政機関の保有する電子計算機処理に係る個人情報の保護に関する法律」に加え，民間部門をも対象としたものである。このような法律が整備されることはもちろん望ましいことであるが，ではこの法律ができる以前に個人情報流出に関わる問題がなかったかと言えばもちろんそのようなことはない。事態は逆であって，問題が顕在化した結果，法整備が求められるのが常である。すなわち，法律はその性質上，問題の「後追い」という性格を免れえないと考えられるのである。

一方，倫理は，法律が施行される前から問題を考察しうるものである。あるいは，そもそも問題として認識されてすらいないものを問題として顕在化するものでもある。倫理と法律の関係に関して，さまざまな理論的立場があることは承知の上で[9]，本書では，倫理が法律よりも，より広く基本的なものであるとの立場を採用する。

## 3. 代表的な倫理学理論

### (1) 行為者・行為・結果

最後に，倫理的考察の視点とはどのようなものであるかを見ることしよう。代表的な倫理学理論として，「徳倫理学」「義務倫理学」「功利主義」の3つがあるが，それぞれの立場によってその視点は大きく異なる。

ところで，倫理を問題とする場合，次の3つを区別することができる。すなわち，(1)行為者，(2)行為，(3)結果という3つのレベルである。「行為者」が「行為」することによって何らかの「結果」が生じると考えることができるのである。

(1)行為者→(2)行為→(3)結果

これら3つのレベルは倫理学の代表的な理論に対応している。すなわち，「行為者」に注目する「徳倫理学」，「行為」に注目する「義務倫理学」，「結果」に注目する「功利主義」である[10]。ここでは，技術者倫理を学ぶ上で最低限必要な知識を得るために，各種教科書を参照しながら，それぞれの理論を概観することにしよう。

### (2) 功利主義

功利主義は，もっぱら行為の「結果」を倫理的な価値判断の基準とす

る。行為の評価基準を結果（効用）において，その効果を最大にするような行為がよい行為とされるのである[11]。功利主義は現在でも根強い支持者をもつ立場であるが，ベンサム（Jeremy Bentham, 1748-1832）によって提唱され，ミル（John Stuart Mill, 1806-1873）らによって洗練された理論である。

　功利主義の基本的な考え方は，(1)人間が幸福を追求する存在者であることを率直に肯定し（幸福主義），(2)個人の幸福の総計を社会全体の幸福とみなし（総計主義），(3)社会全体の幸福の実現という究極目的にどれだけ貢献したかというその結果によって，個人の行為から政策や法体系におよぶ人間のあらゆる営みの倫理的価値を判定する（結果主義），というところにある[12]。

　功利主義では，「最大多数の最大幸福」を実現する行為が正しい行為であるとされ，唯一の絶対的な価値は，幸福と快楽であり，他のすべての価値は幸福を促進する程度に応じて価値をもつにすぎないとされる[13]。

　功利主義においては，多くの幸福をもたらす行為，規則などが正しいものとされ，それは幸福にのみに内在的価値があるという善の理論に基づくのである[14]。

　ところで，企業が行う費用便益分析（cost-benefit analysis）[15]と功利主義の効用計算は，一見したところ似ているように思われる。すなわち，両者とも「結果」をもとに判断しているという点で似ているように思われるのである。しかしそこには大きな違いもあるとされる。すなわち，費用便益計算では，企業の立場だけを考慮して，企業にとってのよい結果と悪い結果が評価されるのに対して，功利主義では，ある行為に影響を受ける全ての人，すなわち，ステークホルダーに関してその結果が評価されるのである。費用便益計算にとっての結果とは「利益」であるのに対して，功利主義にとっての結果とは「最大多数の最大幸福」なので

ある[16]。

　ここで「幸福」とは何なのだろうか。倫理学の世界における「幸福」に関する検討にはさまざまなものがあるが，例えば，児玉は，伝統的な「快楽説」，「選好充足説」，「客観的リスト説」を紹介している[17]。一方，「幸福」について最近は，ポジティブ心理学や道徳心理学，進化心理学などの領域で，科学的検討が進められている。幸せを構成する要素としての主観的満足度（subjective well-being）を指標とするものが多いが，人生全体に対する満足度や，直近のポジティブな感情の多寡，あるいは，人生のはしごのどこに自分を位置づけるかなど，さまざまな手法を用いた研究が進められている。

　国際連合が発行している World Happiness Report などに，「幸福度」に関する興味深い調査結果と国際比較がある。例えば，2013年度版のレポートでは，デンマークが1位で，日本は43位である[18]。このレポートでは，国民一人あたりの GDP だけでなく，社会的支援，平均寿命，人生選択の自由，社会の寛容さ，政治腐敗などへの意識，ポジティブな感情，ネガティブな感情，主観的な幸福度などさまざまな要素を総合的に考慮して，それぞれの国の「幸福度」を測ろうとしている。技術者として，これらの諸要素を高めるための技術を推進しようとする志向倫理は，ある意味，今日的な功利主義ということもできるかもしれない。

　社会と技術の関係という文脈での功利主義的アプローチは，「テクノロジーアセスメント」などで，技術的な決定の結果を特に重視する立場にみることができる[19]。初期のテクノロジーアセスメントでは，技術者が中心となって，技術的な成果が社会や環境に与える「結果」を評価したが，現在では，例えばコンセンサス会議のように市民参加型，あるいは市民中心の手法も使われている。技術者だけでなく，技術的な決定に

影響を受けるあらゆる種類のステークホルダーの参画を可能とする取り組みが必要であろう。その際，上記の国連のレポートのように，多角的な視点で「幸福度」を構成する要素を特定し，可能な限り実証的に，技術的行為が「最大多数の最大幸福」に貢献できるかを，技術者と社会のステークホルダーが協力して測定・評価する必要があろう。

### （3） 義務倫理学

義務倫理学は，「行為」に注目し，その行為が義務を尊重して行われたかどうかによって行為のよさを評価する。義務をひたむきに守ろうとする動機を重視するのである[20]。この立場の代表者はカント（Imanuel Kant, 1724-1804）である。

カントによれば，行為は，普遍化可能な原則に従っているか否かという点において，その倫理的価値が測られることになる。カントはそれを有名な「定言命法」において定式化している。

　　汝の格率が普遍的法則となることを，その格率を通じて汝が同時に意欲することができるような，そのような格率に従ってのみ行為せよ[21]。
　　汝の意志の格率が，つねに同時に普遍的立法の原理として妥当することができるように行為せよ[22]。

格率（あるいは格律）とは，個人的な行動指針のことである。われわれは自らの行動を決定するさいに，しばしば自分なりの行動指針に従うが，そのような行動指針をカントは格率と呼ぶのである。

格率が「普遍的な立法の原理」になるとは，他のすべての人がその格率に従って同じ行為を取っても，何ら矛盾が生じないということであ

る。例えば,「自分に都合の悪いときには偽りの約束をしてもよい」という格率は普遍的法則として意志できるだろうか。このような格率が矛盾を含むことはただちに明かであろう。なぜなら,この格率が普遍的法則になった場合,約束という慣習そのものが破綻してしまうからである。ここから,「偽りの約束をしてはならない」という義務が例外を認めないものとして導き出されることになる[23]。

では,技術の領域においてこのアプローチを見出すことができるだろうか。例えば,各種倫理綱領を倫理的意志決定の一般的なガイドラインとみなすことによって,そこに義務倫理学的なアプローチを見出すことも可能かもしれない[24]。ただし,倫理綱領の働きについてはさまざまな議論があり,それを単に規則とのみ考えるのは適切ではないだろう[25]。

(4) 徳倫理学

徳(virtue)という語は,よさや卓越性を意味するギリシア語のアレテーに由来し,古代ギリシアの倫理学では,人を「よい人(卓越した人)」にするものは何であるかが問われた[26]。徳倫理学では,まさに「行為者」および「人柄」「性格」ということが議論の中心になるのである。徳にはさまざまなものがあり,古代ギリシアにおいては知恵,勇気,節制,正義のいわゆる四元徳が,キリスト教世界では信仰,希望,愛が根本的な徳と考えられた[27]。

この立場の代表者の一人は,アリストテレス(B.C.384-322)である。彼は徳を「中庸」の状態であると考えた[28]。例えば,恐怖に関して,恐怖をまったく感じないことも,逆に感じすぎることもよくない。「勇気」という徳は,無謀と臆病という両極端な傾向の中庸であるとされる[29]。ただし,「中庸」は単なる「中間」ではない。例えば,「怒りっぽさ」が「過多」に相当するからといって,怒るべき時に怒らないのは

「中庸」ではなく，「過小」である。目の前で明らかな不正が行われているのに怒りをおぼえないのは「中庸」ではなく，このように「中庸」ということは，具体的な状況において考えなければならないとされる[30]。

技術の領域においても徳に基づくアプローチを見出すことができる[31]。すなわち，技術者協会の倫理綱領に「誠実」「公正」など徳と考えられる文言を見出すことができる。例えば，日本技術士会の「技術士倫理要綱」にも「品位」「良心」「中立公正」などの語を見出すことができる[32]。

ポジティブ心理学では，人間が持つ優れた徳性や品性を人間の強み（strengths）と捉え，個人がこれらを積極的に意識する努力をするように介入することで，その個人の人生に対する姿勢をより積極的なものにしようとする研究が行われている。クリストファ・ピーターソン（Christopher Peterson）らは，これらを次の6つの徳目（virtues）に分類している[33]。

- 知恵と知識（wisdom and knowledge）
- 勇気（courage）
- 人間性（humanity）
- 正義（justice）
- 節度（temperance）
- 超越性（transcendence）

これら6つの徳目とその下に分類される24の強さ（品性）（例えば，独創性，向学心，誠実性，勤勉，公平性，謙虚，慎重など）のほとんどは，技術者倫理で重視される価値群と一致する。すなわち，技術者倫理で重視される価値群を，常日頃から意識しながら判断し，それに従って行動することを日常化することにより，行為者である技術者の徳性は高まり，技術を通して，他者の安全・健康・福利を増進する手助けをする

だけでなく，技術者自らの「幸福の追求」につながるのである。

　徳倫理学は，政策決定の場でも注目されつつある。例えば，国連は，前述の World Happiness Report の中で，1 章をさいて，徳倫理学の重要性を指摘している[34]。

　現在でも，これら3つの倫理学理論の支持者たちは，その有効性をめぐって応答を続けており，どの立場を採用するのかによって倫理的考察の視点も異なる[35]。ただし，藤本氏も述べるように，技術者倫理という観点から言えば，これらの理論のいずれかを採用することよりも，倫理問題が「行為者」「行為」「結果」という3つのレベルで分析できることを理解し，そうしたいくつかの観点から倫理問題を分析するスキルを身につけることの方が重要だと考えられる[36]。より具体的に倫理問題を分析するスキルを身につけることを目指して，次章以降，さらに議論を続けることにしよう。

## • 注および参考文献

①以下の記述は，Marc J. de Vries, *Teaching about Technology: An Introduction to the Philosophy of Technology for Non-Philosophers*（Springer, 2005），pp. 90-91 を参照した。
②新田孝彦「「カリキュラム横断型」技術者倫理教育のためのメタ倫理教育プログラム（北大モデル）構想案」（『平成14・15年度　科学技術振興調整費　調査研究報告書　科学技術政策提言　科学技術倫理教育システムの調査研究』（研究代表者：新田孝彦），pp. 50-69），p. 61。なお，本章とりわけ本節の執筆は，本書初版第4章，新田孝彦「技術者としていかに行動すべきか(1)」（札野順編著『技術者倫理』（放送大学振興会，2004年）に多くを負っている。ここに，感謝の意とともに，そのことを明記させていただく。
③同上
④新田孝彦，前掲論文，p. 62
⑤同上
⑥新田孝彦，前掲論文，p. 63
⑦C. ウィットベック（札野順・飯野弘之訳）『技術倫理1』みすず書房，2000年，p. 63-65 を参照。
⑧新田孝彦，前掲論文，p. 63
⑨技術者倫理の教科書において倫理と法律の関係を扱ったものとしては，藤本温編著『技術者倫理の世界』森北出版，2002年，pp. 24-27 を参照。
⑩藤本温，前掲書，pp. 93-94 を参照。
⑪藤本温，前掲書，p. 95
⑫新田孝彦，前掲論文，p. 64
⑬藤本温，前掲書，p. 95
⑭水野俊誠「第1章　功利主義」（赤林朗編『入門・医療倫理Ⅱ』勁草書房，2007年，pp. 17-29），p. 20
⑮費用便益計算に関連して，「フォード・ピント」の事例がよく知られている。これについては，例えば，斉藤了文・坂下浩司編『はじめての工学倫理　第2版』昭和堂，2005年，pp. 26-29 などを参照されたい。

⑯藤本温，前掲書，p. 96
⑰児玉聡『功利主義入門―はじめての倫理学―』（ちくま新書，2013年）
⑱ United Nations, *World Happiness Report 2013*．特に，第２章などを参照のこと。
⑲ Vries，前掲書，p. 95
⑳藤本温，前掲書，pp. 101-102
㉑I. カント（宇都宮芳明訳注）『道徳形而上学の基礎づけ』以文社，1989年，p. 104
㉒I. カント（宇都宮芳明訳注）『実践理性批判』以文社，1990年，p. 77
㉓堂囿俊彦「第２章　義務論」（赤林朗，前掲書，pp. 31-50），p. 34
㉔Vries，前掲書，p. 96
㉕倫理綱領の機能については，次章を参照。
㉖奈良雅俊「第３章　徳倫理」（赤林朗，前掲書，pp. 51-67），p. 52
㉗同上
㉘アリストテレス（高田三郎訳）『ニコマコス倫理学・下』岩波文庫1971年，p. 71
㉙奈良雅俊，前掲論文，p. 53
㉚藤本温，前掲書，p. 104 を参照。
㉛Vries，前掲書，p. 94
㉜日本技術士会「技術士倫理要綱」については，http://www.engineer.or.jp/gijut-susi/rinri.html を参照。
㉝Martin E. P. Seligman, Tracy A. Steen, Nansook Park, and Christopher Peterson, "Positive Psychology Progress: Empirical Validation of Interventions," *American Psychologist*, July-August 2005, 410-421, p. 421, Table 1 を参照のこと。日本語訳は，島井哲志『ポジティブ心理学入門』，星和書店，2009年，p. 155
㉞United Nations，前掲書，第５章「Restoring Virtue Ethics in the Quest for Happiness」を参照のこと。
㉟それぞれの立場に対する批判，およびその批判に対する応答については，赤林朗，前掲書，第１章から第３章を参照されたい。
㊱藤本温，前掲書，p. 94 および p. 105

# 7 │ 技術者としての行動設計(2)
─技術者が重視すべき価値─

札野　順・金光秀和

**《目標＆ポイント》** 本章では，「技術者としていかに行動すべきか」という問題に関して，倫理綱領の歴史と機能，および現状で技術者が重視すべきと考えられる価値，また倫理問題と設計問題のアナロジーについて理解することを目標とする。
**《キーワード》** プロフェッション，倫理綱領の歴史と機能，倫理綱領と価値，倫理問題，設計問題

## 1. プロフェッションと倫理綱領

　欧米，特に米国では，技術者が特別の責任を持つ理由を社会契約モデルで説明することが多い。このモデルは，12世紀の西欧に誕生した「大学」と深い関わりを持つ「learned profession（専門職能集団）」という，概念に基づくものである。伝統的に西欧では，聖職者，医師，法律家に代表されるような，高度の専門知識と技術を持つ専門家の職能集団である「プロフェッション」の存在を認め，育ててきた。詳細は，第9章で議論するが，技術者も，自らの社会的地位を高めるため，医師と同じように「プロフェッション」を形成し，社会との信頼関係を形成・維持しようとしてきた。そして，「プロフェッション」であると社会から認められるための要素が，医師の場合のヒポクラテスの誓いのように，自分たちが重視する価値を明記した「倫理綱領」なのである。倫理綱領を策定し，それを遵守する集団であることが，プロフェッションであること

の条件の1つとして考えられているのである。技術者にとって倫理綱領はどのような意味をもつのであろうか。まずこのことの検討から始めることにしよう。

　倫理綱領に関してはさまざまな考え方が議論されてきた。倫理綱領に懐疑的な見解を示すジョン・ラッドによれば[1]，倫理とは答えが1つには定まらない（open-ended），反省的なものであり，倫理綱領に頼り，一義的な解を求めることは倫理を法と混同することになってしまう。これでは倫理綱領の遵守と道徳的自律性の獲得とが安易に同一視されることになる。

　それに対して，倫理綱領を「ルール」としてではなく「ガイドライン」とみなし，意思決定の際の手引きとしての役割を見出す立場もある[2]。この立場によれば，倫理綱領は多くの人びとが積み重ねてきた経験と知恵を具現したものであり，これから技術者の業務につくことになる学生，さらにはすでに業務に従事している人びとにも適切な手引きの役割を果たす。すなわち，倫理綱領は，技術者が引き受けるべき責任を自覚させ，倫理的に行動することが標準的であるような環境を作り出すのを促すという点で重要な役割を果たすことになる。

　倫理綱領に対して，さらに強い肯定の立場もある。マイケル・デイビスはこの立場をとり，倫理綱領を「専門家間の契約」とみなすべきであるとする[3]。倫理綱領をプロフェッションと一般社会との「社会契約」と捉えるならば，プロフェッションは他の人にはできない，かつ社会や個人の健康や安全，福利の維持と向上にとって不可欠なサービス（奉仕）を独占的に，かつ責任をもって行い，その見返りとして，社会は高い社会的地位と自治権を与えることになる。この互恵的な関係を維持するために，プロフェッションは厳格な倫理綱領を構築するのである。

　しかしまた，倫理綱領は「専門家間での契約」とも考えられる。すな

わち，倫理綱領は，専門家間の相互の協力を可能とし，専門家が相互に支えあい，単独では抵抗しがたい圧力に抵抗することを可能にするものであるという考えである。この考え方によれば，倫理綱領は専門家をある種の圧力（例えば経費節減のために手抜きをせよという圧力）から自らを保護することになり，またそのような圧力に対して通常の道徳的行為者としてだけでなく，専門家として抗議することを許す専門家間の契約とみなすならば，倫理綱領の策定はプロフェッションの構成員が共通の理想を定め，互いに約束を交わすことを意味する。自分が定めた規則に自ら従うのであるから，倫理綱領を策定し，それを遵守することは，自律的な営みと捉えることができる。

社会との契約という見方と専門家間の契約という見方は，社会への影響力を重視するのか，プロフェッションが内的な規範を備えている点を重視しているのか，その焦点の当て方が違うのであり，外的承認か内的承認かという二者択一ではなく，これらは「相互に補完的な見方」であると考えられる[1]。

以上の考察から明らかなように，倫理綱領はさまざま機能を合わせ持つものであるように思われる。次に，倫理綱領が技術業プロフェッションに対して有する機能を確認しておこう。

## 2．倫理綱領の機能

一般に倫理綱領がもつと考えられる機能をまとめるならば，次の5つを挙げることができるだろう。すなわち，(1)一般社会とプロフェッションとの「契約」に関する明確な意思表示，(2)プロフェッションのメンバーが目指すべき理想の表明，(3)倫理的な行動に関する実践的なガイドラインの提示，(4)将来のメンバーを教育するためのツール，そして(5)これ

らの諸点ならびにプロフェッションの在り方そのものを議論する機会を提供するための場，という5つである。

　第1の機能は「社会との契約」という見解から導き出されるものである。プロフェッションとしての行動規範を明文化し，それを明示することは「契約」に不可欠の要素である。社会からの信託を受ける以上，プロフェッションの構成員は明確に公示された規範に従って行動し，その職務を全うするという意思表示を明確にするという機能である。

　第2の機能は「専門家間の契約」という見解に基づく。これに従えば，倫理綱領は，プロフェッションとしての向上目標の標榜である。すなわち，プロフェッションのメンバー一人ひとりが自らの能力を継続的に開発させていくべき方向性を提示し，プロフェッション全体が社会の中でその地位をさらに向上するために理想とする姿の明確化が図られる。

　第3の機能は，実際に倫理的なジレンマに直面しているメンバーが，倫理的な判断を下すにあたり自律的に意思決定をするためのガイドラインを提供することである。これは，倫理綱領を法のようなルールとみなすのではなく，専門家のなす自律的な意思決定を支援するものであるとみなすさいに倫理綱領が有する機能である。倫理綱領はあくまでもガイドラインであり，法律のように厳密に適用条件が定義されるものではないという点に注意する必要がある。プロフェッショナルに求められている「道徳的自律性（moral autonomy）」とは，厳密に明文化された規定条項に盲目的に従うことではなく，自ら情報を収集・分析し，関連する事柄を熟考したうえで，自分が属する組織や他者からの影響からは独立に道徳的意思決定を行うことである。倫理綱領は，道徳的自律性をもつプロフェッショナルが，ジレンマに陥ったときに行動の指針を与えるという機能をもたなければならない。

第4の機能は，例えば大学生などのように，将来エンジニアリングのプロフェッショナルになろうとする人たちに対して，専門的な知識や技能の他に，どのような資質や倫理的徳目が求められているのかを明示することである。専門教育を受ける過程で倫理綱領に触れることにより，自らが伸ばしていくべき資質が明確になる。このように達成目標あるいは向上目標が明文化されることにより，大きな教育的な効果が期待される。また，実際に技術者倫理教育を行ううえで，現存するプロフェッションの倫理規範を提示することは不可欠と考えられる。

第5の機能は，これまで挙げた諸点をすべて総合し，プロフェッションの在り方そのものを継続的に議論する場を提供するという最も重要な機能である。プロフェッションが，その集団しかなしえない専門的な業務を遂行する以上，そのメンバーが専門分野に関する興味・関心を共有するのは当然であるが，加えて，自らのアイデンティティについて自省することも必要である。しかしながら，現状では，プロフェッションがそのような考察の機会をもつことは少ない。継続的に倫理綱領を検討することにより，社会との契約事項や自らの向上目標，またメンバーが直面している具体的な倫理的ジレンマ，あるいは後継者育成の在り方などを慎重に検討することができる。さらに，自らの存在意義とは何かという本質的な問題についても熟考する機会が与えられる。このような自省の場を提供することこそが，倫理綱領の最も重要な機能である。

## 3．倫理綱領の歴史

### （1） アメリカでの発展

では，技術系学協会の倫理綱領はどのような歴史を有しているのであろうか。アメリカでは，1847年に制定されたアメリカ医師会（American

Medical Association) の倫理綱領を手本に，アメリカの技術系技術者協会として初めて，アメリカ電気技術者協会が倫理綱領を定めたのは1912年である。初期の倫理綱領は，医学のもつ高いステイタスを共有しようとしたものであった。したがって，技術者はある組織の従業員・構成員としてではなく，医師のように独立して顧客のために仕事をする存在として扱われている。この時期の倫理綱領は，職業倫理を強調したもので，「忠誠」「従順」「専門能力」といった価値が示されている。

　第二次大戦後，技術系学協会の倫理綱領は何度か改定され，雇用者や依頼主に対する責任と同時に，公衆に対する責任も配慮することが強調されはじめた。初期のものから半世紀を経て公衆に対する使命が明記されたのである。さらに，1974年には，主要な技術系学協会の連合組織である Engineers' Council for Professional Development（この団体は現在の ABET の前身である）が，エンジニアの公衆に対する責任を，雇用者や依頼主に対するそれよりも優先させる綱領を定めた。この綱領は，機械技術者協会や土木技術者協会等の主要な学協会により採用され，多くの技術系学協会がもつ倫理綱領の原型となった（より詳しい歴史については表7-1を参照）。

**表7-1　アメリカにおける倫理綱領の歴史[5]**

| | |
|---|---|
| 1847年 | アメリカ医師会（American Medical Association : AMA） |
| 1908年 | アメリカ弁護士協会（American Bar Association : ABA） |
| 第1期 | 職業倫理強調の段階（The Professional-Conduct Phase） |
| 1911年 | コンサルティング・エンジニア協会（American Institute of Consulting Engineers） |
| 1912年 | アメリカ電気技術者協会（American Institute of Electrical Engineers : AIEE）〈この組織は，1963年に現在の電気電子技術者協会（the Institute of Electrical and Electronics Engineers ; IEEE）となる。〉 |
| 1914年 | アメリカ機械技術者協会（American Society of Mechanical Engineers : ASME）<br>アメリカ土木技術者協会（American Society of Civil Engineers : ASCE） |

| 第2期 | 公的使命の段階（The Public Mission Phase） |
|---|---|
| 1947年 | 技術者専門能力開発協議会(Engineers' Council for Professional Development：ECPD)〈現在の技術者教育認定機構（ABET）の前身〉 |
| 第3期 | 環境への配慮の段階（The Environmental Concern Phase） |
| 1977年 | 土木技術者協会（ASCE）が，環境への配慮を倫理綱領に含める。 |
| 1983年 | ASCEが環境に関するより明確なガイドラインを含めるべきかどうか議論するが，見送られる。 |
| 1985年 | 世界技術組織連盟（World Federation of Engineering Organizations：WFEO）がエンジニアのための「環境倫理綱領（Code of Environmental Ethics）を公表 |
| 1990年 | 電気電子技術者協会（IEEE）が綱領を改定し，環境への配慮を含める。 |
| 1996年 | 土木技術者協会（ASCE）が倫理綱領の中の基本憲章7を改定し，「持続可能な開発（sustainable development）」を含める。 |
| 1998年 | アメリカ機械技術者協会（ASME）は，環境に関する基本憲章8を追加する。 |

### （2）　日本の状況

わが国に目を転ずるならば，最も早く倫理綱領を制定したのは1938年に「土木技術者の信条および実践要綱」を制定した土木学会である。その内容は，技術者の誇りと行動規範を高らかに宣言したもので，制定の先進性とともに高く評価できる。この倫理綱領は，当時の日本を代表する先駆的な土木技術者で，内務省土木技監であり第23代土木学会長あった青山士（1878〜1963）が主導して起草したものである。内村鑑三の薫陶を受けた青山は，大学卒業後単身アメリカに渡り，その後7年半もの間，パナマ運河の開削工事に携わった，当時としては，めずらしい国際的な視野と実践経験をもつ技術者であった。土木技術を文化発展に不可欠の原動力と考えていた青山は，アメリカの土木学会の倫理綱領などを参考に格調の高い倫理綱領をつくり上げ，1933年に土木学会に提案したが，正式に承認されたのは1938年のことである。しかし，当時の日本

は，日中戦争から太平洋戦争へ続く軍国主義，ファシズムの時代で，土木学会の中でも近年まで注目を集めることはなかった。このため，日本の技術者コミュニティへの影響は少なかった[6]。

1950年代の戦後復興期に，アメリカのコンサルタント・エンジニアを範に，日本でも優秀な民間の技術者を公平な立場から産業の発展に役立てようとする目的で，技術者資格制度として技術士法が1957年に制定された。当時，アメリカのコンサルタント・エンジニア制度とプロフェッショナル・エンジニア制度，およびイギリスのチャータード・エンジニア制度，ヨーロッパ各国のコンサルタント・エンジニア制度を参考にして，日本独自のコンサルタント・エンジニア資格を法的に定める「技術士法」が1957年に制定された。これに伴い，1961年には，「技術士倫理要綱」が制定された。しかし，この倫理綱領もあまり注目されることはなく，また，「技術士」の資格をもつ技術者の数の問題もあり，大きな影響力を持つことはなかった。

今日的な倫理綱領がようやく制定されるのは，アメリカに遅れること約80年以上，1996年になってのことである。情報処理学会が，世界中の情報処理関係の学会で倫理綱領をもっていなかったのは，日本と韓国だけというある種の外圧の中で，急いで策定したのが始まりで，その後は，科学技術と社会の関係の変化を受けて，各学協会における倫理綱領の制定・改訂が活発に行われている（表7-2参照）。

表7-2　日本の技術系倫理綱領（日本工学会会員学協会を中心に制定年のみ）

| 制定・改定年 | 団体名 | 倫理綱領名称 |
| --- | --- | --- |
| 1938 | 土木学会 | 土木技術者の信条および実践要綱 |
| 1961 | 日本技術士会 | 技術士倫理綱領 |
| 1996 | 情報処理学会 | 倫理綱領 |
| 1998 | 電気学会 | 倫理綱領 |
|  | 電子情報通信学会 | 倫理綱領 |
| 1999 | 土木学会 | 土木技術者の倫理規定 |
|  | 日本建築学会 | 倫理綱領・行動規範 |
|  | 日本機械学会 | 倫理規定 |

| | | |
|---|---|---|
| 2000 | 日本化学会 | 会員行動規範 |
| | 日本塑性加工学会 | 倫理規定 |
| 2001 | 日本原子力学会 | 倫理規程 |
| | 映像情報メディア学会 | 倫理綱領 |
| 2002 | 化学工学会 | 倫理規定・行動の手引き |
| | 応用物理学会 | 倫理綱領 |
| | 地盤工学会 | 倫理綱領 |
| 2003 | 日本経営工学会 | 倫理規範 |
| | 精密工学会 | 倫理綱領 |
| | 空気調和・衛生工学会 | 会の活動指針および会員の行動指針 |
| | 日本オペレーションズ・リサーチ学会 | 倫理規定 |
| 2004 | 電気設備学会 | 倫理綱領 |
| | 大気環境学会 | 倫理綱領 |
| | 日本エネルギー学会 | 倫理規程 |
| 2005 | ターボ機械協会 | 倫理規定 |
| | 日本化学会 | 会員行動規範（補遺）行動の指針（追加） |
| 2006 | 日本冷凍空調学会 | 倫理規定 |
| | 日本音響学会 | 倫理綱領 |
| 2007 | 日本物理学会 | 行動規範 |
| | 日本船舶海洋工学会 | 倫理規定 |
| | 日本非破壊検査協会 | 倫理規則 |
| | 高分子学会 | 会員の倫理に関する行動指針 |
| 2008 | 電気化学会 | 倫理規定 |
| | 日本ガスタービン学会 | 倫理規程 |
| | 計測自動制御学会 | 倫理綱領・行動規範 |
| | 日本分析化学会 | 会員倫理・行動規範 |
| | 触媒学会 | 学会員の倫理に関する行動指針 |
| 2009 | 砥粒加工学会 | 倫理規程 |
| 2010 | 日本応用地質学会 | 倫理規程 |
| | 日本工学教育協会 | 倫理綱領 |
| 2011 | 日本コンクリート工学会 | 学会倫理綱領，会員倫理規定 |
| | 日本トライボロジー学会 | 倫理規定 |
| 2013 | 日本シミュレーション学会 | 倫理綱領 |
| 2014 | 日本航空宇宙学会 | 倫理規定 |

### (3) 倫理綱領で明確化された価値

では，現状，倫理綱領にはどのような価値が反映されているのであろうか。ここでは，世界技術組織連盟（World Federation of Engineering Organizations：WFEO）の倫理綱領を取り上げよう。現在世界約90カ国の技術系学協会が加盟するWFEOは，環境に関する倫理綱領を1985年に策定し，1987年に採択した。そしてそこに反映されている「持続可能な開発（sustainable development）」という価値を組み込む形で，国際的な倫理綱領の策定に着手し，2001年に「The WFEO Model Code of Ethics」を採択した。これは加盟機関が倫理綱領を作成しようとするさいに，定義を与え，そしてその作成を支援することを期待して策定されたものである。以下，"The WFEO Model Code of Ethics" および "Interpretation of The Code of Ethics" を参照し，それらに反映されている価値を抽出しよう[7]。

・公衆の安全，健康，福利
「プロフェッショナルとしてのエンジニアは，公衆の安全・健康・福利，および，持続可能な発展の原則に基づく自然環境と構築環境の保護を最優先しなければならない」

・依頼主・雇用主への忠実さ
「プロフェッショナルとしてのエンジニアは，その依頼主，あるいは雇用主に対して忠実な代行者として行動…しなければならない」

・安全性
「プロフェッショナルとしてのエンジニアは，職場の健康（衛生）と安全を促進しなければならない」

- 利害の対立の回避

「プロフェッショナルとしてのエンジニアは，彼らの雇用主あるいは依頼主に関わる利害が対立する状況を回避しなければならない。しかし，万が一そのような対立が生じた場合には，対立が生じている関係者にその対立の性質を，直ちに完全に開示する責任を技術者は負う」

- 守秘義務

「プロフェッショナルとしてのエンジニアは，その依頼主，あるいは雇用主に対して…守秘義務を守るとともに，利害の対立を開示しなければならない」

- 社会・環境への配慮

「プロフェッショナルとしてのエンジニアは，（技術的な）行為や事業が社会や環境にもたらす影響を自ら認識するとともに，依頼主や雇用主にもこうした影響を認識させるように努めなければならない」

- 公益通報（内部告発）

「プロフェッショナルとしてのエンジニアは，他のエンジニアなどが非合法的なあるいは非倫理的な技術に関する決定や実践を行った場合，それを自らが属する協会および（あるいは）適切な機関に報告しなければならない」

これらはいずれも現状，技術者として重視すべき価値と考えられるものであり，技術者としていかに行動すべきかを設計するさいに，参照すべきものである。

## 4. 倫理問題と設計問題のアナロジー

　技術者はさまざまな価値を考慮しながら，多様な価値の間で倫理的に決断しなければならない。しかし，さまざまな価値のはざまで，技術者は当事者としてどのように意思決定を下せばよいのだろうか。第6章で考察したように，倫理学的理論が異なれば，倫理的考察の視点も異なる。例えば嘘をつくという同じ行為についても，立場が違えば評価が異なることがあり得るのである。

　したがって，倫理問題に，数学の解法のような明確な解決方法はないことになる。たとえ優れた倫理理論を構築できたとしても，それはある行為の善悪に関する判定には役立つが，実際に倫理問題に直面している人の助けにはならない。なぜなら，問題解決のためには何らかの行為を考案しなければならないからである。倫理理論は，すでになされた行為の善悪の判定には役立つが，行為の考案には効力をもたない。また，倫理理論は，問題解決のためのアルゴリズムを，倫理問題に関して提示することはできない。なぜなら，倫理的意思決定のためには，置かれている状況を倫理的に分析するたんなる分析能力だけではなく，取りうる行動を考案する創造力・構想力が要求されるからである。また，考案した行為を実践する意思の力も必要である。ただ，行為者（問題に直面している人）は，どのように行動するべきかという解決策をいくつか考え出したあとで，それらの選択肢を，何らかの基準を使って比較検討し，判定を下す能力をもたねばならないので，この点においては，規範倫理論は有効であろう。これらの点について，キャロライン・ウィットベックは，「行為者（つまり問題に直面している人）は為すべき行動をいくつか考え出したあと，それらの選択肢を比較検討する判定の能力を必要とする。しかし，その判定の能力は，行為者が倫理問題に対処するため

のほんの一部でしかない。大切なのは、候補となる対応策を考案し改良するという建設的な能力、あるいは総合的な能力なである」としている[8]。

すでに述べたように、倫理的な問題の解決とはさまざまな価値の間の適切なバランスをとることである。そして、そのバランスのとり方は状況や人によって異なる。例えば、自動車は、安全性・性能・コスト・耐久性・デザイン・環境負荷・部品のリサイクル・燃費などいろいろな価値のバランスをとって作られる。しかし、市場に無数の車種が出ているということは、誰もが認める完璧で唯一絶対的な車はないということの証拠である。倫理的な問題の解決についても同様で、この意味で、ウィットベックが主張するように、倫理問題とエンジニアが日常的に行う設計問題は似ていると言える[9]。

第1の類似点は、どちらの問題もすべての関連情報がわかっているわけではなく、限定されたあるいは曖昧な情報を基にして意思決定をしなければならないという点である。第2点は、問題の解決策や対応策がただ1つ、あるいはマルチプルチョイス問題のように、限られた数しかないというような状況はほとんどありえないという事実である。第3の類似点は、唯一絶対的な解はないが、解の間に優劣はありうるし、明らかに誤った解は存在するという点である。倫理問題と設計問題が似ている第4の点は、どちらも与えられた制約条件の中で、複数の「価値」を同時に満足させるように、問題を解決しなければならないということである。

ただし、倫理問題と設計問題で大きく異なる点もある。それは、われわれが直面する倫理問題は常に時間軸を含み、動的であるという点である。問題解決のために、一連の行動を考案し、それを実行に移したとしよう。最初の行為を為した段階で、その行為は、ステークホルダーに影響を与え、あなたを取り巻く状況を変化させる。すると、次に為すべ

き行為を取り巻く文脈が影響を受けることになる。

　功利主義の立場に立ち，1つの行為が，選択肢にあった別の行為よりもよい「結果」をもたらしたかどうかを判断することは，タイム・マシンが発明されない限り不可能である。この意味でも，現実社会で人が直面し，何らかの対応をしなければならない実践問題としての倫理問題には唯一の正解はない。この点は，倫理問題を考えるうえで決して忘れてはならないポイントである。

　ウィットベックも，技術的な設計は技術者の人たちが日常的に行う仕事の一部であるので，このような比較によって倫理問題を身近に感じることができるであろうと指摘している。このアナロジーをさらに進めて，倫理問題を解決するということは複数の価値を満足させることができるように，自分が取るべき行動を「設計」することだと考えることができる。例えば，自分が担当する製品の安全性をより高めるために，上司がすでに決めた素材よりも高価な素材を使うという意思決定をしたとしよう。これを実現するためには，単に自らの選択の正当性を主張するだけではなく，上司を説得するための情報を集めたり，説得の手順（例えば，他者からの援護を依頼する）を考えたり，コミュニケーションを含めて，自らの行動を「設計」する必要がある。このような「設計」を行うさいの，基本となるのが，倫理綱領などに示された価値なのである。

## 5. 価値を共有するための倫理プログラム

### （1） 企業倫理と倫理プログラム

　価値を共有するための取り組みについては，企業倫理の分野で進んでいるので，ここで「倫理プログラム」について検討しておこう。ところ

で，企業の倫理とは何だろうか。梅津光弘は，「ビジネスの倫理学とは」という問いに，「『ビジネスとはつまるところ金儲けである』といった一般に信じられているビジネスの価値基準と，『人間の行為における善悪』を扱う倫理の価値基準をかけ合わせたところに成立する分野である」と答え，倫理的で，かつ，高い業績をあげるビジネスをつくり上げるための学問領域であるとしている。また，「要するに倫理的なビジネスは可能であり，たとえそれが困難なことであっても21世紀の企業がさまざまな利害関係者のニーズに応えていくためにもビジネスの倫理は不可欠のことである」と述べている[30]。技術者の多くが企業で働く以上，企業倫理について十分な理解をもつことは必要であろう。そこで，まず，アメリカにおける企業倫理の歴史を簡単に振り返っておこう。

　倫理的な思想や理論を企業の経営に反映させようとする試みは，古くから行われているが，学術的な調査・研究の対象となり，ビジネス・スクールなどで企業倫理が教えられるようになったのは比較的最近のことである。1960年代から1970年代にかけて，環境問題に対する関心の増大や公民権問題，また，ベトナム戦争や人権問題などを背景に，アメリカ社会の価値観が大きく揺れ始め，環境倫理・生命倫理・医療倫理など，さまざまな分野で「価値」に関する再検討と倫理の重要性に関する再認識が始まった。

　1980年代中頃，国防産業を中心に，水増し請求や賄賂，情報の隠蔽，インサイダー取引など企業不祥事が急増した。そこで，1985年7月に，当時の大統領ロナルド・レーガンが，特に国防産業の不正防止策の検討を諮問する特別委員会を設置した。この委員会は，各企業が国防のための物資調達に特有の問題点を見きわめたうえで，倫理綱領を策定し，それを基に，監査機能を含んだ，倫理プログラムを運用すべきことを答申した。

この答申を受けて，国防産業大手企業の連盟である「国防産業イニシアティブ」(Defense Industry Initiative on Business Ethics and Conduct：DII) が1986年に設立された。DII は，不正再発防止策として，会員企業がもつべき倫理プログラムのモデルをつくり上げた（同時期に，ハーバード大学ビジネス・スクールが企業倫理を教え始めた）。しかし，企業倫理プログラムに関する取り組みは，1980年代を通じて，おもに国防産業関連企業に限られていた。しかし，1991年に「連邦量刑ガイドライン」(2004年改定) が制定されると，国防産業以外の企業も企業倫理の確立に取り組み始めた。このガイドラインは，企業における知能犯罪などの不祥事に対する罰金額を増額させる一方で，その企業が，不正を未然に防ぐ効果的な企業倫理プログラムをもつ場合は，大幅に罰金額を減らすことができるシステムを導入した。この制度の影響で，アメリカの主要な企業が倫理担当責任者を置き，倫理プログラムを構築し運用を始めた。1992年には，10名程度の倫理担当者たちが，情報交換および互いに切磋琢磨するための場を求め，倫理担当者協会 (Ethics Officer Association：EOA) を設立した。

　EOA の貢献もあり，1990年代にアメリカ企業の倫理プログラムへの取り組みは急速に進み，世界の企業のモデルとなった。しかし，2002年にはエネルギー，IT といった花形業界で急成長を続けていた企業が，粉飾決済などの衝撃的な不祥事を起こし，倒産するに至った。そこで，アメリカ政府は株式公開企業の社会的信頼を担保するために，サーベインス・オクスレー法を定め，会計監査・内部監査を強化した。また，企業の社会的責任が注目されるようになった[11]。

## (2) 企業倫理と技術者倫理との整合性

　日本でも企業倫理の確立に向けて努力を続ける企業の数は確実に増え

ている。2002年に経済団体連合会（経団連）と日本経営者団体連盟（日経連）が統合して発足した日本経済団体連合会も，2002年10月には，経団連が定めていた「企業行動憲章」を改定するとともに，包括的な企業不祥事防止強化策を発表した[12]。しかしながら，依然としてすべての企業が従業員の倫理的行動を促すために十分な配慮をしているというわけではない。一方，日本の大学では技術者倫理の教育を始めており，技術士会やその他の学協会も技術者倫理の重要性を強調している。そうすると場合によっては，個々の技術者がもつ「価値（技術者としての職能倫理や個人的な道徳的価値）」と，企業のもつ旧来の経済原理（効率性原理と競争原理と組織の論理）などの「価値」とが対立することになる。

　1つの典型的な例は，2002年に発覚した東京電力―日立問題，すなわち両社が福島第一原子力発電所1号機の第15回定期検査（平成3年）および第16回定期検査（平成4年）において実施された原子炉格納容器漏洩率検査に関して不正を行った事件である。2002年12月に公表された同社の社外調査団調査結果によると，このような不正が行われた理由は，保修に関わる法律を守るという「価値」（この場合，遵法）と，「電力の安定供給」という電力会社が重視する「価値」とが対立し，後者が優先されたからと考えられる。

　このような「価値」の対立に直面した技術者は，どのように行動すべきなのだろうか。技術者はその職務を行ううえで専門性が要求されることから，また，科学技術が次つぎと新しい「価値」を生み出しているため，「自分だけ」がその真価を認識できる情報を知る機会があり，例えば，その情報が「公衆の安全・健康・福利」に関わるものであるにもかかわらず，所属組織から隠蔽を指示された場合，技術者はどのように行動すべきなのだろうか。このようなジレンマに置かれたとき，技術者が公益通報（内部告発）に踏み切る可能性は高くなる。

それでは，企業はどのような対応をとればいいのだろうか。基本的には，倫理的な判断能力をもった技術者が，公益通報（内部告発）をしなくてもすむように，技術者倫理と整合性の取れた企業倫理プログラムを構築していくべきであろう。企業倫理プログラムといっても，法令・規則・マニュアルなどを組織全体に周知・徹底し，すべての関係者にその遵守を促す法令遵守型のプログラムは，特に技術倫理に関連しては，その実効性に問題があると考えられる。なぜなら，科学技術の最前線は常に拡大しているので，技術に関連する行動規範をすべて明文化したマニュアルのようなものをつくることは，急速に変化する技術の特質を考えると，非常に難しいからである。万が一，マニュアルができたとしても，そこに書かれているルールやガイドラインをすべて遵守することは現実的には不可能であろう。それよりも，企業がもつ理念やビジョン・価値観・基本的な行動規範を，技術者を含めたすべてのステークホルダーの間で共有できるような「価値共有型」のプログラムを構築し，継続的に改善していくことが重要である。この点については，企業倫理プログラムの法令遵守型と価値共有型とを対比した，表7-3が参考になる。

表7-3　法令遵守型と価値共有型企業倫理プログラムの比較[13]

|  | 法令遵守型 | 価値共有型 |
| --- | --- | --- |
| 目　的 | 法令・諸規則の遵守 | 責任ある意思決定・行為の実行 |
| 基　準 | 個別具体的で細かいルール | 価値・原則・許容範囲の明確化 |
| 方　法 | 組織的監査と統制 | 教育研修と理解 |
| コミュニケーション | 社内通報窓口（ホットライン） | 社内相談窓口（ヘルプライン） |
| 裁　量 | 個人裁量権限の限定 | 責任を伴った権限の委譲 |
| 人間観 | 性悪説的 | 性善説的 |

これらはどちらか一方を二者択一というのではなく，状況や対象に合わせてより効果的な手法を組み合わせて使っていくことが肝要であろう。

・注および参考文献

①ジョン・ラッド「専門職の倫理規定の追求─知性とモラルの混乱」（P. アーン・ヴェジリンド，アラステァ　S. ガン（古谷圭一訳）『環境と科学技術者の倫理』（丸善，2000年）pp. 211-219
②例えば，Heinz C. Luegenbiehl, "Codes of Ethics and the Moral Education of Engineers, "in Deborah G. Johnson (ed.), *Ethical Issues in Engineering* (Englewood Cliffs, New Jersey : Prentice Hall, 1991), pp. 137-154, Stephen H. Unger, *Controlling Technology : Ethics and the Responsible Engineer*, John Wiley & Sons, 1982, pp. 106-135 を参照。
③ Micheal Davis, *Thinking like an Engineer : Studies in the Ethics of a Profession*, Oxford University Press, 1998, p. 50 を参照。
④村田純一『技術の倫理学』（丸善，2006年）p. 96
⑤ Stephen H. Unger, 前掲書，Heinz C. Luegenbiehl, 前掲論文，The World Federation of Engineering Organizations (WFEO) Homepage ; Charles E. Harris, Jr. et al., *Engineering Ethics : Concepts and Cases*, 2nd ed.などを参照して作成。
⑥土木学会の倫理規定や青山については，（土木学会編）『土木技術者の倫理』（土木学会，2003年）などを参照されたい。
⑦ http://www.wfeo-cee.org/essays/code.htm を参照。
⑧ C. ウィットベック（札野順・飯野弘之訳）『技術倫理1』（みすず書房，2000年）p. 67
⑨このアナロジーに関するより詳細な議論については，前掲書，第1章を参照されたい。
⑩梅津光弘『ビジネスの倫理学』（丸善，2002年）pp. 3-4
⑪ The Ethics Resource Center, "Business Ethics Timeline," URL: http://www.ethics.org/be_timeline.html（2004年1月18日）などを参照のこと。
⑫経営倫理実践研究センター『コンプライアンス規程・実践実例集：34社の先進取組事例』（日本能率協会マネジメントセンター，2003年）p. 37
⑬梅津，前掲書，p. 134 を改変。

# 8 │ 技術者としての行動設計(3)
## ―倫理的意思決定の方法―

札野　順・金光秀和

**《目標&ポイント》** 本章では，技術者としてどのように意思決定を下し，行動を設計すればよいのかという具体的な方法，および倫理的な意思決定に関連する要因を理解することを目標とする。
**《キーワード》** セブン・ステップ・ガイド，エシックス・テスト，黄金律テスト，普遍化可能性テスト，徳テスト，技術者と法律，阻害要因と促進要因

## 1. セブン・ステップ・ガイド

　倫理的ジレンマなどの倫理的問題に直面した場合，技術者としてどのように意思決定すればよいのだろうか。どのように「設計」すればよいのだろうか。

　倫理的問題には，科学で言う正解と同じ意味で，唯一絶対の正解があるわけではない。したがって，技術者として意思決定を下さねばならない場合も，条件を決めれば解がでる数学の方程式のようなものは，残念ながらない。

　しかし，倫理的に妥当でない行為を見出すことはできるはずであり，実際，倫理的問題に対処するための方法が議論されている。

　ここではイリノイ工科大学のマイケル・デイビス教授が発案した「セブン・ステップ・ガイド（Seven-step Guide）」を紹介する。これは倫理的問題に遭遇したとき，的確な倫理的意思決定を下すための実践的な手続きとして考案されたものである[1]。

表8-1　セブン・ステップ・ガイド・KIT バージョン[2]

☐ **Step 0：自分が当事者として取ると思う行動を想像してみよ**
◇まずは，直観的でよいので，当事者の立場から行動を考えてみる
◇直観と冷静な分析の違いを意識する

☐ **Step 1：当事者の立場から，直面している問題を表現してみよ**
◇自分が主人公だとして，何に困っているのかを表現してみる

☐ **Step 2：事実関係を整理せよ**
◇問題に関連する事実関係を整理することで，思い込みや想定外をなるべく避けるように努める
◇確かな事実に加えて，不確かな事実，明示されていない（確認が必要な）重要な事実，注意すべき法令を検討する
◇事実関係を詳細に検討することで，問題が解消したり大きく変わったりすることもある

☐ **Step 3：ステークホルダーと価値を整理せよ**
◇自分の行動によって影響が及ぶ／自分の行動に影響を及ぼすステークホルダー（利害関係者）をあげる
◇さらに，そのステークホルダーが重視している価値を整理する
◇最後に，Step 1で表現した自分自身の倫理問題の構造を価値の観点から分析してみる

☐ **Step 4：複数の行動案を具体的に考えてみよ**
◇二者択一的な発想をするのではなく，ここまでのステップで得られた情報をもとに想像力を働かせながら，誰に相談し，どのように伝えるかなど，自分の行動案をその方法やプロセスまで具体的に考える

☐ **Step 5：倫理的観点から行動案を評価せよ**
◇Step 0 と Step 4 の各行動案に対して，エシックス・テストをかけてみる
◇エシックス・テストとは，行為の倫理的妥当性を検証するためのもので，以下のようなものがある
◎普遍化可能テスト＜後述＞
◎可逆性テスト（黄金律テスト）＜後述＞
◎徳テスト＜後述＞

◎危害テスト
・結果としてその行為がどのような危害を及ぼすか（あるいは及ぼさないか）考えてみる
◎世間体テスト
・その行動をとったことが新聞などで報道されたらどうなるか考えてみる
◎専門家テスト
・その行動をとることは専門家からどのように評価されるか，倫理綱領などを参考に考えてみる

◎その他にも，さまざまなエシックス・テストがあり，現在では企業でも用いられている

□Step 6：自分の行動方針を決定せよ
◇Step 5 の評価に基づいて，自分の行動方針を具体的に一つに決定する
◇検討の結果，上記の行動案の組み合わせになっても構わない
◇その行動をとった理由を専門家としてきちんと説明できるかも考える

□Step 7：再発防止に向けた対策を検討せよ
◇このような問題が繰り返し起こらないようにするための対策を具体的に考えてみる
◇必要ならば，メゾ・レベルから，そのような倫理的問題に再び陥らないためにどのような方策をとるべきか考えてみる

　デイビス教授が推奨する方法は，ステップ１から始まるが，実際に行うさいには，まず，直感的に自分が感じた倫理問題とその解決策を，明確に言葉にならなくてもかまわないから，書き出してみることも有効である。いわばステップ０を行ってみる。直感による解決策が優れたものである場合もあり得るが，多くの場合，稚拙なものであろう。まず，直感によるものを記録したあと，ステップ１〜７を踏み熟慮してから，ス

テップ０の解決案に戻ってみると，直感に頼ることがいかに危険かがわかることもあるので，ステップ０は有効である。

　ステップ１は，倫理的問題を明確にするステップである。第６章で確認したとおり，倫理的問題を分類するさい，典型的なものはジレンマ問題と線引き問題である。最初からこの分類に従って考察する必要は必ずしもないが，まずはどのような問題に直面しているのかを明確にすることが重要である。

　ステップ２は，事実関係を検討するステップである。問題を考察する上で必要な事実を検討する段階であり，知られている事実はもちろん，不明確な事実や推測にすぎないことも明確にし，倫理問題を考える上で調査すべき事実を検討することも必要である。

　ステップ３は，関連するファクターを特定する段階である。具体的には，どのようなステークホルダーが存在するのか，関連する法律にどのようなものがあるのかなどを特定することになる。また，自分の専門分野と関係する学協会の倫理綱領も参照すべきものであろう。

　さまざまな観点から問題を考慮することは非常に重要なことであり，その意味でさまざまなステークホルダーの存在を認識できるかどうかは，倫理的問題を考えるさいの重要な要素のひとつである。

　なお，ステップ２とステップ３の２つを厳密に区別することはそれほど重要ではない。それぞれのステップを行き来しつつ，事実関係や関連するファクターを検討することが重要である。また，ステップ２と３を行き来している間に，ステップ１に戻って，倫理問題を再定義してみることもあり得るだろう。これらのステップを時系列で線形に行う必要はない。

　ここまでの検討をふまえて，取りうる行動を考案し，リストアップすることになる。これがステップ４の段階である。このステップでは，二

者択一的な発想をするのではなく，ここまでのステップで得られた情報をもとに想像力を働かせながら，誰に相談し，どのように伝えるかなどの行動についてできるだけ具体的に考えることが必要である。

こうしてリストアップした行動案を検討するのがステップ5である。このステップではいろいろなテストを用いてそれぞれの行動案を検討することになる（表8-1参照）。これらのテストは「エシックス・テスト」と呼ばれるもので，行為の倫理的妥当性を検討するためのものである。これよって倫理的に妥当でない行為を見出すことが可能となる。

ここでは，「可逆性テスト」を取り上げて説明することにしよう。

---

• 可逆性テスト（黄金律テスト）

可逆性テストというのは，もし自分が今行おうとしている行為によって直接影響を受ける立場であっても，同じ意思決定をするかどうかを考えてみるというテストである。例えば，その行為の結果が，自分自身の安全や健康に悪影響を与えることになるため，そのような意思決定はしないであろうと考えるならば，その行為は倫理的に適切ではないということになる。

このテストは，「自分の嫌だと思うことは人にもするな」という黄金律に基づくため，「黄金律テスト」とも呼ばれる。

黄金律というのは，世界の主要な宗教や思想が共通してもっている道徳律のことである。いろいろな表現があり，例えば，キリスト教では「人からしてほしいと思うことを，そのとおり人にもしてあげなさい。これがモーゼの法律の要約です」（『新約聖書』マタイ7.12），儒教では「自分の嫌だと思うことは人にもするな」（『論語』顔淵篇2）という形で表現されている。スペースシャトル・チ

> ャレンジャー事故に関係した技術者であるロジャー・ボジョレー氏も述べているように，技術者倫理を考える上でもこの黄金律は重要である。

また，マイケル・デイビスによれば，表8-1にあるテスト以外にも適宜テストを付け加えることが可能である。この科目で推奨するものとして，「普遍化可能性テスト」と「徳テスト」を紹介する。

> • 普遍化可能性テスト（Universalizability Test）
> これはカントの考え方に由来するものである。カントによれば，倫理的思考の本質が普遍性を求めるところにある限り，「普遍的であれ」というのが倫理の形式的な第一の要求であり，行為は，普遍化可能な原則に従っているか否かという点において，その倫理的価値が測られることになる[3]。
> こうしたカントの考え方を基にしたのが，普遍化可能性テストである。すなわち，このテストでは，あなたが今やろうとしている行為を，もしみんながやったらどうなるかと考えてみるのである。もし，あなた以外の人びとも，あなたのやろうとしている行為をした場合，明らかに社会が成り立たないと考えられ，矛盾が起こると予想される場合，それは倫理的に不適切な行為であると考えられる。例えば，「嘘をつく」や「約束を破る」という行為が挙げられる。あなたが何らかの理由で友人との約束を破るという意思決定をしたとしよう。もし，あなた以外のすべての人びとも，約束を破るようになったら社会は成立しない。したがって，約束を破るという行為

は倫理的に不適切な行為と考えられるのである。

> • 徳テスト（Virtue Test）
> 　これは徳倫理学に由来するテストである。徳倫理学では，特定の場面でとる行動ではなく，行為者そのものに焦点を当てる。自分が今やろうとしている行為が，自分がこうありたいという人物にふさわしいかどうかを考える。また，その行為が，自分が望む生き甲斐のある善い人生を送ることに繋がるかを考えるテストである。アリストテレスが説く最高善であり，「エウダイモニア（eudaimonia）」と呼ばれている。この語は，しばしば，「幸福（happiness）」と訳されることが多いが，善くやっている状態（being well）を意味するとされている[4]。
> 　ビジネス・エシックスの領域では，しばしば，「鏡テスト」とも呼ばれる。自分がその行為を行ったとして，毎朝自分の顔を鏡で見ることができるかを問うテストである。「新しい時代」において徳倫理学は，注目を集めている。国連の World Happiness Report 2013 では，第5章で，「幸せを求めるうえでの徳倫理の復権」を論じている。「公衆の福利」と技術者自身の「幸せ」を高めるためにも，徳倫理の考え方は有効である[5]。

　可逆性テスト，普遍化可能性テスト，徳テストに限らず，エシックス・テストは，自らの取ろうとする行動を吟味するためのツールとなるものである。実際，エシックス・テストは，従業員の倫理的な行動を支援するために，企業活動の中でも用いられている。例えば，ロッキー

ド・マーチン社やテキサスインスツルメンツ社のものがよく知られている。

### テキサスインスツルメンツ（TI）社のエシックス・テスト[6]

もし判断に迷ったら
　「それ」は法律に触れないだろうか
　「それ」はTIの価値基準にあっているだろうか
　「それ」をすると良くないと感じないだろうか
　「それ」が新聞に載ったらどう映るだろうか
　「それ」が正しくないと分かっているのにやっていないだろうか。
　不明な点がありましたら，納得のゆくまで上司またはエシックス・コンタクトに確かめてください。

　では，セブン・ステップ・ガイドの解説に戻ろう。
　ステップ1からステップ5までの検討をもとに，ステップ6で取るべき行為を決定することになる。
　最後にステップ7において，そのような倫理的問題に再び陥らないためにどのような方策を採るべきか，あるいは問題点の改善方法を考えながら，1から6のステップを再検討する。
　自らの行動を決定するのであれば，ステップ6まででよいようにも思われるが，ステップ7には次のような意義があると考えられる。第一に，本当にその行動を取ることが望ましいのかを再度検討してみるという意味がある。第二に，より重要なものとして，そのような行動を取らなくても済むにはどうすればよいのかを考えてみるという意味がある。個人の力ですぐにはどうすることもできないことかもしれないが，例えば，

相談しやすい職場の雰囲気であるとか，社内の倫理担当部署の支援があれば，事情が大きく異なることも考えられる。このように，再び同じような倫理問題に陥らないためには何が必要なのかを考えるステップは，今後のことを考慮する場合に，非常に重要となる。

　さらに，ステップ7における再検討は，技術者個人がどのように行動するべきかというミクロの問題だけでなく，組織のあり方や制度などについても考察することを意味する。第7章で検討した倫理プログラムの策定や運用を考えることも，ステップ7に含まれる。すなわち，ミクロのレベルからメゾのレベルへの展開をも意味するのである。

　もちろん，すべての倫理的問題が，この「セブン・ステップ・ガイド」によって解決されるわけではない。このガイドは，あくまでも自らが行うべき行為を決定するにあたり，注意深い分析と熟考を行うための道筋を提示してくれているにすぎない。しかし，倫理的意思決定を下す上で複雑な状況に置かれた際に，感情的で短絡的な行動に走ることを戒め，冷静に対処方法を考え抜くためのガイドラインとしては有効であると考えられる。

## 2．技術者と法律

　セブン・ステップ・ガイドのステップ3で関連するファクターを顧慮する際に，関連する法律という要素があった。ここで，技術者の意思決定に関連する要因として，技術業に関わる法律について考えてみよう。

　技術者も社会の一員であるかぎり，法律を遵守しなければならないことは言うまでもない。しかし，技術者が実際に業務を遂行するさいには，実にさまざまな法律がその業務に関連して存在し，技術者が負う法的責任も多岐に渡る（表8−2参照）。

**表8-2 技術業に関わる法的責任と関連する法律**

(1) 民事責任と刑事責任：民法や刑法など
(2) 消費者の安全・安心を守る責任：PL（製造物責任）法など
(3) 他者の権利を尊重する責任：特許法，著作権法，その他知的財産権を守る法律など
(4) 個人の情報を守る責任：個人情報保護法など
(5) 公益通報（内部告発）に関する責任：公益通報者保護法など

　また，法律は製品の一生のすべての段階に関わっている。すなわち，「設計」，「原材料・部品調達」，「製造」，「供給」，「利用」，「回収・廃棄」のそれぞれの段階に関連するのである[7]。

　このように，技術業に関わる法律は非常に広範囲に及ぶが，技術者は，自らの業務に関連してどのような法律があるのかを知り，その内容について理解していなければならない。

　さらに，科学技術を取り巻く社会的状況の変化に伴って法律が改正されることもある[8]。技術者は自らの業務に関連する法律の知識に関して，常に最新の内容を把握する必要にも迫られるのである。

　ところで，技術者が法律の知識を持つことは，技術者としての義務と同時に，職務発明など技術者の権利を知ることにもなる。その意味でも関連する法律の知識は不可欠であると言える。

　しかし，法律さえ守っていればよいというのでは不十分であることに留意しなければならない。というのは，法律はつねに問題の「後追い」であるという性格を免れず，また悪法やいわゆるざる法の存在も否定できず，技術者として公衆の安全・健康・福利を実現するために，法律だけでは不十分であるという事態もありうるからである。「法律は倫理の最低限」[9] という言葉があるように，法的な責任を果たすことだけで人が負うべき責任のすべてが尽くされるわけではないのである。

## 3. 倫理的意思決定の阻害要因と促進要因

　倫理的な意思決定を行うための実践的な手続きを明確に認識していることは，プロフェッショナルとしての道徳的自律性を保持し，よりよい行動案を見出すために不可欠である。しかしそれに加えて，倫理的意思決定を妨げる要因について理解を深めておくことも有意味であろう。そうすることによって，人が陥りやすい倫理的な落とし穴を知り，倫理に反した行動を取るという過ちを避けることができると考えられる。

　ハリスらは，技術者の倫理的責任を阻害する要因を次のように整理している[10]。

・私利私欲（self-interest）：自らの利害を，プロフェッショナルとしての責任よりも重視すること
・恐れ（fear）：プロフェッショナルとしての責任を全うした結果に対する恐れ（例えば，自らの間違いを認めること，職を失う可能性，人間関係を悪化させること，などに対する恐れ）
・自己欺瞞（self-deception）：「他の人のためにやっているんだから」「これをやっているのは自分だけではないのだから」「今回だけで次からは絶対やらないのだから」などの言い訳を用意したり，意図的に現実から逃避したりする傾向
・無知（ignorance）：適切な意思決定を行うために不可欠な情報についての知識をもたないこと
・自己中心的志向（egocentric tendencies）：自分が置かれている状況を，自分自身の立場からだけ判断し，客観的な状況分析ができないこと

- 微視的視野（microscopic vision）：限定された範囲での詳細にとらわれる傾向（「木を見て森を見ず」）
- 権威の無批判な受け入れ（uncritical acceptance of authority）：指導者や上司の意向や指示を無批判に受け入れること（例えば，S. ミルグラムらの古典的なアイヒマン実験などから得られた社会心理学的な知見によると，人間は想像以上に，権威を受け入れやすい傾向がある）
- 集団思考（groupthink）：グループが，十分な批判的考察を行うことなく，結論に達してしまう傾向

　以上の諸要因に加えて，自らが置かれている状況に特有の要因，あるいは自分自身がもつ特別の事情などを分析し，それらを自覚することが，倫理的な判断の誤りを避けるために重要であろう。

　さらに，このような阻害要因だけではなくて，倫理的な行動を促す促進要因についても考えることができる。

表8-3　倫理的な行動を促す要因のリスト

| 促進要因 | 阻害要因 |
| --- | --- |
| 利他主義 | 私利私欲（利己主義） |
| 勇気・希望 | おそれ |
| 正直・誠実 | 自己欺瞞 |
| 知識・専門能力 | 無知 |
| 自己相対化（公共性） | 自己中心的志向 |
| 巨視的視野 | 微視的視野 |
| 権威に対する批判精神 | 権威の無批判な受入れ |
| 自律的思考 | 集団思考 |
| その他 | その他 |

前述の阻害要因に対応して，表8-3にあるような促進要因があると考えられる。これらの促進要因は，技術者に関わる倫理綱領の中で強調される重要な「価値」であるともいえる。利己主義に対する利他主義は，「公衆の安全・健康・福利」を最優先することにつながり，「無知」に対応するのは，「専門知識の維持向上」と考えられる。

　これらの促進要因は，徳倫理学における徳性にあたる。また，第9章で述べるポジティブ心理学における人間の優れた点あるいは強み（strength）としての品格と徳性に対応するものが多い。すなわち，これらの促進要因を意識して，意思決定や行動に反映させることにより，より「善い」生き方ができることを，哲学も心理学も示しているのである。

　ここで再度強調しておきたいのは，「技術者倫理」は技術者の行為を批判することが目的ではないということである。その目的は，技術者がすでにもっている倫理的判断能力・行動力をさらに伸ばすことである。すなわち，倫理的問題に直面した技術者が，自信をもって意思決定を行い，さらに技術者としての誇りをもって，その意思決定に従った行動を取ることを支援するのが技術者倫理なのである。また，技術者が，アリストテレスの説く最高善を得る，すなわち「生き甲斐のある人生を善く生きる」ことを助けるのが，技術者倫理の教育なのである。

## ・注および参考文献

① 技術者倫理の領域において，倫理的問題を解決する方法として，決疑論（線引き法）や創造的中道法が提唱されることもある。ここでは，より実践的な手続きとしてセブン・ステップ・ガイドを取り上げるため，それらについては，C.E. ハリス他著（日本技術士会訳編）『第2版 科学技術者の倫理 その考え方と事例』（丸善，2002年）第3章などを参照されたい。

② Michael Davis, *Ethics and the University* (New York : Routledge, 1999), pp. 166-167 ここでは金沢工業大学で改良を加えたものを掲載する。

③ 有名な定言命法が表現しているのもこのことである。その基本方式は『道徳形而上学の基礎づけ』において，「汝の格率が普遍的法則となることを，その格率を通じて汝が同時に意欲することができるような，そのような格率に従ってのみ行為せよ」と表現されている（I. カント（宇都宮芳明訳注）『道徳形而上学の基礎づけ』（以文社，1989年）p. 104。また，『実践理性批判』では，「汝の意志の格率が，つねに同時に普遍的立法の原理として妥当することができるように行為せよ」(I. カント（宇都宮芳明訳注）『実践理性批判』（以文社，1990年）p. 77 と表現されている。なお，カント倫理学の概要については，例えば，新田孝彦『入門講義 倫理学の視座』（世界思想社，2000年）第7講，第8講を参照されたい。

④ 例えば，J.O.アームソン著，雨宮 健訳『アリストテレス倫理学入門』（岩波書店，1998年）

⑤ United Nations, *World Happiness Report 2013* <http://ethicsops.com/CharacterVirtue.php>

⑥ テキサスインスツルメンツ，「TI エシックス」http://www.tij.co.jp/general/jp/docs/gencontent.tsp?contentId=50659，2014年7月12日アクセス。

⑦ 日本機械学会編『機械工学便覧 デザイン編 β9 法工学』（丸善，2003年）では，関連する主な資格，および製品の一生における各段階を示しながら，法令の索引を作成しており，自分自身の業務に関連する法律を知るさいに便利である。

⑧ 例えば，消費生活用製品安全法の改正（2007年5月14日施行）を挙げることができる。これは，ガス瞬間湯沸かし器による一酸化炭素中毒死傷事故や家庭用シュレッダーによる幼児手指切断事故などを踏まえ，国が製品事故情報を収集・公表

することで，消費者の安全・安心を目指したものである。これにより，メーカーや輸入業者には国への事故報告が義務化され，国は事故情報の収集・分析の結果を国民に公表し，第二の重大事故を防ぐと同時に，回収命令を下すことも可能となった。経済産業省作成のパンフレット「新しい消費生活用製品安全法について」（Available at http://www.meti.go.jp/policy/consumer/seian/shouan/contents/kaisei-pamph4_r.pdf）等を参照。

⑨ G. イェリネク（大森英太郎訳）『法・不法及刑罰の社会倫理的意義』（岩波文庫，1936年）p. 58

⑩ C.E. ハリス他，前掲書，第5章を参照。なお訳語は適宜変更を加えさせていただいた。

# 9 | 技術者の責任
―優れた意思決定がもたらすもの―

札野　順

**《目標&ポイント》** 本章では，技術者が特別の責任を持つ理由を伝統的な責任論などで説明する。さらに，それらを越えて「幸福」モデルについても議論する。さらに，技術者の優れた意思決定と行動がもたらすものについて，検討する。
**《キーワード》** 責任，社会契約，社会実験，相互依存，ポジティブ心理学，good work

## 1．技術者が特別の責任を持つ理由

　なぜ，技術者には，特別な責任があるといえるのか。この問いに対する答えとしては，さまざまな説明がありえるが，代表的なものには，次の三つのモデルがある。第一のモデルは，新しい技術が社会に与える影響を強調する「社会的実験」モデルである。第二のモデルは，高度技術社会において，さまざまな分野で専門化・分業化が進む中で［専門家］が担う役割を強調する「相互依存性」モデルである。第三のモデルは，一般社会と，技術の専門職集団（プロフェッション）の間の暗黙の契約があるのだとする「社会契約」モデルである。

**（1）　社会的実験モデル**
　第一のモデルである「社会的実験」モデルとは，マイク・マーティンらが論じる「技術は社会を対象とする実験である」という立場である[1]。

マーティンらは，新しい技術的成果がいやおうなしに社会に変革をもたらすという事実を認識し，新しい技術の導入はあたかも人間社会を対象（被験者）として実験しているようなものであると主張する。そこで，社会的実験を実施する当事者である技術者は，責任ある実験者として，1)被験者である公衆の安全に対して責任を負い，被験者（公衆）が持つ「実験に合意する権利」（いわゆるインフォームド・コンセント）を尊重すること，2)あらゆる技術的プロジェクトが実験的なものであることを認識し，副次的効果を予見し，可能な限りそれを監視すること，3)技術的プロジェクトの結果について説明責任を負うこと，が必要であるとしている[2]。

　例えば，メール機能を備えた携帯電話という技術が，社会に導入されることによってどのような変化が起こったかを考えてみよう。この通信手段の導入により，これまでにないコミュニケーションの方法が生まれ，新たなコミュニティが形成された。技術に依存する特殊な言葉（顔文字やスタンプなど）が生み出され，日本語に新たな表現形式が追加された。電車の中や雑踏といった公衆の場でも，メールの送受信に夢中になる人びとが現れた。これらの変化に対する評価は人それぞれであろうし，「文化」とは常に時代とともに常に変化するものなのだという前提にたてば，それほど問題視する必要もないのかもしれない。しかしながら，自動車の運転中にメールを送受信しようとして事故が起こるという事態に関してはどうだろうか。携帯電話を設計し，世に出した技術者や経営者は，このような技術が世に出ることに関してインフォームド・コンセントを得ようとしただろうか。そのような事故は，ユーザーの無分別が原因なので，設計者・製造者には責任がないとして言い切れるのだろうか。

## （2） 相互依存性モデル

　相互依存性モデルは，科学技術文明の中で，さまざまな領域において分業化・専門化が進み，全体を把握することは誰にもできず，個人は，自己の「安全・健康・福利」という基本的な事柄も，否応なく，自分以外の専門家に頼らざるを得ないとする考え方である。

　まず，我々が生きる現代社会の高度技術社会が持つ特質は次の四つの前提に集約できる。

前提１：現在の人類は科学技術文明の中にあり，当面の間，科学技術への依存度は増大することはあっても，減少することはない[3]。

前提２：個人の生活は多くの面ですでに科学技術（医療を含む）やその他の分野の専門職能者に依存しており，人間の存在に不可欠な基本的な事柄（安全，健康，福利）についても他者（専門職能者）の専門的能力に依存せざるを得ない。

　補足条件１：ある領域の専門家も他の領域では素人（公衆の一員）である。

（解説：科学技術に関連する情報量は爆発的に増加しており，一人の人間が，自分の社会生活に不可欠な技術領域に精通することは事実上不可能である。例えば，同じ情報工学の分野でも，ハードウエアの専門家が，最先端のソフトウエアに精通しているかといえばそうではない。皮膚科の医師が，脳外科の知識や能力を持つことは稀であろう。また，技術者は多くの場合，医学に関しては素人であり，また，医師は，技術に関しては公衆の一員でしかない。）

　補足条件２：個人が認識できる事象の範囲と存在する問題群の範囲に乖離がある。

（解説：科学技術が高度化する以前は，人間はほとんどすべての危機を五感で感じることができた。台風が迫っているのは雲の様子を観察することで知ることができる。しかし，科学技術によって生み出される危険因子，例えば，中性子は特別の装置がなければ，その存在すら我々は気づかない。微量でも人体に甚大な影響を及ぼす化学物質の存在も五感で知ることはできない。特別の装置とそれを操作し，得られたデータを解釈できる専門家が必要である。）

前提3：特に，科学技術は，急速に自己増殖的に発展（暴走）を続けているので，その最先端の状況の把握と適切な判断（含む価値判断）は，科学技術の専門家に頼らざるを得ない。

前提4：法律や規制などの外的な規範の制定は，科学技術の発展に追いつけない。また，公平を旨とする法律は，科学技術が関わる種々雑多な状況に対応しきれない。

　上記の四つの前提が正しいとすると，高度技術社会において，公衆（当該分野以外の専門家を含む）は各分野の専門家の内的規範とその規範に則った行動を行う能力（倫理的判断能力）に依存せざるを得ない。個々のプロフェッショナルが依存に応える責任を全うする限り，高度技術社会は持続可能であるが，ひとたび，プロフェッショナルがその責任を果たさず，公衆とプロフェッションの信頼関係が崩壊すると，社会そのものが崩壊することは明らかであろう。これが，技術者が特別な責任を持つべきことを示す第二のモデルである。

### (3) 社会契約モデル

　第7章で検討したように、このモデルは、中世ヨーロッパで生まれた「プロフェッション」という、概念に基づくものである。プロフェッションの一員として認められるためには、長期に渡る高度な専門的教育と厳しい訓練を受け、公正かつできるだけ客観的な方法（例えば国家試験等）で自らの専門能力を証明しなければならない。そのような専門能力に裏付けられて、プロフェッションは、当該の職業を独占する。しかし、ひとたび、加入が認められると、他の職業では得られないような高い報酬と特権（特に自治権）が与えられる。これは職能集団と一般社会との間の一種の暗黙の契約と考えることができる[4]。つまり、プロフェッションは、他の人にはできない、かつ社会や個人の健康や安全、福利の維持と向上にとって不可欠なサービス（奉仕）を、独占的に、かつ、責任を持って行い、その見返りとして、社会は高い社会的地位と自治権をその集団に与えるのである。この互恵的な関係を維持するために、プロフェッションは厳格な倫理規範を定め、それを構成員に遵守することを要求する。ヒポクラテスの誓いに見られるような医師の規範がその典型である[5]。

　具体的には、医師の場合を考えてもらいたい。通常、医師になるためには、他の分野よりもはるかに長く厳しい専門的教育・訓練・研修を受けなければならない。また、専門知識のレベルを、国家試験などで実証し、さらに研修医などとして診療経験を積んだ上で、はじめて一人前の医師として認められる。ひとたび、医師としての資格を得、プロフェッションの一員と認められれば、高い社会的な地位と報酬を得ることができる。しかし、ある医師が診療などの業務を適正に行っているかどうかは、その分野の同僚医師にしか判断ができない場合が多いので、いわゆる peer review のシステムが、医学の世界においては確立されてきた。

これは，倫理行動規範においても，医師の自治権の主張と，その社会からの容認につながっている。

すでに第7章で検討したように，倫理綱領とは，プロフェッションの構成員が共有する「価値」と行動の指針とすべき規範を明確にしたもので，基本的には，依頼された仕事の達成のためには常に最善を尽くし，模範的なサービスを提供するという宣誓である。特に，専門家としての仕事が，単に個人の利害の為ではなく，社会一般のために行われるというのだという自負と使命感を強調する。専門的な知識と能力を持ち，この使命や価値観，行動規範を共有できる者だけが職能集団の一員として認められるのである。

そこで，もし，技術者が，医師や弁護士と同じように，プロフェッションをすでに形成している（あるいは形成しようとしている）とすれば，同様の議論が成り立つ。つまり，社会からの信託を受け，社会に本質的な影響を与える可能性のある意思決定を行う立場にある技術の専門職集団の一員として，倫理綱領に示された行動規範に従って行動する責任を負うことが，技術プロフェッションの内外から要請されていると考えられる。これらの「要求事項」を満たすことが，技術プロフェッションとしての「品質」であり，この「品質」を保証し，社会から信頼を得ることが求められるのである。それ故，技術者は特別の責任を負うということになる。

以上，三つのモデル，いずれの立場から考えても，技術者には専門職として特別の責任を果たすことが求められているのは明らかである。

## (4) 伝統的な責任論を越えて―「幸福」モデルへ―

すでに第1章で述べたように，技術者倫理では，予防倫理だけでなく，志向倫理の重要性が認識されるようになってきた。

特に，注目すべきなのは，「公衆の安全，健康，福利を最優先して，エンジニアとしての職務を遂行する」という技術者倫理の第一原則のなかの，「福利」すなわち「幸せ」への関心が高まっていることである。「福利」（より一般的に「幸せ」）は，これまで，文学，宗教，哲学などの世界ではさまざまな形で検討されてきたが，厳密な「科学的」な研究の対象とは考えられてこなかった。技術者倫理の領域でも，正面から取り上げられることはほとんどなかった。

　しかし，すでに第1章で述べたように，20世紀の終わり頃から，「幸せ」を科学的に理解し，その知見を個人や社会の幸福度の向上に活用しようとする取り組みが心理学や経済学をはじめさまざまな分野で始まった。例えば，心理学の世界では，大きな変革が起こっている。それは，第2次世界大戦以降，主に精神的な疾患など人間の心のネガティブな面に注目してきたこれまでの心理学から，人間のよい面（優れた品性や徳目）に焦点を当てる，それを人が「よりよく生きること（well-being）」に役立てようとするポジティブ心理学への展開である。心理学が，学問として成立する過程で，科学的に扱うのは不可能であると考えられていた，人の「幸福」を正面から捉え，人の持っている優れた特徴や徳目をさらに伸ばすような「介入」（intervention）をしようとする動きが盛んになってきているのだ。

　1998年に米国心理学会の会長に就任したペンシルベニア大学のセリグマンは，それまで人間の精神的な弱さや疾病とそれを癒すことに注力してきた（ある意味，マイナスを0に戻す努力を続けてきた）心理学を，そのような研究のなかで培ってきた知見や介入の方法を活用して，「心理学の関心を，人生で最悪なことの修復にのみ向けられている状態から，ポジティブな特質にも向けてゆく変化をもたらす触媒となること」，すなわち，0をプラスにする方向へも拡大しようという提案を米国心理

学会会長として表明した。心理学の世界の中枢からの提案に，多くの心理学者たちが呼応し，現在では幾多の優れた研究が成果をあげている。

ポジティブ心理学の知見とツールは，単に学術の世界に留まらず，さまざまな領域に応用されている[6]。例えば，アメリカ陸軍は，兵士だけでなくその家族や事務系の職員を含めてすべての関係者に対して，身体的な健康だけでなく精神的・心理的な衛生面を向上させるために包括的なプログラムを動かしているが，その基本的な教育内容や方法を提供したのはセリグマンらであった。また，企業の世界では，インターネットで靴等を売る企業ザッポスが，ポジティブ心理学に根ざした経営をして成功をおさめていることはよく知られている。オーストラリアの南オーストラリア州は，州全体でポジティブ心理学に根ざした政策を展開し，「The State of Wellbeing」を作り上げようとしている[7]。

心理学だけでなく，経済学や人類学などにおいても「幸せ」は検討されている。すでに述べたように，国連は，2011年9月に総会において，加盟国に各国国民の well-being を調査し，政策に反映させるという決議をした。また，3月20日を World Happy Day と定め，2012年から毎年，"World Happiness Report" を発表している。OECD も，2011年にそれまでの10年以上に亘る努力の成果を，The OECD Better Life Initiative という形に結実され，それまでのマクロ経済学的な指標（例えばGDP）だけでなく，生活の質や主観的な生活満足度などを測定・比較し，よりよい生活（better life）のための政策立案に役立てようとしている。

「幸せ」とは何かをこれまでは，個人的な感想や意見を越えて検討することが難しかったが，技術者が倫理的であるためには，公衆の幸せだけでなく，自らの幸せについて熟考する必要がある。セリグマンは，ある地域の天候をひとつの指標で表すことができないのと同じように，人

の「幸せ」をひとつの尺度で測ることはできないとしながらも，「幸せ」を構成する要素については，測定可能であるという立場を取り，すくなくとも次の5つがあるとしている。

　　P：Positive Emotion（ポジティブ感情）
　　E：Engagement（没頭，没入）
　　R：Relationships（他者とのよい関係）
　　M：Meaning（意味：意義）
　　A：Achievement（達成）

　「幸せ」にはすくなくとも，これら5つの要素，すなわち，1)快楽や興奮などに代表される「悦楽的な幸福（pleasure）」，2)時間を忘れ何かに打ち込む，フロー感覚に代表されるような「関与的な幸福（engagement）」，3)Relationships：他者とのよい関係，4)Meaning and purpose：自分よりも大きな何ものかのために貢献することによって得られる「Meaningfulな幸せ」，5)Achievement：何かを達成することによって得られる幸福感を区別し，これらのなかでもっとも主観的な幸福度が高くかつ長続きするのは，「Meaningfulな幸せ」であるとしている[8]。

　そうすると，この意味では，技術者が，技術者倫理的に正しい判断と行動をすることで，技術者は最も長続きする，そして最も充実度の高い主観的な幸福度を得ることになり，「よりよく生きる」ことになる（もちろん，心理学的な研究成果は，統計的な処理を経た結果であるので，ポジティブ心理学の知見が，すべての個人に当てはまると考えてはいけないことに留意しなければならないが）。

## （5） 優れた意思決定がもたらすもの

　これまでの技術者倫理教育では，技術者や企業として，「やってはならない」ことを認識してもらうために，世間を騒がせ，大きな注目を浴びた不正事件を取り上げた。このような不正が発覚すると，その企業やそこで働く技術者は厳しい批判にさらされる。そして，これらのセンセーショナルな事件が，一般の人びとに，「技術者や企業は倫理的ではない」という，間違った印象を与えてしまう。

　ほとんどの技術者は企業などの組織の中で仕事をしているため，優れた倫理的な判断やそれに基づく行動の様子は一般にはよく知られていない。しかし，実際には，「公衆の安全・健康・福利」や環境への配慮を，個人的な便益や会社の利益などの価値よりも優先させて行動する，すなわち，倫理的に善い行為を為す多くの技術者たちがいる。すでに見たように，倫理は行為・行動の科学であり，倫理的であるとは，何が善くて何が悪いのかを判断し行動することである。現場の技術者のほとんどは，優れて倫理的に善い技術者なのである。

　しかし，われわれの健康と同じように，健康である間は，その状況に気がつかないのだ。病気になって初めて，われわれは健康のありがたさに気づく。倫理に関しても，不祥事や事故が起こって初めて，倫理の負の側面に直面して，さまざまな教訓を得ると同時に，いかに優れた倫理的判断と行動が日常的になされていたかに気づくのである。

　そういう技術者の倫理的に優れた意思決定と行動は，これまであまりマスコミなどで取り上げられてこなかったため，「技術者の顔」が一般の人たちからはよく見えなかった。しかし，最近は一部の報道や学会の褒賞制度などで，優れた行動をしたエンジニアの「顔」が見えるようになってきた。また，ポジティブ心理学のなかでは，優れた仕事（meaningful work/good work）や徳目に焦点を当てた研究がなされるように

なってきた。本節では，技術者の優れた倫理的判断と行動の具体例を紹介し，これまでの事故や不祥事を防ぐことを目的とした「予防倫理」だけでなく，技術者としてよりよい貢献を目指した「志向倫理」の重要性をあらためて指摘したい。

技術者の優れた倫理事例についてできるだけ多くの例を紹介すべきであるが，紙面の関係で，今回は，日米の事例を1つずつ取り上げる。

**シティコープ・センターの危機**

シティコープ・センター（現在はシティグループ・センター）は，1977年にニューヨーク・マンハッタンの中心部，53番街のレキシントン・アベニューとサード・アベニューの間に完成した59階建て高さ273メートルの高層ビルである。完成直後の1978年，このビルが風の影響で倒壊する可能性があることを，構造設計を担当したウィリアム・ルメジャー（William Le Messurier）が偶然発見した。そして，ルメジャーの優れた倫理的判断と迅速な行動，そしてビルの所有者をはじめ関係者の協力でビルの倒壊の危機を見事に回避した事例である（しかし一方で，ルメジャーの行動を批判する意見もあることに留意する必要がある）[9]。

シティコープ・センターには特別な設計制約があった。ビルが建つ土地は，ある教会が所有していたのである。施主であるシティコープは，教会の古い建物を取り払い，ビルから独立した建築物としてまったく同じ場所に教会を新しく建て替えることを条件に，この区画の空中権を獲得したのであった。したがって，ビルの下に教会用のスペースを確保する必要があった。しかも，教会は土地の中心ではなく敷地の角にあったのである。

ルメジャーは，この問題を解決するために，59階建て高層ビルの9階部分までを，太い柱で支え，教会新築のための空間を確保した。しか

も，柱を建物の四隅にではなく壁面の中央に据えるという奇抜なアイデアで，この問題をクリアした。しかし，建物の強度を維持するために工夫が必要だった。

すでに高層ビルの革新的な設計によってルメジャーは，鉄筋の構造に斜めの梁（筋交い）を入れることで建物の重さを4本の柱に分散しかつ必要な強度を確保した。加えて，地震や強風による建物の振動を押さえるため，電動の質量同調ダンパー装置を最上階に設置するという独創的なアイデアでこれらの問題を克服した。ビルは，予定通り1977年に竣工し，すぐに使用が開始された。しかしながら，建設の過程で，重要な施工方法が変更されていたことをルメジャーは知らなかったのだ。

翌1978年5月，ピッツバーグに建設予定の高層ビルの構造設計を担当していたルメジャーは，シティコープ・センターで使った筋交いを入れる工法を使うことを検討した。そこで，ルメジャーがこの構造を説明し，筋交いの接合には貫通溶接を使うことを建設請負予定の業者に伝えたところ，筋交いの接合は，貫通溶接ではなくボルト接合にしてはどうかと提案された。なぜなら，貫通溶接は必要以上の強度を確保できるが，作業には高い技量を要するため時間もコストもかかってしまうからであった。そこで，ルメジャーはシティコープ・センターを施工した建設業者に問い合わせてみた。すると，シティコープ・センターでも，ルメジャーが指示した貫通溶接ではなく，ボルト接合に変更されていたのだ（この変更は，技術的にもコスト面でも妥当なものであり，建物の強度についても，ニューヨークの建築基準法を満たすものであった）。

翌月6月，ルメジャーは，建築構造を学ぶある学生からの問い合わせ[10]で，シティコープ・センターの柱の位置に関する質問を受けた。質問は，設計条件の誤解に基づくものであったため，ルメジャーは支柱の位置やシティコープ・センターの特徴について説明した。自身もハーバ

ード大学で教鞭を執っていたルメジャーは，建築構造工学を学ぶ学生に，風の影響の重要性を知ってもらうためのよい事例になるのではと考えた。ルメジャーは，斜め方向からの風がある場合について検討をすることを課題としてみることにした。当時のニューヨークの建築条例では，風は垂直方向からの影響のみを考慮すればよかったために，ルメジャー自身も，斜め方向の風の影響について正確な計算をしていなかったので，この課題に彼自身も興味を持って取り組んだ。

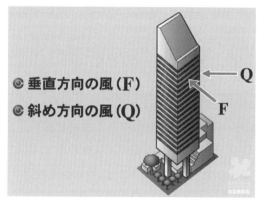

図9-1　シティコープ・センターと風
（出典：札野順編著『改訂版技術者倫理』, p. 136）

　計算の結果にルメジャーは愕然とする。斜め方向からの風により，主要な構造部材には想定されていたよりも40％以上大きい応力が働き，一部の接合部では応力が160％も増加するという計算結果であった。急いで，設計段階で使った風洞試験のデータを入手し，ボルト接合への変更も反映した「実際に建設されたシティコープ・センター」について検討した。その結果，現状のボルト接合のままだと，16年に1度ニューヨー

クを襲うハリケーン程度の風力で，建物が崩壊する可能性があることがわかったのである。1978年7月末の出来事であった。

　もし，マンハッタンの中心部分で，高さ300メートル近い建物が崩壊したら，どのような被害があるだろうか。あなたが，ルメジャーの立場に置かれたらどのように判断し，行動するか考えてみてほしい。第8章で検討したセブン・ステップ・ガイドを参考にして，どのように意思決定をすべきか検討してみよう。その際，技術者としてしてはならないこと（例えば，安全の軽視や情報の隠蔽）だけでなく，技術者としてやってよい，やるべきこと（志向倫理）についても考慮してもらいたい。

　施工法の変更は知らされていなかったとはいえ，構造設計をしたのは，自分である。したがって，建物を使っている人びとや周辺の住民やこのビルの中で仕事をする人びとの安全は，技術者として最優先すべきことは明らかである。しかし，一方で，倒壊の可能性は16年に1度程度のハリケーンの風が，斜め方向から直撃した場合にのみ起こる。この事実を公表すれば，自分がこれまで築き上げてきたキャリアや名声は地に落ちるだろう。強度を補強するための修理をするとしても膨大な経費がかかり，とても自分の保険や財産でカバーできないだろう。自身で経営する会社はどうなるのだろうか。

　後年ルメジャーは，建物の危機を認識し何をすべきか考えているとき，「この事実を知っているのは地球上で自分だけ，また，その危機を脱するために行動できるのも地球上で自分だけだ」ということを悟らせてくれたことを神に感謝するとインタビューで述べている。

　科学技術の世界では，このように「世界の中で自分だけ」という状況がしばしば生まれる。自身が科学者・技術者として培った専門知識と能力によって，世界中で自分だけ（あるいは自分を含むごく少数の人びとだけ）が他の誰も知らない新しい事実や可能性あるいはリスクを認識し

ている状況に置かれるのである。例えば，1938年頃核分裂反応をオットー・ハーンらが発見したとき，その現象が強力な兵器に応用できることに気づいたのは，限られた原子核に興味をもつ科学者たちだけであった。1972年に遺伝子組み換え技術が確立したとき，この技術が持つ負の側面（例えば，地球上に存在しない生物を環境中に放出する）について，認識したのは，一部の分子生物学者たちだけであった。さまざまな科学技術の現場でも，「あなたしか」知らない，気づかないという状況に直面する。そのとき，いかに行動するのか。そのときの科学者・技術者の行動次第で，その後の結果が，また，科学技術が社会や環境に与える影響が，よい方向（aspirational）にも，悪い方向にも大きく変わることを認識しなければならない。また，だからこそ，個人としての倫理的判断能力を日頃から高めておく必要がある。

　ルメジャーは，建物が崩壊する可能性に気づいたとき，自分が直面する経済的・社会的リスクを顧みず，まず，いかにして自分が設計したビルの危機を回避するかを考えた。解決策，つまり自らがなすべき「行動を設計」したのである。自分の子どもと同じぐらい大切なビルを救わねばと考えたルメジャーは，問題を解決するために以下のように行動した。まずは，自分の会社や保険会社の関係者にリスクの存在を告げ，善後策を練る。この際，保険会社は，特別顧問として構造工学のエキスパートを招き，ルメジャーの懸念を再確認する。その後，施工主であるシティコープの副社長および最高経営責任者に状況を説明し，単にリスクの存在を告げるだけではなく，修理方法を含めてリスクを回避する方法についても提案した。ルメジャーの真摯で誠実な態度にも影響されたのか，シティコープの当時の最高経営責任者はすぐさま問題解決に向けて協力することを約束する。実際，ビルのテナントやメディアに対する連絡などは彼がすべて引き受けてくれたのである。そして翌日の8月3日

には，補強工事を行う会社と工事計画に関する打ち合わせを始める。

　補修工事を進める一方で，万が一の事態に備えるための対策も行った。ハリケーンで停電が起った場合を想定して，タワーの振動を押さえる役割をする「同調質量ダンパー」に電気を供給する無停電の補助電源を確保した。また，気象学の専門家を雇い，大西洋でのハリケーンの発生を監視し，逐次気象情報を入手できるように準備をした。さらに，ビル周辺の半径10ブロック圏内の住民緊急避難計画を策定したうえで，ニューヨーク市当局に状況を説明する。

　ただちに開始された補強工事では，テナントに配慮して，ほとんどの工事は，問題の箇所をベニヤで囲ったうえで夜間に行われた。また修理中にも，他の脆弱な部分についての調査や，最も適している修理方法選定のための強度計算なども同時に行った。こうしたなか，補強工事が完了していない9月1日に，ハリケーンがニューヨークに上陸する可能性があり，関係者は警戒したが，幸いにもハリケーンは海上にそれる。工事は順調に進み，本格的なハリケーン・シーズンとなる9月の半ばには，周到に準備した避難体制を解除できることになる。そして10月には，補強工事は無事に完了し，シティコープ・タワーは700年に1度の超大型ハリケーンがニューヨークを直撃しても倒壊しないような強度をもつビルに生まれ変わった。

　補強工事がほぼ完了した9月の半ばに，シティコープとルメジャーの間で，修理費の支払いに関する協議がもたれる。補強やその他の対策にかかった費用の正確な金額はわかっていないが，800万ドル以上という説もあるし400万ドル程度という見積もりもある。ルメジャーが，支払うことができたのは，彼が加入していた損害賠償保険からの200万ドルだけだったが，シティコープ側はこの金額で納得する。その後，保険会社との話し合いの席で，ルメジャー側は保険掛け金が引き上げられるだ

ろうと考えていた。ところが，彼がビルのリスクを察知し，これを回避したことで，保険史上最悪の大損害を未然に防いだということが評価され，保険料は逆に引き下げられることになった。

また，ルメジャーが誰も予見できなかったリスクをいち早く発見し，解決のために適切で効果的な行動を取り，そして，実際にリスクを回避したことは，彼が並はずれて有能で，誠実な構造エンジニアであるというルメジャーの名声をさらに高めた。ルメジャーはこの後，アメリカ工学アカデミーの会員に選出され，さらにシティコープ・タワーを危機から救った貢献で，2つの大学から名誉博士号を授与された。

### 低公害エンジンの開発

本田技研工業株式会社（以下，ホンダとする）は，我が国を代表する技術者である本田宗一郎によって1948年に設立された。宗一郎は，現場主義を貫いて技術面の陣頭指揮をとり，経営面は藤澤武夫が支えるという体制で，創立当初は小さな町工場程度の規模であった会社を日本のトップ企業の1つに育て上げた。本節では，ホンダの低公害エンジン開発プロジェクト（1972年完成）を，技術者倫理，特に，志向倫理の観点から紹介する[11]。

現在，ホンダは，企業精神や理念を「ホンダフィロソフィー」として掲げ，社員一人ひとりの自律した行動を促すための行動指針を定めている。この中には，環境保全や社会貢献などの価値も含まれている。また，1992年には「Honda環境宣言」を定め，「地球環境の保全を重要課題とする社会の責任ある一員として，Hondaは，すべての企業活動を通じて，人の健康の維持と地球環境の保全に積極的に寄与し，その行動において先進性を維持することを目標として，その達成に努めます」と謳っている[12]。

今日では，世界の企業の社会的責任（CSR）活動の重要な柱として，「環境」という価値を重視することは当たり前になっている。しかし，ホンダが2輪メーカーとして成長していた時期，すなわち1950年代から1960年代にかけては，なによりも，経済成長が優先とされていたため，環境の汚染は成長の代償として無意識に受け入れられていた。ホンダも，企業として環境に対して特別の取り組みを展開することはなく，バイクや車にとって重要な価値は「スピード」であると考えていた。

2輪の世界を制覇し，4輪のレースでもホンダが成功を収めはじめていた1960年代後半，エンジン開発担当のエンジニアであった八木静夫は，ホンダが「スピード」に加えて，次に取り組むべき課題を模索していた。たまたまアメリカで自動車の排気ガスによる大気汚染問題に関する論文を見つけた八木は，大気汚染対策こそが新たにホンダが取り組むべき課題であると直感し，自主的に研究を開始した。

当時，日本では自動車による大気汚染問題がようやく取り上げられ始めたばかりで，有害物質の測定装置すらなかった。そのため，八木らは，まず測定方法や装置から自分たちで開発しなければならなかった。試行錯誤の末，測定装置を完成させたホンダの技術者は，自分たちが作っている車から排出される排気ガスに含まれる有害物質の量に驚き，自らの技術が産み出した自動車が，確実に大気を汚染している事実に愕然とした。八木らは，大気汚染問題を解決することは，車をつくる技術者にとって重要な課題であるとの認識を深めていった。

日本での自動車に関係する環境規制は，1966年に運輸省（現在の国土交通省）が，一酸化炭素を3％以下に抑えることを義務づけたことに始まる。1967年には公害対策基本法が，1968年には大気汚染防止法が施行され，日本でも自動車による排気ガスにおける大気汚染問題が声高に取り上げられるようになった。

車の排気ガスによる大気汚染が日本よりも深刻な状況にあったアメリカは，1970年に通称「マスキー法」を成立させた。この法律は，上院議員マスキーの提案に基づき，1963年制定の「大気汚染清浄法」を大幅に改正したもので，自動車の排ガス中にある一酸化炭素などの濃度を，5年以内に1970年のレベルから10分の1にするという非常に厳しい規制であった。この規制は，当時の自動車業界に大きな衝撃を与えた。アメリカの自動車業界は「技術的に不可能である」と一斉に反発した。

　一方，ホンダでは八木らの自発的な努力により独自に低公害エンジンの開発を進めていた。当初，水冷エンジンにこだわった本田宗一郎は，八木らのプロジェクトに批判的であった。また，当時，ホンダの技術者が複合渦流調速燃焼（Compound Vortex Controlled Combustion：CVCC）と名づけたエンジンの開発プロジェクトは未完成で，マスキー法が定める一酸化炭素と窒素酸化物の値は満たすことができる見通しはついていたが，炭化水素についてはまだ目標を達成することができずにいた。

　しかし，1971年2月に宗一郎は，「ホンダはマスキー法を満足させるレシプロエンジン開発の目処が立った。1973年から商品化する」という記者会見を，開発者の承諾を得ないまま行った。宗一郎がこのような強気の会見に臨んだのは，「経営者」としての判断によるといわれている。当時ホンダは，自社製小型四輪車のユーザーが事故死した原因は，車の欠陥によるものであるという訴訟問題で，主力商品の業績が4分の1にまで落ち込んでいた。そこで宗一郎は，低公害エンジンの開発に成功すれば，ホンダが世界のトップの4輪メーカーと肩を並べることができるようになると考えたのだ[13]。

　常に技術の現場で若手エンジニアたちとともに汗を流し，モノを作ることの喜びを説き，「オヤジ」と慕われていた宗一郎も，この時点で

は，「経営者」であった。ホンダという企業を危機から救うという目的のために，「経営者」として「マスキー法の基準を満たした新しいエンジンの開発」を公表するという手段を選んだのである。

　しかし，実際にプロジェクトを進めていた技術者たちを支えたのは，大気汚染問題への取り組みは，ホンダという一企業の問題ではなく，自動車産業全体に携わるものとして，「為すべきこと」という意識だった。すなわち，志向倫理である。昼夜を問わず続けられる過酷な研究開発環境の中で，プロジェクトの成功のために邁進していた社員にとっても，CVCCエンジンの開発は会社の命運を左右する重要なものでもあった。しかし，大気汚染研究室所属の石津谷彰のいった「子どもたちにきれいな空を残そう」という言葉に代表されるように，技術者として社会のためにマスキー法を満足するエンジンを開発しなければならいという大義こそが，このプロジェクトを成功させた大きな要因だった。

　「子どもたちにきれいな空を残そう」というビジョンと使命感に支えられた開発プロジェクトは，宗一郎自身ではなく，当時39歳の久米是志をリーダーとして行われた。のちにホンダの社長となる久米は，他の企業が不可能であると主張する規制を満たすというこのプロジェクトの成功は，単なる一企業のためのものではなく「技術屋としての役割」であるとして，このビジョンをプロジェクト・メンバーと共有した。何のための技術開発なのかを共有していたのである。

　1972年10月，ついにホンダはマスキー法の基準をすべて満たしたCVCCエンジンの全容を発表し，12月にはアメリカの環境保護庁のテストを受けた。EPAは1973年3月に，正式にホンダのCVCCエンジンがマスキー法に適合したエンジンであると発表し，この発表を受け，ホンダは開発した技術を他のメーカーに公開した。この発表により，世界の自動車業界の排気ガス対策は一気に前進した。このエンジンを搭載した

「シビック CVCC」は，環境への配慮や燃費のよさなどから世界的な大ヒットとなり，ホンダの技術力を世界に示す車となった。2000年にアメリカ自動車技術者協会が読者投票によって選出した「20世紀を代表する優秀な技術をもつ車」にも，日本から唯一選ばれている。CVCC エンジンが，それまで日本の一企業でしかなかったホンダを「世界のホンダ」にしたのである。

後年，本田宗一郎は CVCC エンジンの開発について，以下のように述べている。

> CVCC の開発に際して，私が低公害エンジンの開発こそが先発4輪メーカーと同じスタートラインに並ぶ絶好のチャンスだといったとき，研究所の若い人は，排気ガス対策は企業本位の問題ではなく，自動車産業の社会的責任の上からなすべき義務であると主張して，私の眼を開かせ，心から感激させてくれた。……みんながどんどん育ってきている。私に目をみはらせるような，新しい価値観，企業と社会とのかかわりあいについての新鮮な感覚，こういうものの上に築かれる，フレッシュな経営が必要な時代になってきているのだ[14]。

本田宗一郎は，常々「会社のためでなく，自分のため，社会のために仕事をせよ」と社員を鼓舞していた。そんな宗一郎の卓越した技術や発想，また，さまざまな難関に挑戦する姿勢を慕って，久米をはじめとする多くのエンジニアが彼の下に集い，切磋琢磨していた。しかし，いつの間にか社長として会社のトップに立つうちに，宗一郎は経営を優先するようになっていた。そんな宗一郎に，久米を中心としたホンダの若い技術者たちが，CVCC エンジンの開発を通して，改めて技術開発の原

点，すなわち「何のための技術開発なのか」という問いかけの重要性を示したのである。技術者として必要な「志向」を，その実践を通して「オヤジ」に再認識させたのである。

　CVCCエンジン開発は，実際にホンダの経営難を救った。だがその開発を支え，成功に導いたのは，自動車産業の社会的責任として，「子どもたちにきれいな空を残す」という言葉に表れている技術者の志向倫理である。CVCCエンジンは，ホンダ社内のみならず，社会に「環境」という価値と，技術の提供者・利用者だけではない社会全体や次世代というステークホルダー，企業や技術者としての社会的責任やそれに対する認識の必要性を示した。

　この開発は，まさしく第11章で検討する組織の社会的責任に関するガイドライン SR26000 の基本理念に沿うものである。また，セリグマンのいう「意味のある行為による幸せ」を，ホンダの技術者が体現したものであった。

　当時のホンダの若手エンジニアは，自社の利益よりも「子どもたちにきれいな空を」という言葉で代表されるように，環境の保全と後の世代の「安全・健康・福利」という価値を重視した。CVCC エンジン開発の成功後，宗一郎は自分とは違った価値観をもった技術者たちが確実に育っていることを認識し，自分の時代が終わったことを悟り，1973年に社長の座を退く。このような優れた意思決定の積み重ねにより，日本の企業は成長してきたのである。

## その他の事例

　これらの例の他にも，数多くの科学者・技術者が，「公衆の安全・健康・福利」を最優先しながら，善い行動を為している。読者には是非そのような例を探していただきたい。まずは，自分の周りの身近な先輩や

同僚や後輩，あるいは関係者の人たちのなかに，優れた意思決定をしている人たちを見出し，その人の判断と行動を，「志向倫理」の観点から分析してもらいたい。

## •注および参考文献

① Mike W. Martin and Roland Schinzinger, *Ethics in Engineering*, 3rd Edition（New York : McGraw-Hill Publishing Company, 1996), pp. 81-127
②前掲書
③「科学技術文明」の定義については，市川惇信：『暴走する科学技術文明―知識拡大競争は制御できるか―』（岩波書店，2000)，第1章などを参照のこと。
④例えば，Charles E. Harris, Michael S. Pritchard, and Michael J. Rabins, *Engineering Ethics : Concepts and Cases*（New York : Wadsworth Publishing Company, 1995), ch. 2
⑤医の倫理とヒポクラテスの誓いについては，例えば，日本医師会，「日本医師会会員のみなさまへ」http://www.med.or.jp/doctor/member/kiso/k3.html，2014年7月12日アクセス。
⑥ M.E.P. Seligman & M. Csiszentmihlyi, "Positive Psychology : An Introduction," *American Psychologist*, 55 (2000), 5-14. 和訳は，堀毛一也編著「ポジティブ心理学の展開―「強み」とは何か，それをどう伸ばせるか」，『現代のエスプリ』2010年3月号（ぎょうせい），p. 5。研究の動向については，例えば，Shane J. Lopez and C.R. Snyder eds., *Oxford Handbook of Positive Psychology*, 2nd ed. (Oxford : Oxford University Press, 2009) などを参照のこと。また，happiness studies については，大石繁宏『幸せを科学する―心理学からわかったこと―』，新曜社，2009年，などが参考になる。
⑦ トニー・シェー（本荘修二監訳）『顧客が熱狂するネット靴店　ザッポス伝説―アマゾンを震撼させたサービスはいかに生まれたか』ダイヤモンド社，2010年。1999年にゼロから出発した同社は，2009年に年商10億ドルを超える企業に急成長

し，Fortune 誌が選ぶ「最も働きたい企業」のひとつに選出されている。また，同社のシステムは，ある意味で，最も成功した「価値共有プログラム」のひとつといえるだろう。

⑧ Martin E.P. Seligman, Flourishing: *A Visionary New Understanding of Happiness and Well-being*（Free Press: 2011）

⑨ この事例の記述は，主に次の資料ならびに生前のルメジャー氏との直接インタビューから得た情報に基づいている。キャロライン・ウィットベック（札野順・飯野弘之訳）『技術倫理 1』みすず書房，2000年，第 4 章第 2 部，pp. 183-192。また，事実関係の描写などは，札野順編著『改訂版技術者倫理』放送大学教育振興会，2009年，第 9 章の記述をベースにしている。その他にも興味深い文献は多いが，1995年に初めてこの事例を紹介した次の文献は一読に値する。Joe Morgenstern, "The Fifty-Nine-Story Crisis," *The New Yorker*, May 29, 1995, pp. 45-53. http://www.duke.edu/~hpgavin/ce131/citicorp1.htm

⑩ Eugene Kremer, "(Re) examining the Citicorp Case: Ethical Paragon or Chimera," http://www.crosscurrents.org/kremer2002.htm；この問い合わせについては2011年になって興味深い論考がなされている。Caroline Whitbeck, "Addendum: The Diane Hartley Case," http://www.onlineethics.org/Topics/ProfPractice/Exemplars/BehavingWell/lemesindex/DianeHartley.aspx

⑪ この事例に関しては，次の資料に基づいている。NHKプロジェクトX制作班『プロジェクトX①執念の逆転劇―世界を驚かせた一台の車―』NHK出版，2000年，pp. 213-259。また，記述については，拙著『改訂版 技術者倫理』第 9 章をベースにして改変した。

⑫ http://www.honda.co.jp/environment/policy/ac010000.html?from=rcount

⑬ 本田宗一郎のコメントとして，昭和45年 8 月28日付けの朝日新聞に掲載。

⑭ 片山修編『本田宗一郎からの手紙』文藝春秋，1993年，pp. 182-183

# 10 │ 組織の中でいかに行動すべきか(1)

札野　順・夏目賢一

《目標＆ポイント》　本章では，技術者としてどのように意思決定を下し，行動を設計すればよいのかを仮想事例「ソーラーブラインド」「ギルベイン・ゴールド」を通して検討する。放送教材では，セブン・ステップ・ガイドを使いながら解決策の考察を行うので，付録にあるこの事例のシナリオを精読した上で，主人公の立場であればいかに行動するかを考えたうえで，放送教材を視聴してほしい。また，公益通報の問題についても検討する。
《キーワード》　プロフェッショナル・エンジニア，企業の社会的責任，内部告発，公益通報，公益通報者保護法

## 1. ケース・メソッドによる学習

　この章では，事例の考察を踏まえながら，技術者が企業で働く中で倫理的な問題に直面した場合，どのように判断し，行動すべきであるか，ということを考察したい。そして，企業倫理と技術者倫理の問題を考える上で重要な論点となる「公益通報」あるいは「内部告発」について検討する。

　ここでは，「ソーラーブラインド」と「ギルベイン・ゴールド」という，二つの仮想事例について検討する。前者は，金沢工業大学で開発された教材で，後者はアメリカのプロフェッショナル・エンジニア協会（NSPE）が技術者倫理の教材として開発したドラマ仕立ての仮想事例を用いる[①]。映像化されたこれらのケースは，製造物に対する考え方や

環境汚染と公益通報の問題が扱われている。詳細については，本書の巻末にある付録1を参照してもらいたい。

## （1）「ソーラーブラインド」概要
□会社説明
　◇スマートシステム電器産業
　・さまざまな分野で用いられるバッテリーの製造を主な業務とした中小企業
　・バッテリー制御技術の小型化を進めており，その技術力が評価されてCSEからコントロールユニット部の製造を委託される
　◇クロスサイドエレクトロニクス（CSE）
　・外資系企業
　・安価な液晶パネル開発で業務を拡大
　・その技術を活用し，ソーラーパネルの分野に進出
　・安価な家庭向け製品として「ソーラーブラインド」を企画し，スマート電器とTANAKAブラインドと共同開発に乗り出す
　◇TANAKAブラインド
　・ブラインド製造の日本企業

□ソーラーブラインド開発日程

・3月下旬：CSEでの三社会議（最初の場面）。プロジェクトのスタート
・4月：各企業で製品開発に着手
・翌年4月：試作品完成。生産ライン構築および製品テスト
・8月：東南アジアで試作品に問題が発生。発熱の問題への対応

・9月上旬：CSEでの三社会議（最後の場面）。製品発表の最終確認
・9月下旬：製品発表

　それでは，巻末にある付録1「ソーラーブラインド」を熟読した上で，以下の設問に答えていただきたい。

Ⅰ．問題点の明確化
　質問1：事例の中で問題となっていることを，問題点として簡潔に述べてください。

Ⅱ．問題点の分析
　Ⅱ-1．利害関係者（ステークホルダー）の同定
　質問2：事例の中のステークホルダーをリストアップしてください。
　Ⅱ-2．利害に関する検討
　質問3：各ステークホルダーは，さまざまな利害を持っています。事例の中でステークホルダーが持っている利害を，なるべく多く挙げてください。
　質問4：ステークホルダーが異なれば，利害も異なります。各ステークホルダーそれぞれについて，重要な利害を2～3ずつ挙げてください。
　質問5：どの利害とどの利害が対立し，どれとどれが対立しないのでしょうか？　あなたの答えを考えてください。
　Ⅱ-3．事実関係に関する検討：事実
　質問6：最も重要な事実を5つ挙げ，それぞれ簡潔に述べてください。
　Ⅱ-4．事実関係に関する検討：欠けている情報

質問7：事例の記述の中に情報が示されていないが重要な事実を3つ挙げてください。

Ⅱ-5．事実関係に関する検討：不確かな事実

質問8：ステークホルダーの事実的情報についての見解が一致しない場合，その事実は「不確かな事実」となります。そのような不確かな事実を3つ挙げてください。

Ⅱ-6．価値に関する検討：重要な価値の特定

質問9：どの価値とどの価値が対立しているのかを挙げてください。また，なぜそれらが対立していると考えたのか説明してください。

Ⅱ-8．ステークホルダーの負う責任に関する検討

質問10：あなたが列挙したステークホルダーを見てください。その全てが事例の中で道徳的責任を負っているとは限りません。道徳的責任の有無を示してください。また，あなたがなぜそう解答したのか，考えてください。

Ⅲ．行動の選択肢

質問11：真田がとり得る行為を2～3案，示して下さい。

Ⅳ．倫理的評価

Ⅳ-1．常識

質問12：あなたが挙げた5つの価値のそれぞれについて，初めに明確化した倫理的問題を検討する上でどれだけ重要か，考えてください。

質問13：あなたが考案した行動案のそれぞれについて，質問3で挙げた5つの価値をどれだけ考慮しているかを考えてください。

答え方についての指示：各行動案毎に，5つの価値それぞれについて，

その価値を「考慮している」「どちらともいえない（中立的）」「考慮していない」の3段階で評価し，その評価の根拠を述べてください。

質問14：これまでに行った価値についての考察を踏まえ，常識的な観点から，各行動案の倫理的妥当性を評価してください。

Ⅳ-2．倫理綱領

質問15：事例・行動案の評価に用いる倫理綱領を選び，その中から，評価を行う上で最も重要な条項を選んでください。

質問16：選んだ条項に基づき，行動案を検討してください。

質問17：以上の考察を踏まえ，各行動案の倫理的妥当性を評価してください。

Ⅳ-3．エシックス・テスト（普遍化可能性テスト・可逆性テスト・徳性テスト）

質問18：各行動案を，普遍化可能テストの観点で検討してください。

質問19：各行動案を，可逆性テストの観点で検討してください。

質問20：各行動案を，徳性テストの観点で検討してください。

質問21：以上の考察を踏まえ，各行動案の倫理的妥当性を評価してください。

Ⅴ．省察─結論

質問：以上の異なる倫理的分析から導かれた結論を比較してください。あなたが最善と判断するのはどの行動案ですか。なぜそれが最善と思うのか，考えてください。

（2）「ギルベイン・ゴールド」

【登場人物】

・デイビッド・ジャクソン─Zコープの若いエンジニアで，同社がギルベイン市の規制に従って操業していることを認定する責任を負う。彼

は，書類に署名することができる公的資格を持つ，プロフェッショナル・エンジニア（Professional Engineer：PE）である。
- マリア・レナート–この事件について調査を行っているテレビのレポーター
- ロイド・ブレーメン–市が新しい廃水規制を制定した際の，州の環境保護委員会メンバーで，現在は引退して家族で農業を営んでいる。
- ウインスロー・マッシン博士–ハノーバー大学工学部元教授。現在は引退している。
- フィル・ポート–Ｚコープの環境対策部長で，ジャクソンの直属の上司
- フランク・シーダース–Ｚコープの工場の技術部長
- ダイアン・コリンズ–Ｚコープの副社長で，ギルベイン市にある同社ディケンソン工場の責任者
- トム・リチャーズ–独立して業務を行う水質管理・処理専門のエンジニア，Ｚコープの元コンサルタント
- ダン・マーティン–Ｚコープの顧問弁護士

【設定】
　このドラマの題名は，架空の町ギルベイン市にちなんだものである。ギルベイン市では，市の行政機能の一環として，廃水（下水）処理をしている。廃水処理をした後に得られる沈積物（軟泥・スラッジ）を乾燥させたものを，市は過去75年に渡り，肥料として販売してきた。これは，同市にとって貴重な収入源の一つである。この肥料は，「ギルベイン・ゴールド」と呼ばれている。Ｚコープは，同市に立地する大企業で，コンピュータの部品を製造している。ギルベイン市にある工場は，Ｚコープが持ついくつかの工場の一つである。ドラマの中では，同社は，

「トーコー」という日本の大きなコンピュータ会社と合弁でベンチャー事業を行うことになる。

ビデオのストーリーは，地元テレビ局の報道調査番組「アップ・クロース」を中心に展開する。この番組のレポーター，マリア・レナートは，地元の大企業の一つが，意図的に毒性のある金属を市の下水システムに流していると報告する。彼女のレポートによると，数年前，同市は廃水に関する新しい規制を定めたが，その基準は政府の基準より十倍も厳しい。

本ケースの詳細については，巻末の付録2を参照してもらいたい。その際，自分がデビッド・ジャクソンの立場であれば，どのように行動するかを，セブン・ステップ・ガイドを使って，熟考してもらいたい。特に，ジャクソンのようにマスコミに公益通報するかどうかを考えてみよう。なお，ドラマの中の白黒の部分は，過去の状況を振り返るフラッシュバックか，あるいは，公にはされていない秘密の場面である。

【概要】
- コンピュータ部品製造会社Ｚコープがギルベイン市に持っている工場が舞台
- ギルベイン市は下水処理場の汚泥をコンポスト化し「ギルベイン・ゴールド」として販売（１家族当たり＄300の市税に相当する利益）
- ギルベイン市は10年前，税を優遇してＺコープ社の工場を誘致した
- Ｚコープ社の廃水にはヒ素と鉛が含まれている
- この度，同市は，国の基準より10倍厳しい廃水基準を制定した
- 廃水の規制は総量規制ではなく濃度規制だった
- 廃水中の有害物質に関する公に定められた測定法は，感度が不十分な

方法だった
- ジャクソンは，最新の測定法を用いた場合，Ｚコープ社の廃水中のヒ素と鉛が基準値を上回ることを知る
- ただし，それらの値は，定められた方法で測定した場合は基準内である
- 廃水施設の改善を幹部に進言した後，リチャーズは契約を解除される
- 日本企業トーコーとの契約で，生産量が今後5年で5倍になる
- ヒ素や鉛の排出量は市の廃水処理施設の能力を超える（廃水の規制は総量規制ではなく濃度規制のため，測定の基準内に収めることは可能）
- ギルベイン市のＺコープ工場の生産ラインは，かろうじて黒字を維持している状態
- 工場幹部は市の基準は守っているとして，廃水処理への新たな投資を拒否

【会話の要点】
- ジャクソン
    - PEとして市に対し事実を正確に報告する責任がある
    - データを事実通りに公開したら，内部告発者となり，それがわかると職を失う可能性がある
    - 環境規制に適合しているという報告書に署名したら，裁判になったときにPEの資格を失う
- リチャーズ
    - データを事実通りに公開すべきである
    - 放置すれば，重金属の汚染により市民に被害がでる
    - 法に欠陥があり，この場合は良心に従うべきである

- マッシン博士
  - 内部告発者となり，職を失う危険をおかしてまでデータを公開すべきではない
  - 技術者協会に持ち込んで，専門家たちの組織的な判断に解決を求めてはどうか

## 2．組織の中の技術者

　「ギルベイン・ゴールド」の事例において，ジャクソンはプロフェッショナル・エンジニアとしての行動を求められた。技術業をプロフェッションに含める動きは，とくにアメリカにおいて顕著である。欧米諸国ではプロフェッショナル・エンジニア（PE）の資格を持つことの社会的な意味は大きく，技術的な判断を要する場面において，PEのサインはとても重要な意味を持つ。そのため，仕事の現場で発生する倫理的問題を解決するための能力や方法論を身につけることが社会的に要求されている。日本でも2000年の法改正にともない技術士の英語表記が「Professional Engineer」になった。また，技術士会は平成19年1月1日付で「技術士プロフェッション宣言」を発表している。

　なお，ジャクソンは，自分の職務上の責任感から，公益通報をおこなった。しかし，公益通報をおこなうことにはステークホルダーに応じて，次の表のような利益と不利益が存在する。

| ステークホルダー | 利　益 | 不　利　益 |
|---|---|---|
| ジャクソン自身 | 誠実さを守れる | 失職の可能性 |
| Ｚコープ社 |  | 信用・収入を失う<br>工場閉鎖の可能性 |
| ギルベイン市 | 環境を守れる<br>G・ゴールド継続生産 | 信用を失う<br>税収を失う |
| 農業従事者 | 汚染の少ない肥料を確保できる | 農作物に風評被害の可能性 |
| ギルベイン市民 | 健康を守れる | 雇用機会減の可能性<br>増税の可能性 |
| 専門職集団 | （学協会）名声を高められる | 問題を大きくしただけならば信用を失う |

　この表から考えると，ギルベイン市民の公益を重視した上での行動であっても，利益もあれば不利益も出てくることがわかる。この不利益は副社長であるコリンズが指摘していたことでもある。このようにさまざまな不利益が生じるということは，第三者への公益通報というジャクソンの行動そのものが社会から責められる可能性もある，ということを意味している。

## 3．公益通報が倫理的に許される条件

　このように，拙速な公益通報は多くの場合，問題の解決にはつながらないことを認識する必要がある。ジャクソンのような形でマスコミに告発してしまうと，解決できる問題も状況によって解決できなくなることがある。Ｚコープが倒産したり，ギルベイン市から撤退するといった事態がおこると，さらに大きな問題に発展することになる。そのため，第

三者への公益通報は内部的に最大限の努力をしたあとの最終手段であることを意識する必要がある。状況を大きく変える可能性を持っているということは，それだけさまざまなステークホルダーに負担を強いることにもつながるからである。

企業倫理に詳しい哲学者であるリチャード・ディジョージは，次のような条件を満たす場合，内部告発は道徳的に許される手段，義務にもなると述べている[3]。

＜ディジョージによる内部告発の条件＞
- 一般大衆への被害が及ぶか。
- 上司へ報告したか。
- 内部的に可能な手段を試みつくしたか。

以上を満たす場合に内部告発は道徳的に許される。
- 自分が正しいことの証拠はあるか。
- リスクを考慮したか。
- 成功する可能性はあるか。

以上全てを満たす場合には内部告発は道徳的義務となる。

なお，ABETの倫理綱領でも，同様に，最終手段として公的機関に公益通報をおこなうことが要請されている。このように，アメリカでは技術者にとって公益通報は義務であるとも考えられている。

## 4．公益通報をめぐる諸問題

その一方で，日本では一般に，公益通報を義務とは考えていない。少なくともABETのように明文化はされていない。それよりも，公益通

報者をいかに社会的に保護するかという観点から，公益通報者保護法の導入がおこなわれている。公益通報者保護法では，「公益通報」を次のように定義している[1]。

<公益通報者保護法による「公益通報」の定義>

> 　事業者について法令違反行為が生じ，又はまさに生じようとしている旨をそこで働く労働者が，不正の目的でなく，次のいずれかに通報すること
> (1)　事業者内部：労働者を雇用している組織
> (2)　行政機関：その行為について処分・勧告などをおこなう権限のある行政機関
> (3)　その他の事業者外部：被害の発生・拡大を防止できる機関（マスコミなど）

　ここで重要なことは，通報先に応じて保護要件が異なることである。そして，これらの保護要件に応じて，公益通報者に対する解雇の無効やその他の不利益な取り扱いを禁止するとともに，公益通報を受けた事業者や行政機関のとるべき措置，というものが定められている。例えば，事業者内部や行政機関については，この保護要件がきわめて低く設定されている。事業者内部については，不正目的でないことがあげられているだけであるし，行政機関についても，不正目的ではないことに加えて，内容が真実である相当な理由があれば保護の対象となる。一方，その他の事業者外部にはさらに細かい要件が追加されている。

＜通報先に応じて保護要件を設定＞

① 事業者内部：1)不正の目的でないこと
② 行政機関：1)のほか，2)真実相当性を有すること
③ 事業者外部：1)および2)のほか，3)一定の要件（内部通報では証拠隠滅のおそれがあること，書面による内部通報後20日以内に調査を行う旨の通知がないこと，人の生命・身体への危害が発生する急迫した危険があることなど）を満たすこと

このように保護要件に違いを持たせることで，第三者機関への拙速な公益通報を防ぐとともに，公益通報というステークホルダーにとってストレスの大きい難しい問題に，一定のガイドラインを示しているのである。第三者機関への公益通報も，この保護要件を満たすような切迫した状況においては，行動に踏み切る必要性が生じてくるのである。

なお，公益通報者保護法は，このようにガイドラインとして扱われるべき民事ルールなので，罰則規定は存在しない。公益通報によって明らかになった犯罪行為は，対象となる法律によって裁かれることになる。このように罰則規定がないため，公益通報者がその不利益から十分に保護されないという指摘もある。現状では，公益通報者がさまざまな不利益を被る可能性も高く，こうしたケースは報道でもしばしば目にする。不利益がはなはだしい場合には訴訟に持ち込むことも考えられるが，そこまでではなくても，社会的精神的ストレスをまったく被らないことはあり得ないと考えられる。この問題については，公益通報をめぐる社会の理解を深めることも必要であろう。

＜通報者・事業者および行政機関の義務＞

① 公益通報者が他人の正当な利益等を害さないようにする努力義務
② 書面による公益通報に対して事業者がとった是正措置等について公益通報者に通知する努力義務
③ 公益通報に対して行政機関が必要な調査および適切な措置をとる義務
④ 誤って公益通報をされた行政機関が処分権限等を有する行政機関を教示する義務

　公益通報者保護法では，公益通報を受けた場合に事業者や行政機関がとるべき措置についてこのように定められている。このような処置が適切に取られるだけでも，公益通報者は精神的にかなり楽になると考えられる。しかし，事業者や行政機関では，まだまだこうした対応が遅れているのが現状だと言える。そのため，公益通報に対する社会の理解を深めることがより一層求められていくだろう。

## • 注および参考文献

① National Society of Professional Engineers, *Gilbane Gold : A Case Study in Engineering Ethics* (Alexandria, VA : National Society of Professional Engineers, 1989).
 [Film23 : 25mm/video]
②要約および翻訳は,ハインツ・ルーゲンビールと札野　順による。
③リチャード・ディジョージ著　麗沢大学ビジネス・エシックス研究会訳『ビジネス・エシックス―グローバル経済の倫理的要請』(赤石書店, 1995年)
④内閣府「公益通報者保護法の概要」
 http://www5.cao.go.jp/seikatsu/koueki/gaiyo/files/gaiyo.pdf

# 11 | 技術者と ISO26000「Guidance on Social Responsibility（社会的責任に関する手引き）」について

札野　順・岡部幸徳

《目標＆ポイント》　本章では技術者が理解しておくべき，社会的責任に関する国際規格である ISO26000 を学ぶ。組織が倫理プログラムを構築・運営するにあたり，ISO26000 に関する基本的な理解が不可欠と考えられる。
《キーワード》　CSR, 国際規格, ISO26000, 社会的責任, 持続可能な発展, ステークホルダーエンゲージメント, 組織の貢献

## 1. ISO26000 とは

　ISO26000 は，2005年の第1回サルバドール総会での規格策定開始から実に5年を経て，2010年11月1日に発効した。通常，企業が社会や環境のために為すべき貢献や具体的な取り組みなどを「企業の社会的責任（Corporate Social Responsibility：CSR）」として議論されることが多いが，この ISO26000 は，あらゆる国，地域のあらゆる組織を対象とすることから CSR から C を取り，広く SR（社会的責任）とされたものである。したがって ISO26000 は企業の CSR 担当者だけではなく，政府，行政，教育機関，病院，労働組合，NGO・NPO，マスメディア，消費者団体などのありとあらゆる組織はもとより，一般市民もその対象であり有効に活用するように努力したい。今後，企業が社会的責任を果たすうえで，必ず参照すべきものとなる。また，「技術者倫理」を主題とす

るこの科目において，ISO26000 を紹介する理由も述べておきたい。それは技術者倫理との親和性である。「公衆の安全・健康・福利を最優先する」という技術者倫理の第一原則は，技術者の社会に対する責任を明確にしたものであるが，ISO26000 においても社会的責任を果たす最終目的は持続可能な社会の発展に，組織全体として貢献を最大にすることであるとされている。このように両者の目指す方向は同じなのである。

　以下に，ISO26000 の特徴を列挙する。

・規模や場所を問わずすべてのタイプの組織を対象とする総合的国際規格
　すなわち，企業のみならず，学校，病院，自治体，NPO などあらゆる組織がその対象
・この規格は「ガイダンスを提供する国際規格」である。
　ここでいうガイダンスとは手引書，指針文書をいう。規格には「〜すべきである」という表現が使用されている（英語表記では"shall〜"ではなく should〜"と表現されている）。
・本規格は，ISO9000 シリーズに代表される品質規格，ISO14000 シリーズの環境マネジメント規格に見られる「第三者認証」を行わない。これは適合性評価や第三者認証をそもそも目的として制定されたものではないからである。よって要求事項を含まないので，当然，自己適合宣言もできない。
・マネジメント規格システムではない
　要求事項を含んだマネジメントシステム規格ではない。
・国際的に合意されたステークホルダーの期待を明示している
　これは，この規格の策定方法に起因するものでもある。この ISO26000 はマルチステークホルダープロセスによって生み出されたものであ

り，それぞれのステークホルダーの意見を組み入れ形成されたものである。

　これらの特徴はISO26000の狙いを理解する大きな役割を果たしている。これまでのISO規格，とりわけ9000シリーズや14000シリーズなどに代表される認証制度はこの26000に関してはそれ自体行われないのであるから，狙いそのものが全く異なることはすぐに理解できよう。このISO26000の狙いは以下の4つである。

① 持続可能な発展への組織の貢献の促進
② 法令遵守は，社会的責任の基盤であり，組織が法令遵守を超えて透明かつ倫理的な活動を奨励する
③ 国際行動規範を遵守する
④ 国家の義務を拘束するものではない

## 2. ISO26000の構成

　2010年に発効した手引きは第1項から第7項までと，附属書，参考文献，索引で構成されている。その概要について，表11-1[1]に示す。

表11-1　ISO26000の概要

| 箇条のタイトル | 箇条番号 | 箇条の内容説明 |
| --- | --- | --- |
| 適用範囲 | 1 | この国際規格で取り上げる主題を定義し，制限又は除外項目がある場合はそれらを特定する。 |
| 用語及び定義 | 2 | この国際規格で使用する重要な用語を特定し，その定義を示す。これらの用語は，社会的責任を理解し，この国際規格を利用する上で基本的に重要なものである。 |
| 社会的責任の理解 | 3 | これまで社会的責任の発展に影響を与え，その性質及び慣行に今なお影響し続ける重要な要素及び条件について記述する。社会的責任の概念そのものについてもそれが何を意味し，どのよ |

| | | |
|---|---|---|
| | | うに組織に適用されるかについても提示する。この箇条は，この国際規格の使用に関する中小規模の組織のための手引を含む。 |
| 社会的責任の原則 | 4 | 社会的責任の原則を紹介し，説明する。 |
| 社会的責任の認識及びステークホルダーエンゲージメント | 5 | 社会的責任の二つの慣行を取り扱う：組織の社会的責任の認識，並びに組織によるステークホルダーの特定及びステークホルダーエンゲージメント。この箇条は組織，そのステークホルダーと社会との関係，社会的責任の中核課題及び課題の認識，並びに組織の影響力の範囲についての手引を示している。 |
| 社会的責任の中核主題に関する手引 | 6 | 社会的責任に関連する中核主題及びそれに関連する課題について説明する。中核主題ごとに，その範囲，その社会的責任との関係，関連する原則及び考慮点，並びに関連する行動及び期待に関する情報が提供されている。 |
| 組織全体に社会的責任を統合するための手引 | 7 | 社会的責任を組織内で慣行とするための手引を提供する。これには次の手引が含まれる：組織の社会的責任の理解，社会的責任の組織全体への統合，社会的責任に関するコミュニケーション，社会的責任に関する組織の信頼性の向上，進捗の確認及びパフォーマンスの向上，並びに社会的責任に関する自主的なイニシアチブの評価。 |
| 社会的責任に関する自主的なイニシアチブ及びツールの例 | 附属書A | 社会的責任に関する自主的なイニシアチブ及びツールの限定的なリストを提示する。これらの自主的なイニシアチブ及びツールは一つ以上の中核主題又は組織への社会的責任の統合の側面に関わるものである。 |
| 略語 | 附属書B | この国際規格で使用する略語。 |
| 参考文献 | | この国際規格の本文で出典として参照された権威ある国際的な文書及びISO規格への参照を含む。 |

大変な量の文章であるので，次のように大枠でまずは捉えておきたい。

ISO26000規格作成において日本産業界代表エキスパートとして5年間規格策定に携わった関正雄氏は，ISO26000を理解するためにその内容を以下の3通りに分類する[2]（表11-2）。

### 表11-2 「ISO26000全体構成の理解のために」

| a．「社会的責任の基本を理解する」 | まえがき，箇条1から箇条4まで |
|---|---|
| b．「社会的責任の中核主題を理解する」 | 箇条6 |
| c．「社会的責任を組織に取り込む」 | 箇条5，箇条7，附属書A |

a．の「まえがき」部分及び，箇条1～箇条4までは，いわば「なぜ」をまとめたもので，なぜISOとして組織が今，社会的責任に取り組むべきであるのか，これまでの歴史的な背景や近縁の動向をまとめ「7つの基本的原則」を述べている。また，規格理解のために必要な適用範囲や基本用語の解説もこの部分に入る。いうなれば「きちんと理解すべき社会的責任に関する基本を記述した部分[3]」ともいえよう。

b．が「何を」に相当するもので，環境，人権，労働など組織が取組むべき7つの中核主題の具体的取組テーマ及び計画を解説する。内容としてもっとも実践的な部分であり，まさに手引き書参照価値および頻度が高い部分である。それ故，全体の文章量の60％はこの部分である。

c．は「どのように」組織の中に社会的責任を組み込んでいくのかが書かれており，「方針の立案から構成員教育，報告書の作成，ステークホルダーとのコミュニケーション，確認と改善に至るまで，具体的実践方法[4]」が記述されている。特に重要な概念である「ステークホルダーエンゲージメント」を含むが，後で詳しく説明する。

これらの各箇条の関係について図式化したのが図11-1である。これはISO/SR国内委員会監修，日本規格協会編『ISO26000：2010社会的責任に関する手引』に掲載され，ISO26000の概要を一見して理解できる。

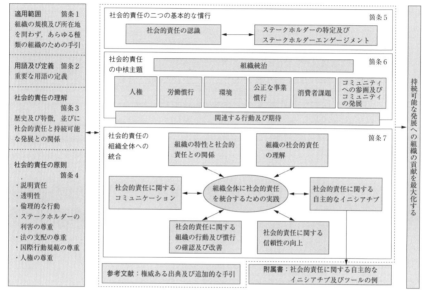

図11-1　ISO26000の図式による概要
（出典）ISO/SR国内委員会監修，日本規格協会編『ISO26000：2010社会的責任に関する手引』

## 3.「社会的責任の基本を理解する」

 ここからは，関氏の分類した3つの理解に即して，それぞれを説明していくことにする。即ち，「社会的責任の基本を理解する（なぜ）」，「社会的責任の中核主題を理解する（何を）」，「社会的責任を組織に取り込む（どのように）」に分類し，それを構成する箇条ごとにそのポイントを説明していく。

### (1) 箇条1 「適用範囲」

 箇条1「適用範囲」から箇条4「社会的責任の原則」までがこのISO26000の基本的な枠組みを説明するものである。箇条1においてISO26000の基本的な性格を述べている。
・組織の持続可能な発展への貢献を助けることを意図している
・法令遵守を超えた活動を奨励する

 特に「持続可能な発展への貢献」は本規格の全編を通じて繰り返し用いられており，極めて重要な概念となる。また，この規格がこれまでのISO9000や14000とは全く性格を異にする，特徴を表す説明として

 　認証目的，又は規制若しくは契約のために使用することを意図したものではなく，それらに適切でもない。このISO26000の認証を授けるといういかなる申し出も，又は認証を取得したという主張も，この国際規格の意図及び目的を正確に表しておらず，この国際規格を誤用していることになる。この国際規格は要求事項を含むものではないため，上記のような認証はこの国際規格への適合を表すことにはならない。

という記述がある。このように，これまでの規格とは基本的にまった

く異なると理解できよう。

## （2） 箇条2 「用語及び定義」

　箇条2ではこのISO26000で用いられる用語の紹介とその定義を記している。ISO/SR国内委員会監修，日本規格協会編『ISO26000：2010社会的責任に関する手引』には，27用語の紹介とその定義が掲載されている。この中から特に留意が必要と考えられる用語3つを紹介しておく。

① 　社会的責任：組織の決定及び活動が社会及び環境に及ぼす影響に対して，次のような透明かつ倫理的な行動を通じて組織が担う責任
　　―健康及び社会の繁栄を含む持続可能な発展に貢献する
　　―ステークホルダーの期待に配慮する
　　―関連法令を順守し，国際行動規範と整合している
　　―その組織全体に統合され，その組織の関係の中で実践される

　この「社会的責任」の定義の策定には2年近くの時を要したという。この定義を持って唯一の正解というものではないが，本規格においての定義はこれであるということを共通の理解として，議論が開始できることは大いに歓迎すべきことであろう。世界中で通用する「社会的責任」の定義がない現状では意味のあることだからである。また，この定義で使用されている語彙の中で「統合」については説明しておきたい。これは「組織運営のなかに，不可分のものとして，社会的責任が一体化されていることを指す[5]」もので「日々の事業活動やあらゆるレベルでの意思決定のなかに，社会や環境への配慮を組み込んでいく，あるいは，織り込んでいくこと」を意味する。つまり，社会的責任は企業活動に対立するようなものとしてとらえるのではなく，同じ方向を向いた必要不可

欠の要素であることを表す。特に留意したいのは，「あらゆるレベルでの意思決定のなかに」という点で，トップマネジメントはもちろん，プロフェッショナルたる技術者・研究者にも当然要請されるものとして考慮すべきものとして明示されると考えられよう。

② 持続可能な発展：将来の世代の人々が自らのニーズを満たす能力を危険にさらすことなく，現状のニーズに満たす発展

③ 倫理的な行動：特定の状況において正しい又はよいと一般に認められた原則に従っており国際行動規範との整合性がとれた行動

**（3） 箇条3 社会的責任の理解**

本箇条では，もう1つの基本的理解に不可欠な歴史的経緯の概略を冒頭で記述している。特に，このISO26000が「企業の社会的責任（CSR）」という考え方から「社会的責任（SR）」というより大きな概念となる歴史的流れと最近の動向を説明している。この中で社会的責任が求められる理由を5つ明示している（表11-3）。

**表11-3 「ISO26000における社会的責任が求められる5つの理由[6]」**

| | |
|---|---|
| 1. | 情報化が進み，組織の活動がより監視の対象になりやすくなった |
| 2. | 相互依存が進み，活動の影響がローカルにとどまらず，グローバルな広がりを持つようになった |
| 3. | 市民社会組織の台頭と役割拡大 |
| 4. | 金融危機による影響は社会的弱者に影響し，組織の社会的責任のニーズが高まった |
| 5. | 投資家による影響力の行使，組織の意思決定や行動に関する情報公開の要請 |

この5つの理由の中で特に技術者にとっても重要なのは理由2である。高度科学技術社会といわれる現代のあらゆる最新の消費財・サービスは，それぞれが極めて専門性の高い技術複合体である。そのひとつひとつを支える個々のプロフェッショナルが「依存」に応える責任を全うする限り，高度科学技術社会は持続可能である。しかし，プロフェッショナルがその責任を果たさず，公衆とプロフェッショナルの間の信頼関係が崩壊すると，社会そのものが崩壊する。つまり，私たちの社会はいまや単独では成立しない時代になったと指摘している。
　さらに，もう1つ重要な概念と社会的責任との関係について述べておかねばならない。「持続可能な発展」とのそれについてである。
　ISO26000では，この箇条3において，その2つの関係性に言及している。「組織の社会的責任の包括的な目的は，持続可能な発展に貢献するものであるべき[7]」としている。その為の方法として，箇条4以降で記述している原則や慣行及び中核主題などに関する「社会的に責任ある組織の決定及び活動は，持続可能な発展に意義ある貢献を果たすことができる[8]」と記している。

### （4）　箇条4「社会的責任の原則」

　ISO26000全体にかかる基本7原則がここには収められている。ISO26000にはもう1つ環境や人権などの，より具体的な中核主題といわれるテーマが設定されており，それぞれのテーマにも基本原則が書いてある。
　箇条4に書いてあるのは，まさに基本原則であり判断のよりどころとなるものと理解すべきものとなる。社会的責任の7つの原則は以下の通り（表11-4）。

第11章 技術者とISO26000「Guidance on Social Responsibility」について 191

表11-4 「社会的責任の7つの原則」

・説明責任
・透明性
・倫理的な行動
・ステークホルダーの利害の尊重
・法の支配の尊重
・国際行動規範の尊重
・人権の尊重

　新しい時代の技術者としてこの7つの原則はすべて理解しておくべきであり，その実践についてプロフェッショナルとして尽力すべきものと理解してほしい。先に説明した相互依存社会においては，これらの7原則の全てが欠くことのできないものだからである。
　特に，「説明責任」「透明性」，「倫理的な行動」「ステークホルダーの利害の尊重」は個々の意思決定と行動によって導き出される方法と結果が大きく影響するものであることを理解してほしい。この4つの原則のポイントを以下に示す。「説明責任」は用語の定義の内容を前提として行動することを求められるが，さらに，「不正行為に対する責任，不正行為を正す適切な方策，不正行為の再発防止も含まれ[9]」るものとして，「組織にも社会にもよい影響を及ぼすもの[10]」とされている。
　ISO26000における「透明性」とは，「組織は社会及び環境に影響を与える自らの決定及び活動に関して，透明であるべき[11]」とする。ただし，この原則は組織の機密情報の公開を迫るものではなく，また公表することによって生じる法的義務や，安全上の義務，個人のプライバシーに関する義務に違反するような情報提供を求めるものではないという点に留意してほしい。
　本規格では，原則の1つとして，組織は倫理的に行動すべきであると

示す。この行動の始点は「正直，公平及び誠実という価値観に基づくべき[12]」とする。これらは同時に，他の人々や，動物なども含む環境への配慮を求め，自分の活動や決定が，他のステークホルダーの利害に与える影響に対処するために，努力をすることを求めているのである。この点はまさに，技術者，研究者の意思決定および行動への統合もしくは織り込みが望まれるものであろう。4つ目の原則では，「ステークホルダー」の「利害を尊重」し，よく考慮し対応すべきである」と示し，次の6つの事項を行うべきと明記している。これは技術者の意思決定と行動に通じるものとして表11-5に紹介する。

**表11-5 「ステークホルダー利害の尊重に関する6項目」**

- 誰がその組織のステークホルダーか特定する。
- 自らのステークホルダーの利害及び法的権利を認識し，当然払うべき注意を払う。また，それらのステークホルダーが懸念を表明した場合はそれに対応する。
- 一部のステークホルダーはその組織の活動に重大な影響を与える可能性があることを認識する。
- その組織に接触し，関与し，影響力を及ぼすステークホルダーの相対的な能力を評価し，考慮に入れる。
- 自らのステークホルダーの利害と社会のより幅広い期待及び持続可能な発展との関係，並びにそのステークホルダーとその組織との関係の性質を考慮に入れる。
- そのステークホルダーがその組織の統治において正式な役割をもたないとしても，又は自らの利害を認識していないとしても，組織の決定又は活動によって影響を受ける可能性のある利害をもつステークホルダーの見解を考慮する。

この6項目は本来，組織の社会的責任の為に「ステークホルダーの利害の尊重」を実現すべくどうするかを明示したものである。組織を技術者として置きかえ，その内容を1つ1つ吟味し思考を進め，より良い意思決定を行うための技術者の為の意思決定ツールとしても活用してほし

い。

## 4.「社会的責任の中核主題を理解する」

　箇条6において、このISO26000の中核主題が定義されている。この規格が具体的に何をめざし実現するのかが示されている。主題は次の7つで「組織統治」「人権」「労働慣行」「環境」「公正な事業慣行」「消費者課題」「コミュニティへの参画及びコミュニティの発展」である。このうち「組織統治」はほかの6つと性格が異なる。「効果的な組織統治が行われていれば、組織は他の中核主題と課題についても行動を起こし原則を実施することも可能[13]」になり、相互にほかの6つの主題と関連している。そのため「組織統治は社会的に責任のある行動をとるための組織の能力を高めるための手段[14]」として位置づけられている。

　図11-2はこの7つの中核主題の相互関係を図表化したものである。この図に見るように「組織統制」が中心にあり、他の全ての中核主題と

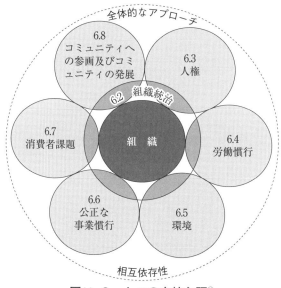

**図11-2　七つの中核主題[15]**

相互関係にあることが理解できると思う。

すべての主題が極めて重要であることに変わりないが，技術者が特に留意して対応していかなくてはならないものを敢えて挙げるならば「環境」と「消費者課題」であろう。

### （1） 中核主題「環境」

ISO26000では中核主題としての「環境」について，組織が尊重すべき原則が4つ挙げられている。
・環境責任
・予防的アプローチ
・環境リスクマネジメント
・汚染者負担

また，原則に従いつつ「環境」に単に配慮すべしとするだけでなく，以下の通り具体的な課題（表11-6）が明示されることによって，これまでよりも取り組みが容易になったといえる。

表11-6　中核主題「環境」の4課題

| | |
|---|---|
| 1. | 汚染の予防 |
| 2. | 持続可能な資源の利用 |
| 3. | 気候変動の緩和及び気候変動への適応 |
| 4. | 環境保護，生物多様性及び，自然生息地の回復 |

これら4つの課題の背景には，ISO26000の考える環境責任の位置づけがあり，人類存続の為の前提条件でもある。したがって，環境責任は社会的責任の重要な側面としている。

これらを踏まえ，課題への理解を深化させていこう。「汚染の予防」

は大気，廃棄物，排水，有害化学物質などが挙げられている。これらの点が具体的に挙げられたことはきわめて具体的であり対策を取りやすくするであろう。また，ISO26000 では，この課題取り組みのために「リスクコミュニケーション」の重要性を説く。

ここでいう「リスクコミュニケーション」とは地域住民など幅広い利害関係者との対話を示し，正しいリスク情報を共有して安全対策についての認識を持ち相互に協力していく体制を構築して意思の疎通を円滑化することを目的とするものである。

「持続可能な資源の利用」は，エネルギー効率，材料の使用効率，水の保全，利用及び水へのアクセス，製品の資源所要量の最小限化などに言及している。特にこの中でも世界人口の増加，気候変動の影響から地球上の水不足が極めて深刻な状態であることから，2010年5月の第8回 ISO/WG SR コペンハーゲン総会で，この水に関する記述をさらに強調する修正が行われた経緯がある。

「気候変動の緩和及び気候変動への適応」のポイントは，緩和と適応のバランスである。この課題は明らかに地球温暖化を念頭に置いたものであり，ISO26000 本文に臨界点という表現が用いられている。気温上昇が，ある一定の度合いを超えると（2℃といわれている）急激にその影響が顕在化すると考えられている。この点が気候変動の課題を考える留意点となる。「緩和」とは気候変動の緩和を指し，温室効果ガスの排出抑制のために，排出源を特定し排出量責任範囲を設定，かつ削減することや，その測定記録の報告など7項目が掲げられている。

4つ目の「環境保護，生物多様性及び，自然生息地の回復」は非常に大きな範囲を網羅するが，最優先するものとして生態系の損失回避が挙げられている。次に生態系の回復，そして最後にこの2つが可能ではないか十分に効果的でない場合には長期にわたって生態系に利益をもたら

すような行動を通し損失を埋め合わせるように示唆してる。

　最後に，ISO14000シリーズとの関係についても，述べておかねばならない。ISO14000シリーズは，この「環境」中核主題に「体系的な方法で環境問題へ取り組む組織を支援する包括的な枠組みとして利用できる[16]」と明記してあり技術的ツールとして位置づけている。もちろん，このISO26000は冒頭で述べたように認証を目的としていないことを理解しておかねばならない。

### (2) 中核主題「消費者問題」

　ここでは主に消費者の権利保護の内容が中心になっており，7つの課題を規定する。

① 公正なマーケティング，事実に即した偏りのない情報，および公正な契約履行
② 消費者の安全衛生の保護
③ 持続可能な消費
④ 消費者に対するサービス，支援，ならびに苦情および紛争の解決
⑤ 消費者データ保護およびプライバシー
⑥ 必要不可欠なサービスへのアクセス
⑦ 教育及び意識向上

　これらの課題の中で特に技術者に関連のある課題は，やはり②消費者の安全衛生の保護である。この課題の説明の全文を下記に記す。

　　消費者の安全衛生を守るためには，安全で，かつ使用時又は消費時に許容できない害を及ぼす危険性のない製品及びサービスを提供することが必要である。安全保護は，意図された用途及び予想される誤用の両方を対象にすべきである。組立て及び保守を含めた安全な使用のための明

確な取扱説明書も，安全衛生を確保する上で重要である。

　組織の評判は，その製品及びサービスが消費者の安全衛生に及ぼす影響によって直接左右されるかもしれない。

　安全に関する法的要求事項が整備されているか否かにかかわらず，製品及びサービスは安全であるべきである。安全確保には，危害又は危険を避けるための潜在的リスクの予測が含まれる。全てのリスクを予測したり排除することは不可能なため，製品回収及びリコールのための仕組みを，安全保護策に盛り込むべきである[17]。

　この課題の示す安全は極めて重要な内容である。法的要求事項があってもなくても，消費者の安全を脅かすことがあってはいけないと記す。しかし，一方でその可能性をすべて排除できないからこそ，リコールなどの安全保護策を講じるべきというのである。極めて現実的な指針ということができよう。また，この課題②はWFEOの技術者倫理の第1原則とも合致することを付記しておく。

## 5.「社会的責任を組織に取り込む」

　ここまで「なぜ」と「何を」について記してきたが，ここからはこれらを「どのように」進めていくかである。箇条5及び7がこの部分に相当し，主に組織に社会的責任を組み込んでいくための手引きが記されている。具体的には，組織による自らの社会的責任の認識，その組織のステークホルダーの特定及びそのステークホルダーとのエンゲージについてである。本項では特にISO26000で重要といわれているステークホル

ダーエンゲージメントを中心に解説していく。

箇条5の冒頭で組織が社会的責任に取り組む際の3つの関係について述べている。組織と社会，組織とそのステークホルダー，ステークホルダーと社会である。これらの留意点として組織，ステークホルダー，及び社会は「それぞれの目的を持っているかもしれないので，異なる視点をもつ可能性が高い[18]」。よって「個人及び組織は，ある組織の決定及び活動の影響を受ける可能性がある多くの多様な利害を持っているかもしれないことを認識しておくべき」であると記している。

組織はもちろん，技術者が社会的責任を進めるためには，ステークホルダーと社会との関係の在り様が基本であり，そのステークホルダーの特定が極めて重要になる。以下に箇条5に掲載されるステークホルダー特定の為に，組織が自問すべき質問内容を示しておく（表11-7）。

**表11-7　ステークホルダー特定の為の自問事項[19]**

| |
|---|
| ・その組織は誰に対して法的義務があるのか |
| ・その組織の決定又は活動によって，プラスの影響又はマイナスの影響を受ける可能性があるのは誰か |
| ・その組織の決定及び活動に懸念を表明する可能性があるのは誰か |
| ・過去において同様の課題に取り組まなければならなかったとき，関わりがあったのは誰か |
| ・特定の影響に対処する場合，その組織を援助できるのは誰か |
| ・その組織が責任を果たす能力に影響を与えられるのは誰か |
| ・エンゲージメントから除外された場合，不利になるのは誰か |
| ・バリューチェーンの中で影響を受けるのは誰か |

この自問事項は組織を対象としたものであるが，当然技術者にも援用できるものである。この事項を経て特定されたステークホルダーとの対話が極めて重要なものである。わかりやすくいえば，組織と一人もしく

は一組以上のステークホルダーとの，対話による情報交換が行われ，自らが直接得た情報を根拠として決定をすることによって，組織の社会的責任を助けるのである。エンゲージメントの本質のキーワードを以下の3点に記す[21]。

① 組織の社会的責任への取組みを助けるものであること
② 相互作用的であること
③ 本質的な特徴は，双方向のコミュニケーションを必要とすること

である。形態は基本的に様々なものがあり得る。個人的な会合，会議，ワークショップなど規模の大小にかかわるものではない。またインターネット上での討論会なども，もちろん方法としてありうる。最後にステークホルダーエンゲージメントの効用をまとめた一覧を紹介しておく（表11-8）。

### 表11-8　ステークホルダーエンゲージメントの効用

- 自らの決定および活動がステークホルダーに対してもたらす結果について理解を深める
- 有益な影響を増大させ，悪影響を減らすにはどうするのが最もよいかを判断する
- 自組織の社会的責任についての主張が信頼されているかどうかを判断する
- 改善のために自らのパフォーマンスを確認することを助ける
- 自らの利害，ステークホルダーの利害及び社会全体の期待が絡む紛争を調停する
- ステークホルダーの利害及び組織の責任と社会全体との関連性に対処する
- 組織の継続的学習に役立てる
- 法的義務（たとえば，従業員に対する法的義務）を果たす
- その組織とそのステークホルダーとの，又はステークホルダー同士の利害の対立に対処する
- 多様な観点を得ることの利点をその組織に与える
- 自らの決定及び活動の透明性を向上させる
- 相互に有益な目的を果たすためにパートナー関係を形成する

## 6. まとめ

　ISO26000は現在，我が国の企業や組織の多くで参考にされ，特にCSRを推進する企業の指針として大きな役割を担っている。本規格は2012年3月にJIS化され「JIS Z 26000」として規格化された。もちろんJISにおいても認証規格ではない。今後，企業が社会的な責任を果たすための活動に取り組む際は，ISO26000の7つの原理と7つの中核課題，そしてステークホルダーエンゲージメントを織り込んだ企業倫理プログラムを構築し，実効性をもって運用することにより，倫理的な技術者が価値のはざまで悩むことがないような組織を作り上げていくことが望まれる。次章では，これらの要素の確認のために企業倫理プログラムとCSR活動についての企業実例を紹介する。

第11章　技術者とISO26000「Guidance on Social Responsibility」について　　**201**

## ・注および参考文献

① ISO/SR 国内委員会監修，日本規格協会編『ISO26000：2010 社会的責任に関する手引』（日本規格協会，2011年）p. 23
② 関正雄『ISO26000を読む』（日科技連出版社，2011年）p. 3
③ 関，前掲書，p. 3
④ 関，前掲書，p. 6
⑤ 関，前掲書，p. 57
⑥ 関，前掲書，p. 59 を基に，筆者作成
⑦・⑧ 日本規格協会，前掲書，p. 55
⑨・⑩ 松本恒雄監修，阿部博人，菱山隆二他著『ISO26000 実践ガイド』（中央経済社，2011年）p. 9
⑪ 日本規格協会，前掲書，p. 59
⑫ 日本規格協会，前掲書，p. 60
⑬・⑭ 阿部他，前掲書，p. 17
⑮ 日本規格協会，前掲書，p. 81
⑯ 日本規格協会，前掲書，p. 125
⑰ 日本規格協会，前掲書，p. 154
⑱ 日本規格協会，前掲書，p. 69
⑲ 日本規格協会，前掲書，p. 75
⑳ 関，前掲書，p. 121

（参考文献）
・ISO/SR 国内委員会監修，日本規格協会編『ISO26000：2010 社会的責任に関する手引』（日本規格協会，2011年）
・関正雄『ISO26000を読む』（日科技連出版社，2011年）
・松本恒雄監修，阿部博人，菱山隆二他著『ISO26000 実践ガイド』（中央経済社，2011年）
・(社) 経営倫理実践研究センター CSR 研究部会（2012）「2011年活動報告書─ISO 26000 の特徴と企業対応─」

# 12 | 組織の中でいかに行動すべきか(2)
―企業の社会的責任と倫理―

札野　順・岡部幸徳　編

《目標＆ポイント》　本章では，第11章で議論した ISO26000 を踏まえ，企業が組織内に企業倫理を構築するためにどのような取り組みを進めているのかを担当者の方に紹介していただく。これらの事例を学ぶことにより，技術者にとっての企業倫理，コンプライアンス（compliance），そして CSR の在り方について一層の理解を深める。なお，ここでのコンプライアンス（compliance）は，単に定められた法律や規則に従うという狭い意味での「法令遵守」ではなく，社会の規範に則り，社会からの要請や期待に応えることをいう。
《キーワード》　コンプライアンス，CSR，パナソニックグループ，アデランス社

## 事例１：パナソニックグループにおける　　　　　　　グローバル・コンプライアンスの推進

パナソニック株式会社　リーガル本部　コンプライアンスグループ
グループマネージャー　永田真紀

パナソニックグループにおけるグローバル・コンプライアンスの推進

　近年，企業に対する社会の期待や要請は大きく変化している。性能や品質の優れた製品を作る，各国の法令を守るということはいうまでもなく，地球環境の保護，製品安全，労働環境・人権保護，リスクマネジメ

ント，企業市民活動など，さまざまな側面で高い倫理感をもって社会的責任を果たすことが，事業を行う前提条件となっている。このような日々変化する社会の期待や要請に応えていくために，社員一人ひとりが社会の要請に対する感性を研ぎ澄まし，社会の一員として素直に正しいと感じたことを自ら行っていくことが求められている。その実現のためにパナソニックがグローバルに実施しているコンプライアンスの取り組みを紹介する。

## 1．「社会の公器」として，公明正大に事業を推進

　パナソニックでは，創業者松下幸之助が掲げた「企業は社会の公器」であるという経営理念の考え方を，すべての事業活動を行ううえでの判断基準と位置づけている。企業は，社会から人材や資金，土地や物資などを預かって事業をしているのであるから，社会に信頼される経営を行い，事業を通じて社会に貢献していかなければならないというものである。逆にいえば，その目的にそぐわないような事業は，行ってはならないということであり，法令に違反したり企業倫理に悖（もと）ったりするような事業活動は論外という明快な判断基準が存在する。

　この経営理念を実現するための具体的な行動指針を「パナソニック行動基準」（図12-1）として，グローバルに徹底を図っている。世界各拠点の29万人の社員が同じ考え方と指針に基づき日々の事業活動を行うことができるよう，各国メンバーが検討に加わり，グローバル同一内容で作成，22の言語で発行している。さらに，行動基準の実践ツールとして，日々の事業活動において特に留意すべきポイントをまとめた「コンプライアンス・ガイドブック」を作成している。

　また，コンプライアンス意識の高揚と定着を目的に，毎年9月をコン

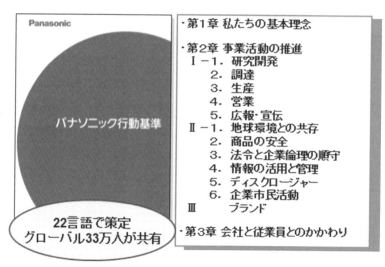

図12-1　パナソニック行動基準

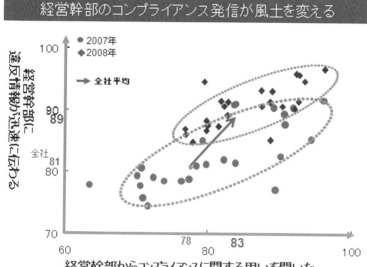

図12-2　コンプライアンス意識実態調査

プライアンス月間と定め，世界中の拠点で，コンプライアンス意識実態調査や理解度チェック，責任者向け研修会や具体事例に基づく職場討議などの取り組みを実施している。特に，コンプライアンス意識実態調査は，毎年約15万人の回答が得られる調査で，職場のコンプライアンス課題や，職場風土，対策の有効性などについて，現場の声を聞き，改善に努めている。特に，課題提起や提言など毎年1万件近く寄せられる自由記述は宝の山であり，具体策に活用している。

　この調査を通じて，各事業部門における「経営幹部から過去1年間にコンプライアンスに関する発信を見たり聞いたりしたことがある」という回答と，当該事業部門におけるコンプライアンス意識や風通しのよさを示す種々の回答の間に明確な相関関係があることが確認されたことを契機として，経営幹部がコンプライアンスの重要性に関して発信する機会が非常に増えている（図12-2）。

　コンプライアンス推進活動は，このような行動基準の徹底を基盤として，2つの最重要分野，すなわち「公正取引」（独占禁止法および関連法令の順守）と「貿易コンプライアンス」（安全保障輸出管理と関税法順守）の柱を立てるという枠組みで，社長をトップとするコンプライアンス委員会の定める方針のもと，グローバルに徹底を図っている。

## 2．違反の原因に即した施策を推進

　経営理念が事業活動の明確な指針となっていた当社においては，長年にわたりコンプライアンス推進といえば，即ち，経営理念の再確認であり，加えて，法令知識の啓発を意味した。しかし，法令の正しい理解のみで違反や不正がなくなるわけではない。たとえば，輸出管理事故の多

くは，輸出手続きのミスで発生する。カルテルや贈賄が悪いことは誰でも知っているが，事業目標の達成のために故意に関与してしまう。横領は個人の利益のために行われるので，啓発のみで大きな防止効果を得ることはできない。大別すると，過失による違反と故意による違反では，防止に向けた対策も全く異なる。「違反を起こさない」取り組みと「違反が起こらない」取り組みの両面が必要になる。

　そのため，図12-3のように，コンプライアンス分野ごとに，①知識不足による違反を防止するための「教育・啓発」，②ミスによる違反を防止する「業務プロセスの見直しとIT活用によるフェールセーフ措置」，③業務目標達成のためにやむなく犯す違反を防止するための「トップによるコンプライアンスの思いの発信」，④個人の利益のための不正を抑制するための「懲戒措置の徹底」の4つの施策を組み合わせ，防

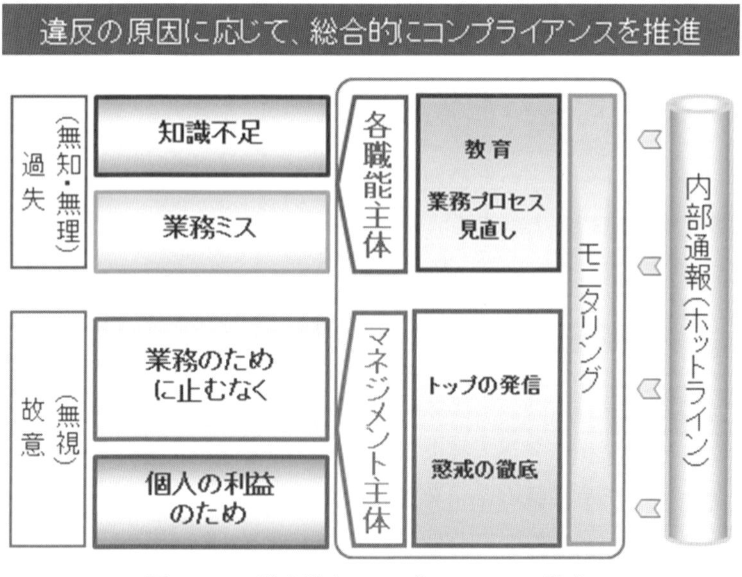

図12-3　総合的なコンプライアンス推進

止に努めている。

　また，正しい業務が行われているか，違反がないかを確認するための⑤「モニタリング・監査」も実施している。また，その一環として「内部通報システム（ホットライン）」も雇用機会均等や公正取引，不正会計など不正の分野毎(ごと)に本社に7本が設置され，専門のスタッフが対応している。不正の兆しを早期に発見し小さな芽の段階で摘み取ることを通じて，自浄作用の働く，風通しのよい職場風土の醸成に役立っている。

## 3．コンプライアンスのグローバル展開

　事業のグローバル展開の加速と各国での事業活動に関係する法令の整備や執行の強化があいまって，海外事業におけるコンプライアンス・リスクが急激に顕在化してきた。パナソニックでは，従来から，北米，中南米，欧州，アジア，中国に地域統括会社があり，各法務部門が，当該地域・国の法令やリスクに鑑み，各地域におけるコンプライアンスの取り組みを主導してきた。

　ところが，独占禁止法や公務員贈賄，輸出管理のように地域の枠を超えて法令が適用・執行（域外適用）されるケースが増えてくると，各地域・国毎の個別のコンプライアンス推進では不十分になってきた。そこで，日本の本社と各社内分社，各地域統括会社の法務部門による「グローバル・リーガル・ネットワーク」活動を活発化することで，グローバル共通，事業軸，地域軸のコンプライアンスの取り組みの重複や食い違いを排し，方針とリスク認識を共有したうえで，相互連携により以下のような施策を行っている。

・国内外主要グループ会社に法務責任者や法務連絡者を設置

・グローバル法務会議で方針や課題，連携すべき事項を共有
・各地域社長会議などでコンプライアンスを徹底
・国別にコンプライアンスガイドブックを作成
・各国語でのコンプライアンス e ラーニングの実施

　最近は，製品のサプライチェーン全体で企業の社会的責任（CSR）上の問題がないことを確認する動きが活発化している。企業間取引を行うデバイス事業部門などでは，世界中の事業部門における各項目の順守状況を示すマップを作成し，関係者がマトリックスのひとつひとつを「青色（順守確認済）」で塗りつぶしていくことで，CSR の要請に反する行為が残っていないことを検証している。

## 4. リスクの大きさとバランスのとれたコンプライアンス推進に

　このような取り組みを積み重ねることは，コンプライアンス意識の徹底や大きな事件の防止という点で極めて有効であったが，一方で，リスクの大小にあまり関係なく一律に取り組みが実施される傾向も否定できない。結果，事業現場における負担感も目だってきた。リスクの比較的小さな事業部門でも種々の取り組みを積み重ねた結果，一部の事業現場の社員が負担感を感じている一方，リスクが大きいにもかかわらず取り組みが不十分な部門で発生する事故が顕在化してきた。また，4つに集約された社内分社毎にコンプライアンス・リスク分野が大きく異なるため，全社共通の取り組みの実効性が薄れてきた。
　そこで，新たなフェーズとして，リスクのレベルと取り組みのレベルのアンバランスをなくしていくことと，できるだけ現場に負荷がかから

ないよう，コンプライアンス施策を見直していくことに取り組んでいる。全社一律の取り組みは最小限にとどめ，社内分社がそれぞれ固有の重要リスクに重点的に取り組むスタイルに変更した。たとえば，デバイスを担当している分社では，カルテルの撲滅を図るため，商品毎に競争関係や取り組み状況を示すリスクマップを作成し，リスクの大きなところから優先順位をつけて取り組みを進めており，一方，家電製品を担当している分社では，消費者に誤認を与えるような不当表示を防止するため，商品企画の段階から商品をどのように訴求していくかを検討している。

　また，順守事項を都度意識しなくとも，日常業務の中で自然と必要な確認が行われるよう，コンプライアンス上のチェック項目を業務プロセスにビルトインする取り組みも分野毎に進めている。たとえば新製品開発に当たって性能や品質を確認する既存のチェックプロセスや項目の中に，著作権，情報セキュリティやプライバシー，独禁法や景品表示法，

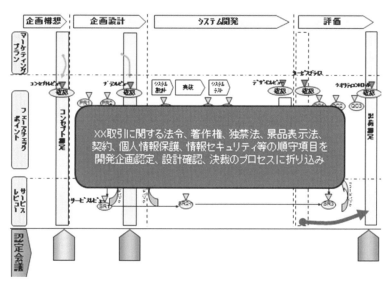

図12-4　開発フローへのコンプライアンス落とし込み（事例）

契約などのチェック項目を組み込む。開発の企画構想，企画設計，開発，評価の各段階で確認することで，切り口毎に何度も確認作業をする無駄が省けるとともに，確実に確認が行われるようになる。これを通じて，知識や意識も定着していくことも目指している。（図12-4）

## 5．まとめ

　コンプライアンスの実現には，違反や不正の原因の排除に直結するような取り組みの企画，関係者への周知，現場での粘り強い取り組み，現場視点での工夫やメリハリのある運用など，知恵と行動の積み重ねが必要である。その中でもとりわけ重要なのは，経営幹部や組織責任者によるコンプライアンスの重要性の認識とその発信であると考えている。

# 事例2：アデランス社 「アデランスの事業と一体化した戦略的 CSR 活動」について

CSR プロジェクト部長　箕輪睦夫

　アデランス社が推進している価値創造型の戦略的 CSR 活動には，下記の3つの大きな特徴がある。

　1つ目は，CSR へ取り組むことの意義を「健全で永続的な企業成長を目指す。」と CSR を成長ドライバーとすることで，事業との一体性を明確にし，本業を通じた CSR と位置づけたこと。

　2つ目は，組織横断的に存在する社内の「社会的価値を持った活動」の「見える化」の徹底を図り，その価値を社内外に積極的に伝達していること。

　3つ目が，CSR 活動の基軸を営業現場におくことで，お客様に最も近い場所で倫理的な要素を持った取り組みが躍動感を持って行われていること。

　以上の3つの特徴が効果的に組み合うことで，当社の独自性を持った戦略的 CSR となっている。

　その内容を具体的な事例に基づいて紹介していきたい。

　まずは，CSR 活動を成長ドライバーとした定義化のポイントについて説明をする。

　平成23年2月に，当時名誉職的な立場にあった創業者の根本信男がアデランスの再興を期して，経営方針として「原点回帰」を打ち出し，代表取締役社長として陣頭指揮を執るために復帰された。そこで，社長の打ち出した「原点回帰」の方針に沿って，創業以来当社がお客様や社会

との関係性において醸成してきた「社会的価値を持った活動」を掘り起こし，その価値を深め，広げるという役割を担う形でCSRプロジェクトが，平成23年3月に立ち上がった。

プロジェクトの確実な推進を図るため，図12-5にあるように，当社のCSRについて「本業」に基づいた独自の定義づけを行った。ここでのポイントは，社内に存在する社会的価値を持った活動を掘り起こす点にある。つまりCSRプロジェクトができたから，何か新しいことをしたり，社会のために貢献をしようというのではなく，創業以来お客様や社会に対して行ってきた活動の中から，社会的に価値を持った活動を掘り起こし，まずは社員に自分たちが行ってきたことへの自信を持ってもらうこと。そして，その自信とプライドを持って仕事に向かう環境をCSRプロジェクトが後押しをすることで，新たな企業成長基盤の構築を目指したわけである。

また，「健全で永続的な」という表現の中には，コンプライアンスとサステナビリティという要素がしっかりと入っている。

図12-5　アデランスのCSR活動の定義と特徴

このようにプロジェクトのスタート時において，CSR プロジェクトを推し進めることによって，お客様と社会から信頼された，健全で永続的な企業成長が可能となることを明示し，「事業と一体化した戦略的 CSR」を行っていくことを活動起点とした。

この方向性を最初の段階で示したことで，当社の CSR 活動は「タニマチ的寄附行為」といった狭義での社会貢献活動に陥ることなく，創業理念の具現化や事業範囲の拡大と軌を一にしたダイナミックな活動へと進むことになった。

次に，組織横断的に存在する社内の社会的価値を持った活動の「見える化の徹底」について説明をしていく。

CSR 活動とは何かを理解するためには，目に見える形で「こういったことが事業と一体化した CSR です。」と示すことが最も有効な手段と言える。

そこで，組織内に存在する社会的価値を掘り起こすために，商品企画から販売後のアフターケアまでの全事業プロセスを CSR 視点から検証をし，事業部門ごとに取り組んでいる活動について各担当者へのヒアリング，海外子会社の CSR への取り組み内容を調査するなど，組織横断的に，そしてグローバルに，社会的価値を持った活動がどのように行われているかを見出し，そうした活動の資料化に注力した。

そして，こうして掘り起こされた社会的価値を持った活動を，継続されてきた期間や CSR 的視点からの重要度やその範囲から区分し，一覧化をしたものが図12-6 となる。

図を見ると分かるように，30年以上続いている，髪の毛で悩む子どもたちにオーダーメイドウィッグをプレゼントする「愛のチャリティキャンペーン」からミュージカル「キャッツ」の日本公演を支えたエンターテイメントウイッグの開発の「スタジオ AD による舞台用ウィッグ」ま

で，本業に根ざした「事業と一体となった活動」が並んでいる。

その上で，見える化した価値の一覧を基に，営業企画統括部長の津村佳宏とミーティングを重ねることで，「CSRは，企業価値を創造し，向上させるため絶対に必要な活動である。」との共通理解を図ることができた。

こうして，当社の社会的価値を持った活動の「見える化」は，社長の創業時の思い「創業理念」の再構築という側面と，これからの営業施策を考える営業企画部長の「企業価値創造・向上策」という側面を持った，当社独自のCSR活動が動き出すための大きな後押しとなった。

その一歩として，一覧化した「社会的価値を持った活動」を当社のCSRセミナーという形で社外発信することにした。これは，自分たち

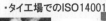

図12-6　掘り起こした社会的価値を持った活動一覧
（「キャッツ」Photo by Atsutoshi Shimosaka）

が価値を持っていると考えている活動が独りよがりの思いにならないように，社外，つまりステークホルダーからの客観的な評価をいただくという試みとなる。

まずは，個人投資家向けに「アデランスのCSR：企業価値の掘り起こし」というテーマでセミナーを実施し，投資家の方に評価していただき，次に取引先企業やいくつかのメディアに対しても当社のCSRへの取り組みについてお伝えする機会をつくり，多くのフィードバックをいただくことができた。特に，「経営倫理実践研究センター」の先生方からの助言は，その後の活動内容を深めるものとなった。

こうした積極的な社外発信活動を続けた結果，下記の4つの活動に対して，特に高い評価が集まった。（図12-7）

＜愛のチャリティキャンペーン＞
「子どもの髪の悩みを心の傷にしないために」をテーマに，病気やケガで髪を失った子どもにウィッグをプレゼントするという30年以上続いている取り組み

＜病院内理美容室のバリアフリー＞
抗がん剤治療の副作用で脱毛する患者さまの増加を考慮し，2002年より病院内にバリアフリー環境の理美容室を開設し，全店に可動式美容椅子を導入している。

＜フォンテーヌの森のエコサイクル＞
「フォンテーヌの森」キャンペーンは不要となったウィッグの回収と植林を結ぶエコサイクルキャンペーン。お客様が起点となっている。

＜学術・文化活動＞
1983年，日本での「キャッツ」上演に際し，キャッツの激しいダンスの動きに耐える舞台用ウィッグを，劇団四季と当社が共同で開発し，その後も，舞台や映画にウイッグを提供している。

図12-7　社外から評価の高かった4つの活動
（「キャッツ」Photo by Atsutoshi Shimosaka）

## （1） 子どもたちにウィッグをプレゼントする「愛のチャリティキャンペーン」

　これは，病気やけがで髪の毛を失ってしまった子どもたちに髪の悩みが心の傷として残らないようにウィッグをプレゼントするという1978年から30年以上続いているチャリティ活動である。この活動によって，病気で髪の毛を失うことの辛さを深く理解することになった。当社のCSR活動の原点といえる。

## （2） バリアフリーの環境で患者に寄り添う「病院内理美容サロン」

　これは，抗がん剤治療の副作用で脱毛してしまう患者に対して，病院内にバリアフリー環境の理美容サロンを開設して，医療向けウィッグの相談に乗るといった活動のこと。従来，患者から脱毛の相談を受けた医師も看護師も，どこのウィッグを紹介すればいいのか分からず苦慮していました。そこで，2002年に静岡がんセンターにバリアフリー環境の第1号店を開設し，現在では全国18カ所の病院に展開している。開設以来，患者だけでなく，病院関係者の方からも感謝され，当社にとっても医療向けウィッグを紹介する機会となり，トリプルウィンの関係が構築できている。また，この活動を可能した背景には，社員の6割以上が理美容技術者であるという当社の強みがある。可動式美容椅子の導入など，お客様のことを思う技術者の気持ちが形になった例といえる。

## （3） 不要になったウィッグの回収を植林につなげる「フォンテーヌの森キャンペーン」

　この活動は，古くなったウィッグを捨ててしまうと焼却する時に何か有害物がでてしまうのでは，といったお客様の声に応えて始まったエコサイクルキャンペーンである。

確かに，レディメイドウィッグの多くはポリエステルでできているため，生活ゴミとして焼却されると微量ながら $Co_2$ が発生してしまう。そこで「古くなって不要となったウィッグを回収します。」という DM をお客様にお送りし，古いウィッグを持ってこられたお客様の気持ちにお応えするために，そのお客様が新しいウィッグを購入された際にその売り上げの一部を植林に回すといった取り組みとなっている。$Co_2$ の発生という負の要素を軽減するだけでなく，お客様の思いに応えて植林というプラスの要素を増やしていくといった，お客様を中心においたエコサイクルが高い評価につながった。

また，このキャンペーンへの社外からの高い評価を営業スタッフに伝えたところ，その後，キャンペーンの売り上げが倍増した。これは，やりがいやプライドを持てることが，営業活動の上でどれだけ大事かということを表している好例といえる。

### (4) スタジオ AD による「エンターテイメントウィッグ技術の提供」という文化活動

1983年に劇団四季によるミュージカル「キャッツ」の日本公演が初めて行われた。この公演に先立ち，アデランスはキャッツの舞台での動きに対応できるエンターテイメントウィッグの開発に取り組んだ。1983年当時には，自然な髪質を保ちながら結着部はしっかりとしていて，かつ使用する俳優のために通気性が優れたウィッグというものは世の中にでておらず，劇団四季の意向に沿ったウィッグ開発に成功し，無事上演がスタートした。この時劇団四季サイドの担当者として開発に加わった山田操は，ウィッグの芸術的な可能性の大きさを感じ，当社に入社し，スタジオ AD の責任者として，現在は，劇団四季の作品だけでなく，東宝ミュージカルや宝塚の舞台へも活動を広げ，多くの人気テレビ番組で

も当社のエンターテイメントウィッグが使われている。アデランスのウィッグ技術は，医療的な側面で活かされるだけではなく，広く芸術活動の中でも重要な役割を担っている。

　以上の4つの活動を「社会・地域貢献」，「お客様の安心・安全」，「環境への取り組み」，「学術・文化活動」に区分し，「見える化」の完成形として「CSRコミュニケーションレポート」と「小冊子：笑顔のために」にまとめた。（図12-8）

　「CSRコミュニケーションレポート」は，取引先や投資家の方々に，当社のCSRへの取り組みをわかりやすく伝えるため，今できていることを背伸びをせず，ページ数も少なく抑え，読みやすさを心がけて作成した。

　「小冊子：笑顔のために」は，当社のCSR活動の象徴的な位置づけのものとなっている。読んでもらう対象を，社員と社員の家族に絞り込んで，自分の家族に，「アデランスはCSR活動を通じてこんなにも社会的な価値を創り上げている会社なんだよ。」と胸を張って家族に伝えられる。こんな思いが小冊子の作成に込められている。「笑顔のために」という題名は，あえて「お客様の笑顔」とは限定せずに，社員も，家族

図12-8　CSRコミュニケーションレポートと小冊子「笑顔のために」

第12章　組織の中でいかに行動すべきか(2)—企業の社会的責任と倫理—　| **219**

も，取引先も，お客様も，というようにすべてのステークホルダーの笑顔を願ったものになっている。

　この小冊子は，前述の津村営業企画統括部長をはじめ，東西の営業統括部長といった営業トップから評価され，全国の営業会議，店長会議，チーフ会議に参加し，小冊子の内容を説明するといった形で社内へのCSR啓蒙活動がスタートした。この活動が営業現場での躍動感を持ったCSR活動につながっていくことになる。

　それでは，CSR活動の基軸を営業現場におくことの意義について述べてみる。

　多くの企業において，CSRは法務・総務といった管理系部署が担当し，コンプライアンスの徹底や環境負荷の低減を図るといったことからスタートし，まず実施されるのが，社員向けCSR研修となる。そこで社員は，「CSRとは何々で，○年ごろにヨーロッパにおいてその重要性が提唱され，日本では平成○年に…」などといった概要説明を受け，なぜ今CSRが必要なのかといったことを集合教育やeラーニングなどで学んでいく。

　しかしながら，そういったアプローチでの社内浸透策が営業現場に業務負荷を与えてしまうことを危惧し，当社では，教育研修という形ではなく，CSR社内広報として，「私たちの活動は，こんなにも社会から評価されています。」ということを，小冊子を用いながら伝えることにした。営業会議などの場を利用したCSR報告は，社員にとって，日々の業務に負荷されることではなく，今まで行ってきた活動への再認識，または，社内にありながら今まで知らなかった素晴らしい活動との出会いといったように非常にポジティブなものとなった。自社の素晴らしい取り組み内容を知った営業現場の人たちは，家族に見せるだけでなく，

「お客様との長いお付き合いのために,この小冊子をお客様に手渡したい。」との思いを持ち,1年間で3万部を越える部数の小冊子が営業現場の社員の笑顔と一緒にお客様に届いている。

また,営業現場に基軸を置いたCSR活動は,最近では,証券会社や保険会社などが主催する「髪の毛のお手入れとウィッグセミナー」に営業とCSRプロジェクトが連携して参加したり,大学でのCSR特別講義で営業のトップが「企業価値と社員の帰属意識を高めるCSR」という演題で講義をしたりと,活動の広がりを見せている。

加えて,病院内理美容サロンという価値とスタジオADという価値が融合し,病院内理美容サロンの店長に対するスタジオADのヘアメイクアーティストによる「患者様の笑顔のためのメイク講習」の実施など,当社だからこそできる新たな価値の創造が生まれている。

上述のような特徴を持った「事業と一体となったCSR活動」は,日本だけでなく,海外子会社においても,スウェーデンや米国での病院内美容サロンの開設,イギリスでのカリスマ美容師のチャリティ活動を通

1. イギリスのカリスマ美容師、トレバー・ソルビー氏とのチャリティー活動との連携

2. スウェーデンやアメリカでの病院内理美容室展開

3. タイの生産拠点における緑化運動

<トレバー・ソルビー氏の「My New Hair活動」>

<スウェーデンの病院内理美容室>

<タイでの緑化活動>

図12-9　海外子会社への広がり

じたウィッグを取り扱える美容師の育成支援，生産拠点であるタイの工場での緑化活動など，グローバルなステージへと進みだしている。（図12-9）

参考1

## CSRプロジェクト活動の流れ：7つのステップ

第1ステップ ：プロジェクトの立ち上げと活動目標の明文化

第2ステップ ：社会的価値を持った活動の掘り起こしと見える化

第3ステップ ：見える化した活動の社外への発信

第4ステップ ：社外フィードバックにもとづいたCSRレポートと小冊子の作成

第5ステップ ：小冊子を活用した社内への効果的伝達

第6ステップ ：社会的価値を持った活動の融合による新たな価値の創造

第7ステップ ：CSR活動のグローバルな広がり

参考２

## CSR活動3ヵ年イメージ

CSR体制の確立
**社会的課題解決と事業成長の合致**
グローバルCSR始動
2013年

CSR広報体制構築
**社内外CSR広報活動**
CSR報告書の作成
2012年

CSR活動の第一歩
**社会的価値の「見える化」**
組織横断的掘り起こし
2011年

参考３

アデランス

## 経営理念とCSR

**経営理念**
私たちアデランスグループの最大の使命は
毛髪関連事業を通じて
より多くの人々に夢と感動を提供し
笑顔と心豊かな暮らしに貢献することです

**私たちが目指すもの**
「最高の商品」
「最高の技術」
「心からのおもてなし」

**CSR方針**
当社のCSRは、経営理念である「笑顔と心豊かな暮らしに貢献する」ために
社会的価値を持った事業の成長と豊かで持続可能な社会を
同時に実現することを目指します

# 13 | 東日本大震災後の社会における技術者の新しい役割

札野　順・夏目賢一

《目標＆ポイント》　これまで，科学技術に関する意思決定では，一般市民の意見は軽視されがちであった。科学技術と社会との信頼関係を構築するためには社会的な合意が必要である。こうした問題に取り組むことが，科学者や技術者には強く求められるようになっている。本章では，技術者がその要求に応えるために，高度技術社会における技術とリスクの問題をどのようにとらえるべきか考察する。
《キーワード》　リスク，リスク評価，リスクの認識，リスクの受容，トランス・サイエンス

## 1. 東日本大震災の教訓

　すでに述べているように，2011年3月11日に発生した大地震とそれに続く大津波，さらにそれらに起因する福島第一原子力発電所の事故は，科学技術と社会の関係を大きく変え，「新しい時代」を生み出した。大地震と津波という自然災害にどのように備えるかという防災の観点からも，東日本大震災から我々が学ぶべきことは多いが，特に，技術者倫理の立場からは，原子力発電所事故に注目して考察してみよう。
　国会の東京電力福島第一原子力発電所事故調査委員会，いわゆる国会事故調は，この事故は「人災」であると結論し，委員長である黒川清氏は以下のように述べている[1]。

## 第13章　東日本大震災後の社会における技術者の新しい役割

　福島原子力発電所事故は終わっていない。これは世界の原子力の歴史に残る大事故であり，科学技術先進国の一つである日本で起きたことに世界中の人びとは驚愕（きょうがく）した。世界が注目する中，日本政府と東京電力の事故対応の模様は，世界が注目する中で日本が抱えている根本的な問題を露呈することとなった。想定できたはずの事故がなぜ起こったのか。その根本的な原因は，日本が高度経済成長を遂げたころにまで遡る。政界，官界，財界が一体となり，国策として共通の目標に向かって進む中，複雑に絡まった「規制の虜（Regulatory Capture）」が生まれた。

　事故の直接の原因は，地震と津波により核燃料冷却のために必要な電源すべてがなくなる「ステーション・ブラックアウト」と呼ばれる事態となり，核燃料を冷却できなくなってしまったことである。事故当初は，多くの人びとが，今回のような歴史的な大津波は，「想定外」であり，すべての電源を失うことも「想定外」であるとしていたが，国会事故調報告では，津波も全電源喪失も，「想定」すべきことであるし，実際に「想定」されていたことを示したうえで，事故前に地震や津波に対する対策をとることができなかったのは，「規制の虜」が原因であるとした。ここでいう「規制の虜」とは経済用語で，規制する側（今回の場合，当時の経済産業省原子力安全・保安院や内閣府原子力安全委員会）が，規制をされる側（東京電力）に，情報や技術力などで圧倒され，コントロールされてしまうような状況をさす。国会事故調によれば，原発の安全性を高めるための規制を導入しようとする保安院に対して，東電は情報の優位性などを武器に，規制の先送りや基準の下方修正をさまざまなルートで規制側に働きかけていた。規制側も，安全基準を高めると，すでに安全と認めた原発を巡って訴訟が起こることを懸念した。また，規制する側である保安院が，国策として原子力発電を推進する立場であ

る経済産業省の一部であったことから，規制される側である東電に取り込まれていたために,地震や津波およびシビアアクシデント（過酷事故）に関して行なうべき対策をとるのが遅れたと指摘している。例として，2006年に定められた耐震設計審査指針では，すべての原子力事業者に，新しい基準にしたがって原発の耐震安全性を再評価（いわゆる「バックチェック」）を指示したが，東電では進まなかったことや，東電も保安院も，耐震補強工事が必要であると認識しながらも，日本で最も古い原子炉のひとつである福島第一原子力発電所1号機（1971年商業運転開始），2号機（1971年同），3号機（1976年）では工事をしなかった。これらを，保安院は「黙認」したのである[②]。報告書では，1号機から3号機の地震や津波に対する脆弱性が認識されていて，対策をとる機会は何度もあったにもかかわらずなされなかったと指摘している。「全電源喪失」や「炉心融解」などは，海外では「想定」され対策もとられていたが，自らの原子力技術の高さに「慢心」していた日本の関係者の多くは，日本ではありえないこと考えていた。

　これらの点を踏まえて，国会事故調は，次のように述べている[③]。


　3.11の日，広範囲におよぶ巨大地震，津波という自然災害と，それによって引き起こされた原子力災害への対応は，極めて困難なものだったことは疑いもない。しかも，この50年で初めてとなる歴史的な政権交代からわずか18カ月の新政権下でこの事故を迎えた。当時の政府，規制当局，そして事業者は，原子力のシビアアクシデント（過酷事故）における心の準備や，各自の地位に伴う責任の重さへの理解，そして，それを果たす覚悟はあったのか。この事故が「人災」であることは明らかで，歴代および当時の政府，規制当局，そして事業者である東京電力による，人びとの命と社会を守るという責任感の欠如があった。

さらに，日本が持つ制度的な問題を指摘した後で，「関係者に共通していたのは，およそ原子力を扱う者に許されない無知と慢心であり，世界の潮流を無視し，国民の安全を最優先とせず，組織の利益を最優先とする組織依存のマインドセット（思い込み，常識）であった。」と，技術者を含めて，政府，規制当局，東京電力の関係者を糾弾している[4]。

この批判を真摯に受け止めた上で，「新しい時代」の技術者はどのように意思決定し，どのように行動すればいいのか。そのような役割を担うべきなのか。

これらの問題を念頭に置きながら，まず，科学技術とリスクの問題について検討してみよう。

## 2. 技術に関連するリスクの不確実性とその客観的評価の限界

### (1) リスクの定義と評価の限界

リスクの定義は一般的に，ある事象が「肉体的・精神的・経済的に，望まれない有害な何かを与える可能性」であるとされる。その有害な何かとは，個人の場合では，怪我・疾患あるいは財産の損失，生活の質の低下などが考えられ，最悪のものは死である。また社会の場合では，その構成員の疾患や死，経済的損失，社会生活の質の低下，そして最悪のものは人類の滅亡である。

定量的な評価を行うために，リスクは「有害な事象が起こる発生確率」と「その有害な事象の大きさ」という2つの要素を複合したものと定義され，その大きさを2つの要素の「積」として扱うことが多い[5]。しかし，このようにリスクを定量化した場合，例えば，交通事故のよう

に一件の社会的影響力は大きくないが頻繁に起こる事象と，福島第一原子力発電所の事故のように，一件の社会的影響力は途方もなく大きいが発生確率は極めて低い事象といった性質の異なる二つの事象を比較することは，価値観の問題も絡んできて，本質的に不可能である。

　そもそも，科学技術が生み出す人工物（例えば，原子炉や遺伝子組換え食品）によって生じるリスクを客観的かつ数値的に評価し，その値を小さくする努力には本質的な限界がある。例えば，ハリスらは次の4つの点を指摘している[6]。

　第1に，ある装置を徹底的に分析し，各部分に起こりうる事故の可能性を網羅して，すべての潜在的な原因に対して対策を講じたとしても，すべての可能性を網羅し尽くすことは原理的に不可能である。特に，原子力発電所のように個々の技術はある程度確立されていても，それらを複合して出来上がっているシステムの場合はなおのことである。例えば，1995年のもんじゅの事故は，ナトリウムの温度を測る温度計の鞘（さや）の形状が原因だった。

　第2に，いかに装置の安全性を高めたとしても，それを操作する人間が過ちを起こす可能性（ヒューマン・ファクター）はいかなる場合も排除できない。原子炉を動かす運転員の方々は，高い安全意識を持ち十分な訓練を受けて運転に臨んでいるが，今回の事故の場合のように電源喪失で計器が使えなくなったときには，操作そのものが困難になる。また，原子力発電所の建設，定期検査などには，下請け・孫請けといわれる会社に務める人たちを含め，数多くの人びとが作業する。これらの人びとすべてに「完璧な」仕事を望むことはできない。

　第3に，大事故の発生確率は統計的な推測であり，実験的に検証できるものではない。例えば，原子力発電所の安全性を評価するために，原子炉を実験的にメルトダウンさせてみることなどはできない。したがっ

て，どこかで必ず，なんらかの「仮定」や「外挿」をしなければならない。

　第4に，当該の人工物（装置など）が用いられるローカルな使用環境の影響まで考慮すると，将来起こりうるすべての事態を予測することは不可能である。例えば，今回事故を起こした福島第一原子力発電所の原子炉は米国のジェネラルエレクトリック（General Electric：GE）社が開発したMARK Ⅰと呼ばれる原子炉格納容器を持つ沸騰水型（BWR）原子炉で，特に一号機は，地震の少ない米国の仕様をほぼそのまま地震が頻発する日本に持ち込んだものである[7]。MARK Ⅰの設計者たちが，耐震の問題をどこまで考えることができたのかは疑問である。

　つまり，すべてのリスク分析において，必ず不測の事態が起こりうる可能性がある。したがって，リスクを客観的に評価しようとする試みには限界がある。

　さらに高度技術社会では，便利さなどの価値を高めるために，より一層の技術革新を求め，そこから生まれた新しい技術は比較的短期間に，十分なリスク評価がなされないまま，市場に出る。便利なものは，高い市場価値を持ち，社会に広がって行く。そうすると新しい技術に起因するリスクは，想定されていないものも含めて，不可避的に拡大していくことになる。（身近な例では，スマートフォンの高機能化や，その社会への影響を考えて欲しい。）

### （2）　リスクの認識

　リスクの客観的な評価を完璧におこなうことは原理上不可能とはいえ，現在考案されているさまざまな手法を用いてある程度まで合理的におこなうことはできるし，その努力を怠るべきではない。しかしその一方で，そのようにして得られた分析結果を専門家ではない一般市民（例

えば，原子力発電所の立地地域の住民や遺伝子組換え食品の消費者）が どのように認識するかという「リスクの認識」の問題については，専門 的知識からのリスク評価とはまったく異なる視点が要求されていること も認識する必要がある。

　第1に，リスクの「客観的評価」の手法が，周到で専門的になればな るほど，それを完全に理解できる人の数は少なくなり，とくに一般の人 びとはそれを細部まで理解することができなくなる。つまり，「客観的 評価」の是非を，一般市民が評価できないという状況が生じる。

　第2に，たとえリスクの「客観的評価」の手法が理解できたとして も，一般の人びとのリスクに対する認識は，単にリスクの「客観的評 価」のみに左右されるのではなく，主観的要素や地域的・文化的・経済 的要素など，その他の多くの要因に影響を受ける。例えば，大きな危険 を孕むリスクを過大視するカタストロフィー・バイアスや未経験のこと に対して不安を感じるバージン・バイアスなど，リスク認知にはバイア スがかかることも知られている[8]。

　第3に，リスクに直面するまでの時間による影響がある。例えば，あ る人が来週に心臓の大きな手術を受けなければならなくなり，その手術 が失敗する確率は10%であると医師から告げられたとき，その人にとっ ては，50年後に環境問題が深刻化して多くの人が死亡することのリスク よりも，一週間後の手術のリスクの方がより大きく認識される。

　第4に，自由意志によって選択されたリスクと強制されたリスクとで は，人間のリスクに対する認識が大きく異なる[9]。自由意志による選択 であれば，人は危険をともなうスポーツや特別な交通手段など，かなり の大きなリスクも受け入れるが，強制されたものであると小さなリスク でも拒否することが多い。福島第一原子力発電所事故以前と以降の原発 立地地域住民のリスクに関する意識は大きく変化した。東京や大阪の中

心地に原子力発電所を作るという案を出したら，どのようなことが起こるだろうか考えてみれば明らかであろう。

　つまり，社会的・主観的な要素を無視してリスクを評価することは不可能であり，それがあたかも可能であるかのように主張することは，技術者としての誠実さに欠ける行為である。

## （3）　リスクの受容—"How safe is safe enough?"—

　技術とリスクを議論する際に，"How safe is safe enough?" という問いがよく発せられる。つまり，リスクをともなう高度技術社会において，一般市民としては，どの種類のリスクをどの程度まで受容可能であるかという問いである。この問いに答えを見出すことは難しく，立場によって意見は大きく分かれる。代表的なものとしては次の3つの考え方がある。

　第1の立場は，いかなるリスクも排除すべきで，不可避なリスクについても可能な限り最小限に抑えることを目標として，あらゆる人的・物的資源を投入すべきであるという意見である。究極の安全性を求めるこの立場は，論理的には矛盾がなく，達成すべき目標として掲げることは可能である。しかし，現実の社会では経済面や資源面などでの制約があり，実現する可能性はないと言えるだろう。

　第2の立場は，「コスト・ベネフィット分析」という方法を取るものである。この方法では，技術に関わるすべてのリスク要因を経済的に評価し（すなわち値段をつけ），リスクを受け入れる際に得られる利益とそれにともなうコストとを計算する。そして，それらの結果を総合して最終的な意思決定をおこなう。しかし，この方法が持つ本質的な欠陥は自明である。例えば，福島第一原発事故で避難を余儀なくされた人びとの「幸せ」や尊厳，また，汚染された自然環境に「値段」をつけること

自体が倫理的な問題となるからである。

　第3の立場は，あるレベルを政治的に決定し，それ以下のリスクは受容すべしとする意見である。現実には，多くの場合でこの方法が取られている。例えば，アメリカの原子力規制委員会は，原子力発電所の建設・運転に関して厳守すべきリスクのレベルを火力や水力などの他の発電技術が持つリスクのレベルとの比較によって決定している[⑩]。

　第1の立場は絶対に安全な科学技術などありえない以上，科学技術そのものを社会から排除しなければ実現不可能である。第2，第3の立場はどちらも「価値」に関する判断に基づいている。結局，現実問題としての"How safe is safe enough?"に対する答えは，「ステークホルダーがそのリスクを受け入れることで得られる利益やその他の制約条件などを，その人たちの合意に基づいて総合的に評価し，受容可能なレベルを民主的に設定せざるを得ない」ということになる。

　原子力発電所に関する「受容可能なリスク」のような問題を，アルヴィン・ワインバーグ（Alvin M. Weinberg, 1915-2006）は「trans-science（トランス・サイエンス）」の領域に属する問題と呼んだ[⑪]。これは，科学的な合理性を持って説明可能な知識生産の領域と，価値や権力に基づいて意思決定が行われる政治的な領域とが重なり合った領域であり，「科学によって問うことはできるが，科学によって答えることのできない問題群からなる領域」と定義されている[⑫]。

　それでは，事故が起こった場合には甚大な被害を社会に与えるという特殊なリスクを持つ原子力技術と，人類が経験をしたことのない未知の「リスク」を持つ遺伝子組換え作物（有機体）について概観し，これらの技術が持つ「トランス・サイエンス」に属する問題を考察することで，「新しい時代」の技術者の責任と果たすべき役割について考えていきたい。

## （4） 原子力技術とリスク

〈「原子力は『絶対に』安全」とは誰にもいえない。〉

　これは，平成12年版『原子力安全白書』の冒頭の文章である[13]。前節で述べたとおり，あらゆる技術はリスクをともなう。原子力技術も例外ではないことは今回の事故でも明らかだ。しかし日本では政府主導で原子力の導入を決めた当初から，設計への過剰な信頼や原子力施設の立地促進のための広報活動が招いた誤解などから，「原子力は絶対に安全」であるという「安全神話」が形成されてきた[14]。この「安全神話」が，「人災」として福島第一原子力発電所の事故を引き起こしたことは，国会事故調などが明らかにしている。

　この「安全神話」が「神話」でしかないことを示す事故が海外でもすでに起こっていた。その代表的なものは，1979年にアメリカのスリーマイル島原子力発電所で起きた事故と，1986年に旧ソ連のチェルノブイリ原子力発電所事故である。

　チェルノブイリ事故が起こったとき，日本の関係者は，日本の原子炉とは設計が違うので，わが国で同じ事故は絶対に起こらない。また，同じような惨事も，特別な意図（悪意）をもたないかぎりは考えがたい事故である，とコメントした。だが，日本でも事故は起きている。例えば，1995年12月高速増殖炉原型炉「もんじゅ」で，配管に取り付けてあった温度計の鞘が折れるという初歩的なミスにより，二次冷却系のナトリウムが漏えいし，空気と反応して火災事故が起こった。放射能漏れや人的被害はなかったが，原子力政策の要として技術の粋を集めてつくられた巨大システムの事故は大きな衝撃を与えた。さらに，事故後の連絡の遅れと情報の隠蔽が発覚し大きな社会問題にもなった。

　その後も，2002年東京電力福島原子力発電所での原子炉格納容器問題の発覚，2004年関西電力美浜原発事故などさまざまな問題が発生し，原

子力技術関係者への信頼が揺らいでいた。

　平成12年度版『原子力安全白書』では，これらの事故に対する反省から，「原子力関係者は，常に原子力の持つリスクを改めて直視し，そのリスクを明らかにして，そのリスクを合理的に到達可能な限り軽減するという安全確保の努力を続けていく必要がある」と述べている[15]。
　このような提言がさまざまな形でなされていたにもかかわらず，さらには，海外からの情報が入っていたにもかかわらず，「規制の虜」となっていた原子力発電所で，未曾有の事故が起こってしまったのである。
　原子力発電所という巨大で複雑なシステムに潜むリスクは，今回の津波による影響のように，時として慢心した技術者の「想定」を超える。そして，事故直後に関係者が口々に述べた「想定外」の事故であるという主張により，原子力技術に対する一般市民の不安感を募らせることになる。総理府（現内閣府）が昭和43（1968）年におこなった世論調査では，原子力の平和利用に賛成する人は58％であり，反対する人は3％に過ぎなかった。ところが，もんじゅの事故後，世論の風向きは大きく変わり，平成11（1999）年3月の調査では，賛成43％，反対21％となり，反対をはっきりと表明する人の割合が明らかに増加している[16]。さらに，福島での事故前後に行われた世論調査の結果は，劇的である。2010年11月の時点で，原子力発電の必要性に対して，必要である（49.1％），どちらかといえば必要である（28.3％）と8割近い人びとが原子力発電の必要性を認めていたが，事故後の2011年11月の時点では，それぞれ，15.7％と22.0％に激減している。また，原子力の専門家に対する信頼も同様に激減している[17]。
　このような状況にあって，原子力技術に携わる技術者には，安全確保への努力はもちろん，原子力の平和利用に関する社会的合意を形成する

ために,「トランス・サイエンス」の領域にまで関与して,一般市民の信頼を得ていくことが,社会的責任として求められている。

### (5) 遺伝子組換え作物（GMO）とリスク

2003年11月に,ローマ教皇庁（バチカン）で,遺伝子組換え作物（GMO：genetically modified organisms）の是非をめぐって「GMO：脅威か希望か（GMO：Threat or Hope?)」という会議が開催された[18]。この会議では,GMOを支持する推進派が,この新しい技術は飢餓で苦しんでいる人びとを救い,人類に大きな希望をもたらすものであると主張したのに対し,反対派は,飢餓は政治的・経済的な原因によるものであり,GMOでは解決できず,遺伝子組換えは神の創造物であるDNAを操作して新しい植物や動物をつくることになるので倫理的に問題であると反論した。この対立は,GMOをめぐる一般的な論点を代表するものである。

遺伝子組換え作物（食品）とは,遺伝子組換え技術によってつくり出された,自然界には存在しない作物あるいはそれを原料とする食品のことである。遺伝子操作技術により,原理的には農作物の生産性を飛躍的に高めることが可能となり,途上国の飢餓救済や将来予想される世界的な食糧不足にも対処し,さらに大きなビジネスチャンスにもつながる技術であり,希望（hope）であると考えられている。その一方で,これらの農作物の人体や生態系への影響は未知のリスクであり,脅威（threat）であるとも考えられている。

アメリカでは,1992年頃からかなり一般的に受け入れられている。ヨーロッパでは,遺伝子組換え食品は「フランケンシュタイン・フード」などと揶揄され,危険性が懸念される以上は予防的措置をとるべきだとする意見が根強い。また,GMOの普及はアメリカの経済政策の一環で

あるとする反発もある。日本では，厚生省（現厚生労働省）が1996年2月に，遺伝子組換え食品の安全性評価に対し一定の指針を示し，同年9月，遺伝子組換えダイズ，ナタネ・トウモロコシ・ジャガイモの4作物7品種の輸入を認めている。さらに2001年4月からは綿実，テンサイ，アルファルファの3作物が追加されている。2014年4月10日現在，日本では，8作物290種類について，食品としての安全性が認められている[19]。

このように遺伝子組換え作物は，現在の社会の中に着実に受容されつつあるが，これを長期にわたって摂取し続けた場合の人体あるいは後の世代へのリスクについては，いまだにこれを判断する知見はない。

このような未知のリスクのある技術を扱う技術者はどのように行動すべきだろうか。

## 3. 社会的合意形成を求めて
　　―技術者の責任と役割の拡大―

第9章で検討した「社会実験」モデルを唱えるマーチンらの主張によれば，技術は公衆を被験者とする実験であると考えられる[20]。この考え方からすれば，「実験台」になる公衆に対しては，その技術によって生じるリスクを説明した上で，説明に基づく合意，つまりインフォームド・コンセントを得る責任が「実験者」である技術者の側にある。

近年，こうした意思決定のプロセスを公共の場に開き，一般市民（公衆）の意見を反映させるための具体的な試みがなされるようになっている。例えば，コンセンサス会議，国民投票，熟議民主主義，公聴会，市民陪審員制度，諮問委員会制度，市民によるテクノロジー・アセスメントなどが提唱されている[21]。ここではコンセンサス会議について簡単に紹介する。

## （1） コンセンサス会議と「社会のなかの科学」

　コンセンサス会議とは，1980年代半ばにデンマークで生まれた市民参加型の社会的合意形成のための手法である。具体的には，まず会議の運営者がテーマ（例えば，クローン技術の是非，遺伝子組換え作物の安全性など）を設定し，その分野の専門家をなるべく公平な視点から選出して専門家パネルをつくる。次に，会議の主役となる市民パネル（14～16名程度）を，なるべくさまざまな視点が反映されるように注意しながら公募によって選ぶ。市民パネルは，設定されたテーマについて自ら学ぶとともに，複数回にわたって専門家パネルから説明を受け，その間で質疑応答が繰り返される。そして，市民パネルは自分たちだけで問題を検討し，できる限りの合意形成を目指す。そして，その結果を一般に公開する。

　このコンセンサス会議は，1990年代から，科学技術政策に関する「市民参加型」のフォーラムとしてヨーロッパ各国で開催されていった。日本でも，まずは1998年に大阪で，そして翌年には東京で試行された[22]。そして日本初の本格的なコンセンサス会議は，2000年に農林水産省によって「市民とのコミュニケーションを図るために」全国区のプロジェクトとして開催された。このコンセンサス会議において市民パネルが取りまとめた「市民の考えと提案」には，リスクのある技術を「社会実験」として導入する際に必要となる視点を数多く見出すことができる。ここではとくに，市民が掲げた計24の疑問点の中のとくにリスクに関わるものを中心に紹介する[23]。技術者の方々は，「遺伝子組換え農作物」の部分を自分が直接関与している技術と置き換えて，答えてみていただきたい。

> 1-(2)　遺伝子組換え農作物はなぜ開発されたのか

> 2 　遺伝子組換え農作物が社会にもたらすメリットは何か
> 3 　遺伝子組換え農作物の環境への影響について，以下のような事態の起こる懸念はあるだろうか（ここでは，近縁植物，昆虫・生物，人体，生物多様性の4点が挙げられている。）
> 4-(1) 遺伝子組換え農作物を長期間にわたり，食品として，もしくは飼料を経由して摂取し続けることによって，摂取した人間，および後世代にわたる人体への影響はないか
> 5-(1) 遺伝子組換え農作物によって被害を被ったときに，誰が責任を負うべきなのか
> 5-(2) 安全性を検討する仕組みとして，現状の制度は十分だろうか（国際的，国内的場面において）
> 5-(3) 遺伝子組換え技術が悪用される可能性はないか。また，それを防ぐ仕組みはあるのか
> 8-(2) 遺伝子組換え農作物の安全性に関する考え方や，表示に関する考え方は欧米でどのように違っているのか

　市民パネルはこの報告書の最後で，国にすべてを任せきりにしたり感情的に反対したりすることはマイナスでしかなく，リスクとベネフィットについて判断する社会科学的なものの考え方をする必要性を感じたと述べている。また，国は科学技術に関する社会科学的な分析についても啓発をおこない，市民一人ひとりが真剣に考えることが，長い目で見て社会の利益につながるとも述べている[24]。

　このように市民（公衆）の見解に対して，技術者は専門家としてどのように対応すべきなのだろうか。

　科学技術がリスクを持つことは本章で論じたとおり自明であるため，これを前提として，専門家である技術者は，被専門家である一般市民に

向き合うべきであろう。リスクがあることをベースとして，市民の意識・感情・価値観を配慮したコミュニケーションが必要である[25]。また，リスクを管理する上で，技術的問題だけではなく，政治・経済・文化などを含めた検討が必要となる。これらは，「トランス・サイエンス」領域の問題である。

科学技術の成果が社会に対してこれだけ多大な影響を与えている以上，技術者はトランス・サイエンスの領域の問題にも意識を向けて，自らの技術的専門だけではなく，より社会的な問題にも直接的に関与して，健全な社会的合意形成のために努力するべきであろう。こうした態度が，つねにリスクをともなう技術を扱う専門家の倫理として社会から求められている。

それゆえ，日本学術会議も，震災後2013年に改訂した「科学者の行動規範」の第3節「社会の中の科学」において，「市民との対話と交流に積極的に参加する」ことや「公共の福祉に資することを目的として研究活動を行い，客観的で科学的な根拠に基づく公正な助言を行う」ことを規範として示している。また，「科学的助言の質の確保に最大限努め，同時に科学的知見に係る不確実性及び見解の多様性について明確に説明する」ことを求めている。さらには，科学者コミュニティが行った政策決定者への助言とは異なった施策がとられた場合には，「必要に応じて政策立案・決定者に社会への説明を要請する」ことを要請している[26]。

（なお，日本学術会議の定義によれば，技術者は「科学者」に含まれる。）

### （2） 原子力発電を巡って

福島第一原子力発電所での事故直後，ドイツでは倫理委員会が設置され，原発の安全性だけではなく，核燃料廃棄物処理問題や総合的なエネ

ルギー計画および再生可能エネルギー関連での技術的優位性確保などの問題を議論した結果，原発の撤廃を決めた。2011年の夏に実施された我が国の国民的な議論においても，世論は，脱原発に向かった。しかし，政権がかわると，景気回復に関心は移り，2014年4月に閣議決定された第4次エネルギー基本計画では，原子力は電力を安定供給するための「ベースロード電源」として，地熱，一般水力，火力（石炭）と同列に扱われている。エネルギーミックス全体に占める割合は可能な限り減らしていくとはされているが，国としては，原子力発電を使い続けることを明確にした。一方，同年5月福井地裁は，関西電力大飯原子力発電所第3号機および4号機の運転を差し止める判決を出した。

　このような原子力発電を巡る動きのなかで，原子力に携わる技術者の役割と責任とは何か。これまでの議論を含めて，考えてみよう。まず，原子力技術者は，メタ，マクロ，メゾ，ミクロ，それぞれのレベルでの問いかけをすべきであろう。いくつか例をあげれば，1）メタ・レベルでは，そもそも人間にとって原子力エネルギーとは何か。高密度のエネルギーを解放し，使用することは，人類にとってどのような意味を持つのか。2）マクロ・レベルでは，原子力の利用（平和利用だけではなく，兵器としての利用やテロでの悪用を含む）が人間社会や環境にどのような影響を与えるのか。未来世代に多大な負担となる可能性のある核燃料廃棄物の処理はどうするのか。3）メゾ・レベルでは，世界や日本での原子力規制のあり方はこれでよいのか。4）ミクロ・レベルでは，日々の業務の中で，自分は何を為したいのか（志向倫理），何をしてはならないのか（予防倫理）。このような問題を自律的に継続して熟考する必要があるだろう。特に，メタ，マクロの問題を考えるためには，これまで繰り返し述べてきた，「価値」と広範な「ステークホルダー」を意識する必要がある。

さらに，日本学術会議の原子力技術者は，「科学者の行動規範」に従えば，原子力技術者は，市民との対話に積極的に参加し，次のような質問に適切に分かりやすく答えられなければならない。

1. 原子力はなぜ開発されたのか
2. 原子力が社会にもたらすメリットは何か。また，デメリットは何か。
3. 原子力の環境への影響について，特に人体や生物が影響を受ける場合どのようになるのか。
4. 事故が起こった場合，どの程度の放射性物質が放出されるのか。その人間，および後世代にわたる人体への影響はどの程度か。
5. 原子力発電所での事故によって被害を被ったときに，誰が責任を負うべきなのか。
6. 安全性を検討する仕組みとして現状の制度は十分だろうか。他国の仕組みはどうだろうか。
7. 原子力技術が悪用される可能性はないか。また，それを防ぐ仕組みはあるのか
8. 原子力の安全性に関する考え方は海外でどのように違っているのか

　原子力技術のもつリスクと不確実性を明確に示しながら，上記の問いに真摯に答える姿勢を，原子力技術者は持つ必要がある。
　また，国会事故調が指摘する「規制の虜」から脱するためには，原子力に携わるすべての技術者は，所属する組織の利害を越えて，「公衆の安全・健康・福利」を最優先するという「価値」を共有した上で，原子力を使うべきか否かと根本問題から，国民とともに議論を重ねていく必要がある。いわゆる「原子力ムラ」を解体して，公衆の福利のために，自ら何ができるのか，何をしたいのか，何を為すべきなのかを考え，そ

れを一般社会と共有する必要がある。

　東京電力福島原子力発電所における事故調査・検証委員会（いわゆる「政府事故調」）の委員長である畑村洋太郎氏は，報告書の最後に所感として以下の教訓を述べている。

① あり得ることは起こる。あり得ないと思うことも起こる。
② 見たくないものは見えない。見たいものが見える。
③ 可能な限りの想定と十分な準備をする。
④ 形を作っただけでは機能しない。仕組みは作れるが，目的は共有されない。
⑤ 全ては変わるのであり，変化に柔軟に対応する。
⑥ 危険の存在を認め，危険に正対して議論できる文化を作る。
⑦ 自分の目で見て自分の頭で考え，判断・行動することが重要であることを認識し，そのような能力を涵養することが重要である。

　本科目でこれまでも何度も述べて来たように，「自分の目で見て自分の頭で考え，判断・行動する」能力こそが，「技術者倫理」の能力である。「新しい時代」における技術者は，ますます，倫理的な行動設計能力を求められている。

## ・注および参考文献

① 『東京電力福島第一原子力発電所事故調査委員会報告書』ダイジェスト版　http://warp.da.ndl.go.jp/info:ndljp/pid/3856371/naiic.go.jp/blog/reports/digest/（以下「国会事故調報告」とする）。
② 日本経済新聞電子版2012年7月5日．2014年7月12日アクセス。
③ 「国会事故調報告」
④ 前掲書
⑤ 例えば，William W. Lowrance, "The Nature of Risk," in Richard C. Schwing and Walter A. Alberts, Jr. eds., *Social Risk Assessment : How Safe Is Safe Enough?* (New York : Plenum Press, 1980), p. 6。その他のリスクの考え方については，例えば，（日本リスク研究学会編）『リスク学事典』（TBSブリタニカ，2000年）などを参照のこと。
⑥ Charles E. Harris, Jr., Michael S. Pritchard, and Michael J. Rabins, *Engineering Ethics : Concepts and Cases*（Belmont, CA : Wadsworth Publishing Company, 1994), pp. 232-235
⑦ MARK 1型原子炉格納容器については，GE社の「東日本大震災と福島第1原発に関する情報」http://www.ge.com/jp/news/reports/gereport_march18_11.html などを参照のこと。また，元主任技術者に対するインタビューについては，https://www.youtube.com/watch?v=P8-qzwzRKvw を参照のこと。
⑧ 日本リスク研究学会，前掲書
⑨ Harris，前掲書，p. 245
⑩ H. W. Lewis, *Technological Risk*（New York : W. W. Norton & Company, 1990), p. 96
⑪ Alvin M. Weinberg, "Science and Trans-science," *Minerva*, Vol. 10 (1972), pp. 209-222 ; id., *Nuclear Reactions : Science and Trans-Science*（New York : American Institute of Physics, 1992)
⑫ 「トランス・サイエンス」に関する解説については，小林傳司『誰が科学技術について考えるのか―コンセンサス会議という実験―』（名古屋大学出版会，2004年）などを参照のこと。

⑬原子力安全委員会編『原子力安全白書　平成12年版』財務省印刷局，2001年，p. 1
⑭前掲書，p. 62
⑮前掲書，p. 24
⑯前掲書，p. 62
⑰第23回原子力委員会　資料，第1号，「平成24年度　原子力利用に関する世論調査の結果について」(平成25年2月発行「平成24年度原子力利用に関する世論調査」報告書より抜粋）http://chosa.itmedia.co.jp/categories/society/26776。2014年7月13日アクセス。
⑱この会議については，例えば，Jeffrey L. Fox, "Vatican debates agbiotech," *Nature Biotechnology* 22, 4-5（2004）などを参照のこと。
⑲厚生労働省医薬食品局食品安全部,「安全性審査の手続を経た旨の公表がなされた遺伝子組換え食品及び添加物一覧」(平成26年4月10日現在)。http://www.mhlw.go.jp/topics/idenshi/dl/list.pdf．2014年7月13日アクセス。
⑳ Mike W. Martin and Roland Schinzinger, *Ethics in Engineering*, 3rd Edition (New York : McGraw-Hill Publishing Company, 1996), pp. 81-127
㉑藤垣裕子「科学的合理性と社会的合理性―妥当性境界―」，小林傳司編著『公共のための科学技術』玉川大学出版，2002年，p. 51
㉒これらの会議については，小林傳司『誰が科学技術について考えるのか』などを参照のこと。
㉓小林，前掲書，第3章以下，および資料5を参照のこと。詳細な討議の様子や市民パネルの意見などについては，社団法人農林水産先端技術産業振興センター『遺伝子組換え農作物を考えるコンセンサス会議』2001年，などを参照のこと。
㉔小林，前掲書
㉕八木絵香ほか「リスク・コミュニケーションにおける専門家の役割」，『科学技術社会論研究』第3号（2004），pp. 129-142
㉖日本学術会議声明　「科学者の行動規範―改訂版―」2013年

# 14 | 責任ある研究活動とは何か

札野　順・栃内文彦

《目標&ポイント》　本章では，研究活動における倫理問題を検討する。研究における不正行為や疑わしい研究活動について考察し，責任ある研究活動のあり方を，日本学術会議の「科学者の行動規範—改訂版」などを基に，震災後の「新しい時代」における研究活動のあり方について考察する。
《キーワード》　研究倫理，責任ある研究活動，不正，捏造，改ざん，盗用，「疑わしい研究活動」，日本学術会議，「科学者の行動規範」とその改訂版，研究倫理プログラム

## 1. 研究倫理の事件簿

### (1) 科学の営み（研究活動）と研究倫理と技術者倫理

本書では「技術者倫理」の考察を，基本的には，科学技術の「技術」の面から進めてきた。しかし，歴史的には異なったルーツを持つ科学と技術も，今日では「科学技術」として一体化している。先端科学技術を利用した製品の研究開発のような営みでは特にそうだろう。したがって，技術の営みの科学的側面に関わる倫理的検討も「技術者倫理」に含められるべきである。

そこで本章では，科学の営みの大きな特徴である研究活動に着目し，研究倫理について検討・考察する。研究活動も人間社会における営みの一つであるから，倫理的に不適切な行為（不正行為）と無縁ではない。研究活動における不正行為を技術者倫理の視点から捉えると，そのよう

な行為をしてしまった研究者は,「研究実践における行為・行動の設計」において過ちを犯してしまった,ということになる。

なぜ彼(女)らは過ちを犯してしまった／しまうのだろうか。研究活動における不正行為は,社会的に見て,どの程度深刻な問題なのだろうか。不正行為の事例の紹介から,これらに関する検討を始めることにしよう。

### (2) 研究活動における不正行為はどの程度起こっているのか

科学雑誌『サイエンス』の編集長を務めたダニエル・コシランドは,科学論文の99.9999％は精密で信頼できると同誌の論説記事で述べたという[①]。この"研究活動における不正は殆どない"とする主張について,読者はどう思うだろうか。

残念ながら,研究活動における不正行為の割合が「0.0001％」しかないというのは,事実ではない。科学史をひも解けば,研究活動における不正行為は今も昔も行われていることが分かる。例えば,20世紀初めに起きたピルトダウン事件は科学史上有名である[②]。時代が進み,社会が科学技術への依存を高めるにつれて,不正行為は科学界を超えて社会全体に大きな影響を与えるようになった[③]。2000年頃以降に明らかになった不正行為には,社会全体に大きな影響を与えた事件も多い。これらの事件の概要をごく簡単に紹介しておこう[④]:

・旧石器発掘捏造事件:1970年代中頃から,「神の手」と称されたアマチュア考古学研究者が,日本国内の各地で旧石器時代の石器を相次いで掘り出した。それらの発見の影響は,考古学・歴史学界にとどまらず,遺跡の地元の自治体の地域おこしや観光振興などにも及んだ。しかし,2000年に,それらの発見のほぼ全てが捏造だったことが明らかとな

り，学界だけでなく社会的に非常に大きな衝撃を与えた。
- 高温超電導論文捏造事件：2000年頃から，米ベル研究所の若手研究者が超電導の臨界温度を更新したという論文を連発した。より高温で超電導が可能になれば，社会のエネルギー事情が一変する。したがって，世界中で追試が行われたが，誰一人，再現できなかった。2002年，論文の内容は全て捏造だったことが発表され，莫大な人的・物的リソースが無駄になった。
- ES 細胞事件：2004年，韓国人研究者が，世界で初めてヒトクローン胚由来の ES 細胞樹立・培養に成功したと発表し，国民的英雄となった。医療に応用して従来治療不能な病や怪我が治せるようになる日は近いと宣伝されたため，多くの人が治療を受けられるようになる日を待ち望んだ。しかし，2006年，研究成果は捏造だったことが確認され，多くの人びとを失望させた。

これらの事件以外にも最近日本で起こった研究不正事件としては，次のようなものがある。
- 東京大学トルコ人助教経歴詐称・業績捏造・盗用事件：2010年東京大学大学院工学研究科の助教であったトルコ人研究者の経歴が全くのでたらめで，また，業績が捏造されたものであることが発覚した。宇宙エレベーターに関する博士論文のなかにも多くの剽窃があることがわかり，東京大学創立以来初めて，学位が取り消された。
- 東邦大学准教授データ捏造事件：2011年，当時東邦大学准教授で麻酔科学の領域で研究をしていた人物が，1991年から2011年にかけて発表した論文212本のうち172本にデータ捏造があったことを日本麻酔科学会の調査委員会が明らかにした。史上空前の捏造論文の数に日本中が驚きの声をあげた。
- 高血圧治療薬（降圧剤）臨床研究不正事件：2013年，京都府立医科大

学の教授らが行った大手薬品会社の降圧剤の臨床試験で，統計処理を担当した同社の社員が，他の症状にも効果があるように見えるようにデータを改ざんし，この結果を基に研究成果を発表した。同社は，これらの論文を製品の宣伝に利用した。

　これらの事件以外にも，残念なことに，社会的影響の大小によらず不正行為は行われており，しばしば新聞やテレビ・ラジオなどで報じられている。これらの事例については，次節以降の考察を深めるために，読者自身で調べてみて欲しい。

（3）　研究の現場で何が起きているのか
　相当数の不正行為が報じられるということは，不正行為は隠し通せずいずれ明るみになる場合が多い，ということだ。言うまでもなく，不正行為を行った研究者は，少なからぬ社会的制裁を受けることになる。にもかかわらず，不正を行う研究者が跡を絶たないのはなぜだろうか。
　彼（女）らが，（代償の大きさを知りながら）研究実践における行為・行動の設計を誤り，不正を行う理由として，マクロ・レベルの要因を挙げることができる。社会構造の変化により，不正行為を誘う要因や誘惑が増加しているのだ。このことについて，日本学術会議は「科学者には科学研究における誠実さがいっそう求められるのである。ところが，高度化した情報社会，複雑な産業構造の中で判断が難しくなり不誠実に陥りやすくなっていることも事実である」と述べている[5]。

　情報社会の高度化により，大量・高速のデータ処理が可能となった。その結果，例えば，画像データなどを改ざんしようと思えば，個人のレベルで（安価なパーソナル・コンピュータ程度の機器で）高精度かつ容

易に行えるようになった。また，インターネットを悪用することで，他人が公表した成果を盗用することも容易になった（従来は少なくとも手で書き写さねばならなかったが，今では「コピー・ペースト」できる）。これは，そうしたい誘惑に駆られても従来は技術的に不可能か，手間のかかったことが簡単にできるようになったということである。

　産業構造の複雑化は，社会的背景として，研究活動の理想と現実の乖離(かい り)を著しくした。研究活動の理想のあり方が営利から離れ知的好奇心のままに研究を進めることとすれば，CUDOS（Communality（公有性），Universality（普遍性），Disinterestedness（私的利益からの解放），Organized Skepticism（組織化された懐疑主義））のような価値観が共有されるだろう[6]。しかし，社会の科学技術への依存が高まるにつれ，研究者には社会により直接的な利益をもたらすような成果を挙げることが求められるようになった。これは，研究活動が理想のあり方から離れ営利的側面を強めたということでもある。今日のそのような状況は，CUDOSに対比させてPLACE（Proprietary（営利的・機密的），Local（地域的），Authoritarian（権威主義的），Commissioned（請負的），Expert（専門の細分化））で表すことができるだろう[7]。

　PLACE的な現実にあって，企業から研究費を得ている場合や共同研究などでは特に，関わってくる各組織の思惑が絡みあい，深刻な利益相反の問題が発生しやすい。例えば，研究者Aが製薬会社Xの株式を保有している，あるいは，X社から相当額の研究費を提供されている，としよう。このとき，AがX社から新薬の有効性の評価テストを依頼されたとすれば，Aは利益相反の問題に直面することになる。Aは，客観的な立場からテストを行えるだろうか。行えたとして，他の人びともそのように見てくれるだろうか。

　また，研究者は研究活動を進めるための研究資金をはじめさまざまな

リソースを獲得しなければならない。限られたリソースを得るために研究者同士が熾烈に競い合い、成果を出せない研究者は生き残れない「publish or perish（出版か死か）」、という状況が生じた。かくして、激化したリソース（主に研究費）獲得競争は、研究計画書や報告書の誇大表現を誘い、ついには不正行為を招くことになる。

このように、研究者は、今日、不正行為を誘う雰囲気に取り囲まれていると言うことができよう。

## 2.「責任ある研究活動」とは何か

### (1)「責任ある研究活動」と、その遂行に向けて研究者が共有すべき価値

アメリカの研究公正局（ORI：Office of Research Integrity）が「責任ある研究活動（RCR：Responsible Conduct of Research）」のためのハンドブックを公表している[8]。それによると、RCRとは「良き社会人としてのあり方を［研究の］プロフェッショナルとしての活動にも適用するというだけのことである」[9]。研究活動のあり方は分野や研究機関によって大きく異なるため、「RCRとは○○である」のような明確な定義づけは難しい。しかし、研究者がRCRを実践する際に共有される価値を挙げることは出来る。ORIのハンドブックによると、それらは「正直さ」「正確さ」「効率」「客観性」である[10]。もう一つ、「誠実さ」という価値を付け加えよう（課された責任を誠実に果たした技術者の事例を本書では検討してきた）。これらの価値を尊重して行われる研究活動がRCRである、と定義することにしよう。

## （２） 研究上の不正行為とは何か

　RCRの対極を為すのが，研究活動において不正行為を働くことである。すでに，「研究活動の99.9999％が信頼できる」とは言えない事実を見た。では，仮にこの言説が正しいとして，0.0001％程度であれば不正行為は許容されるのだろうか。

　我々は，今日の高度科学技術社会においては，その程度の僅かな不正行為でも許容されない，と考える。本章で紹介したごく簡単な事例の検討からも明らかなように，不正行為は他者に危害を与える可能性がある。また，貴重な人的・物的リソースを浪費させ，経済的にも大きな損失を社会に与える。さらに，研究者コミュニティ全体の信頼性を崩壊させる。つまり，研究活動における不正行為は，社会を支える土台を腐らせ，結果的に社会の崩壊を引き起こしかねない行為なのだ。

　研究上の不正行為は，大きく「捏造（Fabrication）」「改ざん（Falsification）」「盗用（Plagiarism）」の３タイプに類型化することができる。しばしば，英語の頭文字をまとめて「FFP」と称される。具体的に見てみよう：

　１）捏造：存在しないデータを作成すること。例）「都合により必要な実験ができなかった。そこで，実験を行ってデータが得られたような報告書を作成した」。
　２）改ざん：データの変造や偽造を行うこと。例）「実験を行っても，期待されるデータがどうしても得られない。そこで，（正当な統計処理を超えて）得られた値を期待する理論値に近付けるように書き換えた」。
　３）盗用：他人のアイディア，データ，研究成果などを適切な引用なしで（あたかも自分のものであるかのように）使用すること。例）「作成中の報告書の締切りが迫っている。そこで，研究の背景についての記述

を，共通の背景を持つ別の研究の報告書の該当部分から許諾を得ずに持ってきた」。

これらを平易に言い換えれば，研究を行う上で，1)嘘(うそ)をついてはならない，2)騙(だま)したり，ずるをしてはならない，3)盗んではならない，となるだろう。

研究活動における不正行為は，人びとの科学者への信頼を失わせ，社会を崩壊させかねない。したがって，如何(いか)なる理由であれ，FFPに代表される不正行為を行ってはならない。

## (3)「疑わしい研究活動(QRP)」

「不正な行為」をしてはならない。しかし，「正/不正」の判断は価値判断であるから，自分では「正しい」と思っていても社会から「不正」と判断される，ということがある。あるいは，法律などが規定する要件を満たしている(狭義の法令遵守の観点では合法的，つまり「正しい」)ものの，盲目的に遵守しているだけで社会的責任の自覚を伴わない，ということもある。これらのような場合，明確な不正行為ではないにしても，倫理的観点からRCRを行っているとは言えない。これら，「正しい」行為と不正行為の間のグレー・ゾーンに位置する，不正とまでは言えないが倫理的に適切ではない研究活動が「疑わしい研究活動(QRP: Questionable Research Practice)」である[11](図14-1参照)。

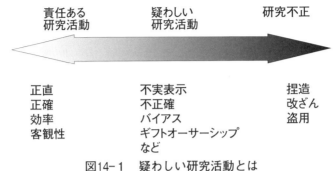

図14-1　疑わしい研究活動とは

研究倫理に詳しいステネックは，「QRP」を研究の各段階で以下のように整理している[12]。

**計画段階**
- 偏った研究計画（結果を支持する方法や対照群の選択）
- 利害相反の非開示
- 審査委員会に対する不正直な情報提供

**実施段階**
- 正式な手順・手続きを踏まない（特に，ヒトを対象とする研究）
- 不適切な，あるいは，不十分なデータの記録
- 不十分な監督

**解釈段階**
- 不適切な統計処理方法
- 不適切なデータや対照群の選択
- （データなどにより）正当化されない，あるいは，支持されない結論

**発表・出版段階**
- 名誉・ゴーストオーサー（著者）

- 不正確な，あるいは誤解を招く注や要約
- 重要な情報の隠蔽（非開示）

**査読・審査段階**
- 守秘義務違反
- ぞんざいな査読・審査
- 特定の研究者あるいは分野に対するバイアス

　上記以外にも，研究には直接貢献していない人物（研究室のボスや大きなプロジェクトの代表者，スポンサー企業の関係者など）を著者に加える，いわゆるギフト・オーサーシップの問題や，本来であれば一つのまとまった研究として1本の論文にまとめるべきところを，小さな部分に分けて発表するいわゆるサラミ出版なども，QRPである。

　ステネックは，実証的な研究から研究不正が行われているのは，0.1％～1％と見積もっているが，QRPについては，はるかに頻繁に起こっているとしている。その数の多さ故に，研究コミュニティに与える影響は，不正行為と同様，あるいはそれ以上に大きいとしている[13]。

## 3．「責任ある研究活動」を促進するためには

### （1）　日本学術会議声明「科学者の行動規範」の特色

　日本学術会議の重要なミッションに，「わが国の人文・社会科学，自然科学の全分野の約82万人の科学者を内外に代表する機関」として，「科学に関する重要事項を審議し，その実現を図ること」がある[14]。その日本学術会議において「科学者の行動規範」が2006年に採択されたということは，わが国の研究者が総体として，研究活動における不正行為の現状を「科学（＝研究活動）に関する重要事項」と認識していることを意

味する。そこで，研究倫理を確立しRCRを促進する観点から，「科学者の行動規範」の特色を見ることにしよう[15]。

先ず，「科学者の行動規範」成立の背景を確認しよう。1980年，日本学術会議はCUDOS的理想が現れている「科学者憲章」を採択した。それは，「当時の時代環境を大きく反映して［審議・採択が］行われた」声明であり[16]，「科学技術立国」を掲げる日本の発展を支えようという理念を科学者自らが表明したものだった。しかし，同憲章採択から四半世紀が経過した「行動規範」作成当時では，科学者を取り巻く環境と社会的役割の大きさは大きく異なっており，同憲章は「歴史的な使命を終えた」[17]。かくして，日本学術会議は，科学者の不正行為が深刻化しているとの認識の下，2004年の「科学における不正行為とその防止について」[18]を経て，2006年の「科学者の行動規範」と2008年の「日本学術会議憲章」，それぞれについての声明の採択に至ったのである[19]。

このような経緯を経て採択された「科学者の行動規範」の特徴として挙げられることは，PLACE的現実の中でCUDOS的理想に向けてどのように行動すべきか，という視点がはっきりと見て取れることである。前文の中には，「科学と科学研究は社会と共に，そして社会のためにある」という認識が明記されている。また，「人類及び社会の安全・健康・福利」と「地球環境の持続性」に貢献する責任があることを掲げ，社会からの信頼を得，それを高めることの必要性を訴え，その観点で取るべき行動を示している。

加えて，日本学術会議が日本の研究者コミュニティを代表する組織であることから，この行動規範は，狭い意味での自然科学者だけではなく，「所属する機関にかかわらず，人文・社会科学から自然科学までを包含するすべての学術分野において，新たな知識を生み出す活動，あるいは科学的な知識の利活用に従事する研究者，専門職業者を意味する」

(「科学者の行動規範」前文)という点でも注目に値する。

また、この規範が科学者共同体の内部から生まれたということを強調し、自律性を強く意識していることも特徴である[20]。これは、この規範を(単に壁に貼ってある標語とせずに)有効に機能させるために重要である。そのために、「声明　科学者の行動規範について」では、行動規範の後に「科学者の行動規範の自律的実現を目指して」という「科学者の行動規範」を補完する文書を続け、研究倫理プログラムの自主的実施を諸研究機関などに求めている。これも、この規範の特徴と言える。

## (2) 研究倫理プログラムの必要性

既に検討した通り、21世紀の研究者は不正行為に関わりやすい環境におかれている。したがって、研究者個人の倫理的判断能力を高めることに加えて、研究者が属する組織が、各研究者の倫理的な行動を促すための施策、つまり研究倫理プログラムを実施することも極めて重要である。

研究倫理プログラムとは、各研究機関の「設立目的やビジョン、組織構成に基づく「価値共有」のための包括的な取り組み」であり「各機関が研究を行っていくうえで重視すべき価値群とその優先順位、あるいは原則などを、倫理綱領や規定のかたちで明示し、これをもとに構成員が適切な意思決定を行うことができるように権限委譲を行う、一連の組織的な活動」である[21]。プログラムを構成する要素については次のような項目が挙げられている[22]。

1. 各機関の倫理綱領・行動指針などの策定と周知徹底
2. トップのコミットメントとリーダーシップ
3. 常設専門部署・制度の確立
4. 倫理教育の実施

5. 健全な研究環境の整備（自由，公平，透明性，公開性の担保された関係，倫理に関するコミュニケーションなど）
6. 「科学者の行動規範」の遵守と周知徹底
7. 疑義申し立て制度・調査制度の確立・運用
8. コンプライアンス・利益相反ルールの整備
9. 自己点検システムの確立

また，「倫理プログラム」という考え方については，企業倫理プログラムに関する検討を参照されたい。

## （3）「科学者の行動規範」の改訂

日本学術会議の上記のような取り組みには一定の評価が与えられた。例えば，アメリカ科学振興協会（American Association for the Advancement of Science：AAAS）は，この行動規範が，科学者にこれまでのものよりもより強く社会的責任を認識させるものとして賞賛している[23]。

しかし，残念ながら，行動規範の制定後も，研究不正事件が後を立たず，さらに，東日本大震災後の日本の科学者がその役割を十分果たせなかったことへの深い反省，さらには，鳥インフルエンザの研究等いわゆる科学技術のデュアルユース問題が急浮上したことに鑑み，2013年1月に「科学者の行動規範」を改訂した[24]。

改訂された前文は，以下のように震災後の科学者の責任について言及している[25]。

　平成23年3月11日に発生した東日本大震災および東京電力福島第一原子力発電所事故は，科学者が真に社会からの信頼と負託に応えてきたかについて反省を迫ると共に，被災地域の復興と日本の再生に向けて科学

者が総力をあげて取り組むべき課題を提示した。さらに，科学がその健全な発達・発展によって，より豊かな人間社会の実現に寄与するためには，科学者が社会に対する説明責任を果たし，科学と社会，そして政策立案・決定者との健全な関係の構築と維持に自覚的に参画すると同時に，その行動を自ら厳正に律するための倫理規範を確立する必要がある。科学者の倫理は，社会が科学への理解を示し，対話を求めるための基本的枠組みでもある。

さらに，加筆・再構成された16の条項は，Ⅰ科学者の責務，Ⅱ公正な研究，Ⅲ社会の中の科学，Ⅳ法令の遵守など，の4つの領域に分類されている。特に注目に値するのは，Ⅰ科学者の責務 の中に，（社会の中の科学者）および（社会的期待に応える研究）が強調され，Ⅲ社会の中の科学 のなかに，（社会との対話），（科学的助言），（政策立案・決定者に対する科学的助言）という項目が示されている点である。

1999年ブダペストで開催された世界科学会議で採択された「科学と科学的知識の利用に関する世界宣言」[26]を受けて，2006年の行動規範から，日本学術会議は，「社会のなかの，社会のための科学」という理念を掲げてきたが，2013年の改訂では，震災後の「新しい時代」において，この理念をさらに明確に，高く，より具体的に掲げることとなった。

すでに述べたように，技術者倫理の第一原則は，「公衆の安全・健康・福利の最優先」であり，これは，まさしく，日本学術会議がその行動規範のなかで重視する価値である。「社会のなかの，社会のための科学」という価値観が共有され，この価値観に基づく研究が行われるのであれば，研究不正やQRPが行われる余地はほとんどないといえる。また，この価値観の下に，研究を遂行すれば，社会への貢献（どの時点で貢献の度合いが見えるかは，学術の分野やテーマによって異なることはあろ

うが）ができ，それは，ポジティブ心理学の知見によれば，科学者に meaningful な「幸せ」を与えることになる。

不正行為について深刻な現状を検討した。衝撃を覚えた読者も多いだろう。しかし，圧倒的多数の研究者は誠実に研究を行っている。彼(女)らが，「社会のなかで，社会のために」研究をしているのだということを常に認識でき，彼らを『幸せ』にできるよう，組織レベルでの研究倫理プログラムの策定と実施が求められている。そして，そのような活動を牽引（けんいん）していくのが技術者倫理を学んでいる読者の皆さんなのだ。

### ●注および参考文献

注記：「捏造，改ざん，盗用」について
　本年8月文部科学大臣決定として公表された研究不正に関する新しいガイドラインでは，特定不正行為として，「捏造，改ざん，盗用」という用語が当てられていますので，本書でも，このガイドラインの表記にしたがうことにします。
　「科学研究における不正行為等に関するガイドライン」（文部科学大臣決定）2014年8月26日
　　http://www.mext.go.jp/b_menu/houdou/26/08/__icsFiles/afieldfile/2014/08/26/1351568_02_1.pdf

① R. ベル（井山弘幸訳）『科学が裁かれるとき』（化学同人，1994年），p. 2
② 例えば，ウイリアム＝ブロード，ニコラス＝ウェイド（牧野賢治訳）『背信の科学者たち』，pp. 184-188
③ そのような事例については，前後の注で挙げた文献の他，例えば，山崎茂明『科学者の不正行為―捏造・偽造・盗用―』（丸善，2002年），などを参照。
④ これらの事件の詳細については，河合信和『旧石器遺跡捏造』（文春新書，2003），村松秀『論文捏造』（中公新書ラクレ，2006年），李成柱　裴淵弘訳）『国家を騙した科学者』（牧野出版，2006年），などを参照。

⑤日本学術会議「科学における不正行為とその防止について」(http://www.scj.go.jp/ja/print/pdf/taigai_reef.pdf, 2004)
⑥ CUDOS については R. マートン（森東吾ほか訳）『社会理論と社会構造』（みすず書房，1961年［原著は1949］）参照．
⑦ PLACE については J. ザイマン（村上陽一郎ほか訳）『縛られたプロメテウス―動的定常状態における科学』（シュプリンガー・フェアラーク東京，1995年）参照．
⑧ Steneck, N. H., *ORI Introduction to the Responsible Conduct of Research* [Revised Edition], U.S. Government Printing Office, 2007.<http://ori.hhs.gov/documents/rcrintro.pdf>からダウンロードすることもできる．
⑨ "… [R]esponsible conduct in research is simply good citizenship applied to professional life." 前掲書，p. xi
⑩前掲書，p. 3
⑪ N. H. Steneck, "Fostering Integrity in Research : Definitions, Current Knowledge & Future Directions," *Science and Engineering Ethics*, Vol. 12, 2006, pp. 53-73.
⑫ N. H. Steneck, "What Do We Know? : Two Decades of Research on Research Integrity," Presentation slide, the First World Conference on Research Integrity, September 16-19, 2007
⑬ Steneck, ibid.
⑭日本学術会議「日本学術会議とは」, http://www.scj.go.jp/ja/scj/index.html（2008年9月5日ダウンロード）
⑮声明「科学者の行動規範」の全文は<http://www.scj.go.jp/ja/info/kohyo/pdf/kohyo-20-s3.pdf>よりダウンロードできる．
⑯日本学術会議声明 「日本学術会議憲章」, http://www.scj.go.jp/ja/scj/charter.pdf, 2008の「背景説明」
⑰前掲文献
⑱注⑤参照
⑲本章では「日本学術会議憲章」の検討は行わないが，憲章と「科学者の行動規範」は互いに補完的な役割を担う．
⑳倫理的思考の特徴の一つに「自律」があることを思い出して欲しい（第6章参照）．
㉑科学倫理検討委員会編『科学を志す人びとへ』（化学同人，2007年），p. 93

㉒注⑮の文献の後半部分である「科学者の行動規範の自律的実現を目指して」を参照のこと。
㉓AAAS, *Professional Ethics Report*, Vol. XX, No. 2（Spring 2007）
㉔科学技術の成果は，基本的には，人間の生活に恩恵を与えるが，それらが悪用されたり，誤用された場合には，深刻な問題を引き起こす可能性がある。また，民生用に開発された技術が軍事に転用されることもあるし，その逆もあり得る。このように，科学技術は，その成果を利用する者の意図により両義性を持つ。このことを科学技術のデュアルユース問題と呼ぶ。詳細については，例えば，日本学術会議　報告「科学・技術のデュアルユース問題に関する検討報告」2012年 http://www.scj.go.jp/ja/info/kohyo/pdf/kohyo-22-h166-1.pdf などを参照のこと。
㉕日本学術会議　声明「科学者の行動規範―改訂版―」2013年
㉖UNESCO（国連教育科学文化機関）とICSU（国際科学会議）が共催した会議で採択された宣言で，全文は，例えば次のサイトを参照のこと。http://www.mext.go.jp/b_menu/shingi/gijyutu/gijyutu4/siryo/attach/1298594.htm

# 15 | 社会のなかの，社会のための技術者 ―「幸せ」をもたらす技術者倫理―

札野　順

《目標＆ポイント》　科目全体のまとめを行う。また，ミクロからマクロへ視点を拡大して，新しい時代の技術者の役割を俯瞰的に検討する。技術者が常に社会の中にあり，また，社会のために存在することを強調し，技術者が「公衆の安全・健康・福利を最優先する」ことにより，社会に貢献し，「幸せ」を増大させるだけではなく，自らの「幸せ」に繋がることを確認する。
《キーワード》　技術者倫理，信頼，リスク・マネジメント，ポジティブ心理学，プラトン，Philosopher-Engineer，アリストテレス，eudaimonia

## 1.「新しい時代」―再考―

　東日本大震災は，歴史的な大地震，それにともなう，「想定」をはるかに越えた巨大な津波，さらに，「考える必要がない」とされた全電源喪失と原子力関係者の「慢心」による原子力発電所の「人災」事故の複合による大災害である。この大災害は，人間社会と科学技術のあり方を大きく変え，「新しい時代」をもたらした。この新しい時代の特徴は，以下の点にまとめることができる。

1) 科学技術の成果への妄信的な依存からの脱却
2) 科学技術が人間社会に与える影響に関する俯瞰的な視点
3) 旧来の経済的・物質的豊かさからこころの豊かさへの転換
4) 人間にとっての「幸せ」を科学的に考察し，それを高めることへの志向

このような「新しい時代」における，技術者をはじめとして科学技術に関わる人びとの役割と責任は，この科目ですでに検討してきたように震災以前とは大きく変化している。

　第13章で検討したように，福島第一原子力発電所での事故から，技術者は多くの教訓を得た。公衆の安全を最優先するためには，「規制の虜」を脱却しなければならず，そのためには，時の政府や組織の指示に従うのではなく，「自分の目で見て自分の頭で考え，判断・行動する」能力，すなわち，技術者倫理の能力が重要なのである[1]。

## （1）　技術者吉田昌郎の意思決定と行動[2]

　このような役割と責任の変化を考えるとき，ひとりの技術者の偉業が参考になる。事故当時，福島第一原子力発電所の所長であった吉田昌郎氏である。

　1955年大阪に生まれた吉田氏は，大学院修士課程（原子力工学専攻）修了後，1979年に東京電力に入社した。本店だけでなく各地の原子力発電所での勤務を経験した後，2007年には，原子力技術・品質安全部を改組して新設された原子力設備管理部部長となった。2008年に東電内部で，それまで考えてこなかったような津波が福島第一原子力発電所に襲来した場合の検討が行われた。明治三陸沖地震（1896年）規模の波源が，福島沖にあると仮定すると，防潮壁（10m）を越える，15m以上の津波が来ることが試算結果として現れた。しかし，土木学会や中央防災会議が，それぞれ，2002年と2006年に福島沖に波源はなく，防災対策の対象とする必要はないとする見解を出していたため，吉田氏が部長を務めていた原子力設備管理部としては，そのような大きな津波が来る可能性はないという結論を出し，津波のための対策はとられなかった。吉田氏自身は，津波に対する備えを忘れていたわけではなく，土木学会に自主試

算の結果を基に再検討を依頼していた．また，立地地域の堆積物調査を行い，貞観地震（869年）の際の津波の高さを4m程度と見積もっていた．しかしながら，1000年に一度の大地震と津波に備えるために，防潮壁を高くしたり，原子炉建屋の水密化を行うことを経営層に対して強く主張することはなかった．

　大震災が起こるわずか9ヶ月前の2010年6月に吉田氏は，執行役員・福島第一原子力発電所所長となった．吉田氏にとっては，同発電所に勤務するのは4度目であった．2011年3月11日の事故発生時から，不眠不急で対応にあたり，「福島フィフティ」と呼ばれた東電や協力会社の社員を指揮し，自衛隊や消防隊をはじめとする多くの人びとの援助を受けながら，最悪の事態を乗り切った．

　事故が最も緊迫した状態であった3月12日．核燃料を冷やすために，緊急の手段として3号機の格納容器への海水注入を始めていたが，当時の菅直人総理大臣を本部長とする内閣府原子力災害対策本部の動向を忖度した東京電力本店が，海水注入の中断を指示した．しかし，吉田氏は，本店側には指示に従うように装いながら，自らの判断で，部下には海水注入を継続させた．この決断が，結果的には，原子炉の暴走を抑え，最悪の事態を回避させた．命令系統を無視した吉田氏の判断と行動はさまざまな形で批判はあるが，現場の技術者として，吉田氏が「自分の目で見て自分の頭で考え，判断・行動する」ことができたからこそ，日本は救われたのである．彼のそのような資質があったからこそ，部下達が死を覚悟してまで，吉田氏とともに，事故の沈静化に邁進できたのである．

　吉田氏が，原子力設備管理部長として行った津波対策に関する意思決定と行動と発電所所長としての意思決定と行動の対比は，「新しい時代の技術者倫理」を考える上で，示唆に富んでいる．

## （２） 信頼の回復に向けて—主要価値の共有[3]—

　すでに何度も見て来たように技術者倫理の第一原則は，「公衆の安全・健康・福利の最優先」である。例えば，日本技術士会はその倫理綱領の基本綱領で「１．技術士は，公衆の安全，健康及び福利を最優先に考慮する。」としている。また，日本原子力学会は，その倫理規程で，「会員は，公衆の安全をすべてに優先させて原子力および放射線の平和利用の発展に積極的に取り組む」としている。しかしながら，「安全神話」と「原子力ムラ」におけるさまざまな呪縛により「規制の虜」の状態を作り上げていた原子力技術者たちは，この第一原則に基づく意思決定ができず，かつ，事故当時および事故後の情報の公開も不十分であった。

　このため，世論調査の結果によると，専門家や関係者への信頼は失墜した。

問11-1．あなたは，原子力に携わる専門家や原子力関係者を信頼できると思いますか。（○は１つだけ）

| | 信頼できる | どちらかといえば信頼できる | どちらともいえない | どちらかといえば信頼できない | 信頼できない | 無回答 |
|---|---|---|---|---|---|---|
| 07年1月全体(n=1200) | 4.5 | 25.6 | 60.5 | | 5.5 | 3.1 0.8 |
| 07年10月全体(n=1200) | 3.6 | 18.7 | 58.4 | 12.3 | 6.4 | 0.6 |
| 08年10月全体(n=1200) | 4.3 | 21.0 | 58.4 | 9.8 | 5.8 | 0.8 |
| 10年9月全体(n=1200) | 6.3 | 27.9 | 56.6 | 5.9 | 3.0 | 0.3 |
| 11年11月全体(n=1200) | 2.0 | 14.8 | 52.2 | 19.0 | 11.7 | 0.3 |
| 12年11月全体(n=1200) | 1.7 | 13.1 | 53.8 | 18.8 | 12.5 | 0.2 |

図15-1　原子力専門家などへの信頼の推移

出典：第23回原子力委員会資料，第１号，「平成24年度　原子力利用に関する世論調査の結果について」[4]

　リスク・マネジメント研究では，「信頼」を構築するための要素は，リスクを管理する責任者の持つ能力と誠実さであるとされてきた[5]。す

なわち，リスクをコントロールできる能力を持ち，他者をおもいやりながらその責務をやり遂げる誠実さを持つとき，リスクを管理する立場の者は信頼される。しかし，この伝統的なモデルでは信頼を構築できない場合のあることも知られている。例えば，原子力の場合も，2002年の東京電力原発トラブル隠し事件以降，吉田氏も含めて大部分の原子力技術専門家は，その「能力」と「誠実さ」を示して「安全」のための努力を続けていたが，社会からの「信頼」を，問題発覚以前の状態まで戻すことはできなかった。なぜなら，一般的な状況下では，原子力の専門家に直接会って，その人物の能力や誠実さを判断する機会を持たないために，リスクを管理する立場の技術者がいかに有能で誠実であろうとも，情報隠しなどの報道で作りあげられたイメージやそこから生まれるバイアスを払拭することはできなかった。「能力」と「誠実」を2大要因とする信頼伝統的モデルの限界を示している。

　伝統的モデルに変わるモデルとして，「主要価値類似性モデル」がある。主要価値とは，「ある問題について，何が重要で，結果や手続きがどうかるべきかというその人の見解」である[6]。リスクを管理する責任を負う者（技術者）の能力や誠実さよりも，その人物が自分と同じものを大切であると考えているか，すなわち，価値を共有しているかによって，その人物に対する信頼が生まれるという。原子力の領域でも，例えば，原子力専門家が原子力発電所立地地域の住民と直接対話を繰り返した，反復型「対話フォーラム」[7]の成果が，ある程度このモデルの正しさを示している。リスクを管理する側（技術者）と公衆の間で，主要価値が共有されると考えられる状況が生まれるとき信頼が醸成され，それが，安心につながっていく。
　一部の例外を除いて，日本の技術者は，1990年代中頃まで，自らが重

視する価値を明確にして，社会と「共有」する努力をしてこなかった。しかし，冷戦終了後のグローバリゼーションの中で，日本の技術専門職集団も，倫理綱領の制定という形で，自らの価値を明示した。例えば，日本原子力学会は2001年に倫理規程を定め，ほぼ2年ごとに見直しを続けている[8]。この倫理規程のなかで，原子力の平和利用など，この学会に所属する原子力技術専門家が重視する価値が示されている。

　この倫理規程の第一の目的は，会員の倫理規範を明確化し，行動の指針を示すことであるが，「信頼」に関する主要価値類似性モデルに従えば，学会に所属する専門家が公衆から信頼されるためには，この規程のなかで示されている価値が，公衆にも理解され，共有されなくてはならない。倫理規程では，「能力」と「誠実さ」の必要性が強調されているだけでなく，「公衆の安全を最優先する」(憲章第2条) ことが謳われている。原子力関係者が，これらの主要価値を専門家間で共有するだけでなく，より広く社会とのコミュニケーションを通して，一般市民が自らの価値との類似性を認識できるように努力することで，社会の信頼を得ることができるかもしれない。日本学術会議の行動規範は，社会との建設的な対話を求めている。そうすることで，「原子力災禍がもたらした社会への影響」および「原子力が潜在的に持っている危険性」(日本原子力学会倫理規程前文より) を前提として，原子力技術に対する信頼を取り戻すことができるかもしれない。

　失墜した信頼を回復し，技術者がその役割を果たすことができるようになるためには，第一原則である「公衆の安全・健康・福利を最優先する」という価値観を，技術者コミュニティ全体で再確認し，その本当の意味で，共有しなければならい。

## 2. 社会の「福利」を最優先する技術者

### (1)「福利」を重視する技術

「安全」と「健康」については，すでに，多くの専門家や識者が検討をしているので，本科目では，「福利」すなわち「幸せ」について注目してきた。すでに見て来たように，ポジティブ心理学をはじめとして，さまざまな領域で，「幸せ（well-being）」に関する「科学的な」研究が進められている。ここでいう「幸せ（well-being）」は，単なる「快楽」ではなく，「健康で快適で安心感があり，さまざまな点で満たされた幸せな状態」であり，日本語では1語に当てはめるのが難しい[9]。「幸福」「幸福感」「幸福度」「幸せ」などの語が使われる場合が多いが，「よく生きている」状態とでもいうことができる。「新しい時代」の技術者が，倫理的な意思決定と行動をするためには，単に，専門的・技術的な視点からの考察だけでなく，常に「well-being」の観点からの熟慮が求められる。もちろん，「幸せ」のすべての要素について顧慮することは不可能であるが，例えば，セリグマンのPERMAのように最低限の要素について，技術的な検討に加えて考察する必要がある。新しい製品を設計する場合を考えてみよう。これまでのように想定されるユーザーのニーズに技術的に応えるだけでなく，以下のような考察が可能である。

　P：（ポジティブな感情）この製品は，ユーザーにポジティブな感情をもたらすか。
　E：（没頭）この製品は，ユーザーが没頭するのを助けることができるか。
　R：（よい関係）この製品は，ユーザーがよい関係を構築したり，維持したりするのを助けるか。

M：（意味・意義）この製品は，ユーザーにとって意味があるか。あるいは，ユーザーが意義のある行動をするのを助けるか。
　A：（達成）この製品は何を達成するのか。

　このような技術者倫理の第一原則に基づく検討を行い，その結果を社会との対話のなかで積極的に伝え，コミュニケーションをとることで，技術者が「公衆の幸せ」の維持・向上を「主要価値」としていることが，一般の人びとに理解されれば，信頼回復への糸口が開けるであろう。また，このような考察を習慣的に行うことにより，技術者の品格と徳性は向上する。

## （２）「未来はわれわれを必要としているか」再訪と警鐘への対応
　第４章で検討したように，インターネットの世界で活躍したビル・ジョイは，21世紀の科学技術が持つ危険性を指摘している[10]。
　人類は，危険性を孕んだ科学技術に関しては，リスクの評価を十分に行い，危険性が予想される場合には，研究・開発を制限し，情報の公開にも配慮が必要であると主張する。核兵器の出現を防げなかった，20世紀の科学技術の専門家たちの失敗を繰り返してはならないとジョイは警告する[11]。
　このような警告があったにもかかわらず，日本の原子力関係者は，リスクの評価を十分行わず，また，海外では「想定」されていた全電源喪失や炉心損傷に対して対策を取らないまま発電所の運転を続け，さらに「安全神話」を守るために十分な情報公開を行わなかったために，福島第一原子力発電所の事故は起こったと考えられている。
　ジョイが示した未来像はあまりに悲観的であるが，科学技術と社会というマクロな関係を考えるうえで正しいことが，東日本大震災によって

証明された。「新しい時代」の技術者は、ジョイの批判を無視して仕事を進めることはできない。技術をさらに進展させるにあたっては、彼の懸念を払拭できるだけの説明を、技術者自らができなければならない。ジョイの未来像が悲観的だというのならば、楽観的でいられるような科学技術と社会の関係について、創造的な「設計」を行い、設計に従った世界を構築していかなければならない。その鍵となるのが、「幸せ」に関する科学的な研究とそこから得られる知見を反映した技術者倫理である。

　第1章および第9章で議論したように、ポジティブ心理学の研究成果、人間は、自分よりも大きな存在のために貢献をすることにより、「幸せ」を高めることができる。日常の業務のなかで、前説で述べたようなPERMAに関する考察に基づく意思決定と行動を忘れることなく、定期的に俯瞰的なマクロ・エシックスの視点から、自らが携わる業務が、「公衆の福利」にどのように貢献しているかを確認することにより、自分自身の「幸福度」を高めることができる。この互恵的な関係について、公衆との間にインフォームド・コンセントを確立し、コンセンサスを築き上げるために、技術者は自らの「知識・能力・資質」を最大限活用しなければならない。このような時代だからこそ、科学技術を担う技術者の広い視野に立った、マクロなレベルでの「技術者倫理」が期待されているのだ。「原子力ムラ」ならぬ「技術者ムラ」に囚われるのではなく、積極的に社会との対話を推進できることが、「新しい時代の技術者」に求められる必須の能力である。

## （3）ミクロ（個）からメゾ（組織）、そしてマクロ（社会）へ

　SR26000に関する議論などか明らかなように、企業をはじめとする組織の社会的責任は、社会および環境の持続性に貢献することである。こ

の社会的責任に関する考え方と技術者倫理は，親和性が高い。例えば，日本技術士会の倫理綱領は次のような条項から始まる[12]。

(公衆の利益の優先)
1．技術士は，公衆の安全，健康および福利を最優先に考慮する。
(持続可能性の確保)
2．技術士は，地球環境の保全等，将来世代にわたる社会の持続可能性の確保に努める。

ここで「技術士」を「組織」に置き換えれば，SR26000をはじめとする最近のCSRの基本理念と合致する。

したがって，技術者個人が，直接，社会との対話をすることが困難でも，自らが所属する組織がその社会的責任を果たすことを重視する組織であれば，組織を通して，社会との対話に努めることができる。あるいは，組織がまだその社会的責任を認識していないのであれば，組織を変革することにより，この目的は達成できる。一企業の枠を越えて，自動車産業に携わるものとしての責任として，低公害エンジンを開発したエンジニアたちを思い出して欲しい。

時には，組織の利害を越えた意思決定と行動が必要な場合もあろう。公衆の安全を守るために，本店からの指示に反して，海水を注入し続けた原子力発電所長を思い起こして欲しい。

政治家や経営者は指示を出すことはできるが，現場で実際にモノを創り，モノを動かし，社会を変えるのは，技術者なのである。「新しい時代」においては，必要な場合は，社会のために組織を変えることも，技術者の役割である。セブン・ステップ・ガイドのステップ7を，常に意識していて欲しい。

## 3.「幸せ」な Philosopher-Engineer を目指して

　では,「新しい時代」の技術者とはどのような技術者なのだろうか。第5章で検討したように,新しい時代の技術者は,専門的知識や能力だけではなく,倫理観や幅広い教養,また,高いコミュニケーション能力をもった新しいタイプのエンジニアである。技術者倫理の観点からは,「公衆の福利」,すなわち,「幸せ」とは何かという「価値」に関する根本問題に当事者として対峙できなければならない。さらに,科学技術に直接関わる「価値」だけではなく,その他のさまざまな「価値」,特に,「幸せ」を構成する価値についてもバランスを取りながら最適な「判断」ができなければならない。確かに,ジョイも述べるように,21世紀の科学技術の成果を使えば,個人が種としての人類を滅亡させる可能性もある。その個人が優秀な技術者ならばなおさらであろう。技術者の意思決定がおよぼす影響は非常に大きい。このように強い影響力をもつ技術者は,単に技術の「専門家」であるだけでなく,技術の本質や目的について考察し,それが公衆の福利および自らの「幸せ」とどのように結びつくのかという,メタ・レベルの諸問題をも考察できる「哲人 (philosopher)」でなければならない。

　唐突なようだが,きわめて強い影響力をもつ統治者の理想像に関して,古代ギリシアの哲学者プラトンが興味深い見解を残している。プラトンは,紀元前4世紀にアテナイの郊外に学園アカデメイアを創設した[13]。この学校は,政治を司るものは,物事の本質を見きわめる「哲人」として,「哲学」的思考ができなければならないという信念の下で設立・運営された。プラトンは,国家の政治的な支配者は人間社会の現実的な「価値」の世界を超越して,哲学的な「価値」を理解できなければならないとした。つまり,「哲人」としての能力が不可欠であると考えたの

だ。現在に眼を向ければ，21世紀の技術者は，古代ギリシアの都市国家を「統治」した王たちよりも，はるかに大きな影響力をもつ。ジョイのいうように，人類を滅亡させることも可能かもしれない。また，福島第一原子力発電所長吉田氏のように日本が放射能に汚染され人の済めなくなった地域とそれ以北とそれ以南に３分割されるのを防ぐこともできる。ところが，その影響力にふさわしい教育や社会的地位が用意されているとは考えにくい。

　近代科学は，ある意味ですべての社会的・文化的・政治的な「価値」を切り捨て，「事実命題」のみを扱うことにより17世紀に成立し，その後急速な発展を続けてきた。その過程で倫理的な問い，つまり，行為の「善悪」や，なすべき行為に関する言明（すなわち「当為命題」）を排除し続けてきた。また，科学的に扱うことが困難だと思われていた「幸せ」についても，正面からの考察を避けてきた。急速に発展する科学技術の担い手を育成するために，われわれはこれまですでにでき上がった科学技術の成果を使って，眼前の問題をいかに解くか，つまり"How"の知識を伝授することに追われてきた。20世紀後半の「工学教育」は「いかに知るか」「いかにつくるか」を教えようとする試みであった。しかし，科学技術がもつ巨大な影響力ゆえに，「何を知るべきか」「何をつくるべきか」という問題設定が求められている。特に，「新しい時代」において，科学技術と社会がこれまでとは異なった関係を持つ中で，「目指すべき社会」と「社会の well-being」に貢献するために，技術者は何に取り組めばよいのか。つまり，科学技術の実践に関して"What"と"Why"の問題を自ら見いだし，自律的に判断できる能力をもった技術者を育成する「新しい時代の技術者教育」が必要なのだ。そして，その教育が生み出す技術者とは，プラトンが統治者に求めたような能力をもった技術の専門家，すなわち「哲人技術者（philosopher-engineer）」で

なければならない。哲人王が，よき都市国家を築き，治める為の政治を実践するために努めたように，哲人技術者は，幸せな世界に貢献するために努力する。実際，グローバル化が進むなかで，21世紀の技術者に求められている能力と資質は，ある意味で，プラトンが求めたものに近い。21世紀の「哲人技術者」を目指す技術者にとって，技術者倫理は，「周辺領域」にある，一般教養あるいはお飾り的なものではない。第1章で議論したように，技術者とは人類の福利のために，科学的知識と能力を使って貢献する専門職業であるとするならば，科学技術の価値とそれ以外の価値のバランスを取りながら最適な「行為」を「設計」し，それを実行する能力，すなわち，「技術者倫理」は自らの本質に関わる「中核的能力」といえる。

　プラトンの最も優秀な弟子のひとりであり，「万学の祖」といわれるアリストテレスは，自らが行ったすべての活動を集約して，「人生の課題は，良い人間になることである。つまり，最も崇高なものを手に入れることである。そして，その最も崇高たるものが，幸せ（eudaimonia）なのである。」（アリストテレス 『ニコマコス倫理学』, §21；1095a15-22）とした。アリストテレスの eudaimonia は，快楽主義的な「幸せ」ではなく，英語の「well-being」，すなわち「善く生きる」ことを意味している。

　一人ひとりの技術者が，Philosopher-Engineer を目指して，「公衆の福利」を最優先しながら，「社会のなかで社会のために」日々の業務を行うことで，「意味のある」仕事ができるであろう。習慣的にそれを行うことにより，その技術者が持つ徳性と品格が高まり，技術者自身の幸福度もあがる。

　本科目を履修した皆様には，是非，「公衆の福利」に貢献し，自らも「幸せ」な哲人技術者を目指していただきたい。それは，「善く生きるこ

と」に繋がるのであるから。

## ・注および参考文献

① これらの議論については，第13章を参照のこと。
② 吉田氏については，門田隆将『死の淵を見た男　吉田昌郎と福島第一原発の五〇〇日』（PHP研究所，2012年）；朝日新聞，「『吉田調書』―福島原発事故，吉田昌郎所長が語ったもの―」http://www.asahi.com/special/yoshida_report/ などを参照のこと。
③ 本節の内容は，奈良由美子・伊勢田哲治編著『生活知と科学知』（放送大学教育振興会，2009）の第7章に記述内容に若干の加筆・修正をしたものである。
④ 第23回原子力委員会資料，第1号，「平成24年度原子力利用に関する世論調査の結果について」（平成25年2月発行「平成24年度原子力利用に関する世論調査」報告書より抜粋）http://chosa.itmedia.co.jp/categories/society/26776。2014年7月13日アクセス。
⑤ 中谷内一也，『リスクのものさし―安全・安心生活はありうるか―』（NHKブックス，2006），pp. 183-190
⑥ 前掲書，p. 195
⑦ 八木絵香ほか「リスク・コミュニケーションにおける専門家の役割」，『科学技術社会論研究』第3号（2004），pp. 129-142
⑧ 日本原子力学会倫理委員会ホームページ http://www.aesj-ethics.org/
⑨ トム・ラス，ジム・ハーター著森川由美訳『幸福の習慣』（ディスカヴァリー・ツエンティワン，2011年），訳者あとがき。
⑩ Bill Joy, "Why the future doesn't need us," Wired, Issue 8. 04（April, 2000）
⑪ このまとめには，辻篤子による新聞記事「科学技術に制限を」朝日新聞，2001年8月29日付を参照している。訳文は辻による。
⑫ 日本技術士会，「技術士倫理綱領」https://www.engineer.or.jp/c_topics/000/000025.html
⑬ アカデメイアに関しては，例えば，廣川洋一『プラトンの学園アカデメイア』講談社学術文庫，1999年などを参照のこと。

| 付録1 | # 技術者倫理用ビデオ教材「ソーラーブラインド」 |

企画・製作：学校法人　金沢工業大学<br>
脚本：金沢工業大学　夢考房「技術者倫理教材作成プロジェクト」<br>
製作協力：東映㈱京都撮影所<br>
平成19年度特色ある大学教育支援プログラム（特色GP）<br>
「価値の共有による技術者倫理教育」

・・・・・・・・・・・・・・・・・・・・・・・・・・・・

ノベライズ企画・製作：公益社団法人　日本工学教育協会　技術者倫理調査研究委員会
ノベライズ製作協力：劇団しようよ
平成25年度（独）日本学術振興会科学研究費助成事業・基盤研究（B）研究課題番号：25282046
「国境なき技術者倫理教育の構築―グローバル化社会を担う技術者の資質とその教育―」

登場人物

| | | | |
|---|---|---|---|
| 真田智也 | スマートシステム電器産業社員 | 吉田 | スマートシステム電器産業社員 |
| 石川直幸 | 真田の上司 | ローレンス・ウォーカー | CSEジェネラル・マネージャー |
| 細谷隆志 | 真田の先輩 | | |
| 金城　望 | 真田の同僚 | 守衛 | |
| 渡辺一郎 | クロスサイドエレクトロニクス（CSE）担当者 | スマートシステム電器産業株式会社（バッテリー会社：日本の中小企業） | |
| 田中明宏 | TANAKAブラインド担当者 | | |

| CSE コーポレーション (ソーラーパネル会社：外国の大手企業) | TANAKA ブラインド (ブラインド会社：ブラインド製造の日本企業) |

1

　ある春の日，いつもと同じように晴れ，陽射しの暖かい昼間のことだった。
「ビフォア　アウァ　プレゼンテーション…」
　スマートシステム電器産業社員，二十八歳の真田智也は，上司の石川に先導されて初めての道を歩いていた。
「マイネーム　イズ　トモヤ　サナダ」
　慣れない英語は，口にするほどに違和感が募った。突然，石川が立ち止まる。クロスサイドエレクトロニクス社通称CSE社の大きな建物が，彼らの眼前に立ちはだかっていた。
　ごくり，と真田は思わず唾を飲み込む。石川は真田を振り返ると，笑って，
「真田，行くぞ」
　自動ドアが開く。胸を張って入る石川の後ろを，真田はあわててついていった。

2

　真田と石川が案内されたのは，やたら薄暗い会議室だった。ブラインドは下ろされていて，春の陽気がその部屋には届くことはなかった。しかし真田にはやたらと部屋が暑く感じられて，もしかして暖房が入っているのでは…とも思ったが，そんなことはなかった。
　クロスサイドエレクトロニクス社，通称CSE社側の代表者は渡辺と名乗った。彼が，新商品「ソーラーブラインド」の企画の担当者である。真田と石川のほかには，CSE社のローレンスと，TANAKAブラインド社の田中が同じ机を囲んでいた。
「今回，スマートシステム電器産業さんとTANAKAブラインドさんに技術提供をいただいて共同開発する『ソーラーブラインド』は，窓さえあれば，一戸建てかマンションかを問わず，大掛かりな工事も不要で，しかも屋外型よりも低価格という画期的な商品です」
　渡辺は言いよどむことなく，「ソーラーブラインド」という新商品の魅力をすらすらと話した。これまで

の屋外型太陽光発電が，一戸建て住宅のみを対象としてきたこと。それゆえ，太陽光発電を利用することを諦めてきた都市部のマンションに暮らす人たちに強くアピールできること…。石川の視線は，手元の資料と渡辺のあいだを何度も往復していた。真田には，その視線は真剣そのものに思えた。

「本体は，ソーラーパネルを組み込んだブラインド部と，コントロール・ユニットからなります。電源としてはコントロール・ユニットのバッテリーがメインになりますが，それに加え，家庭用コンセントからも電力を取り入れるハイブリッド方式を採用します。そのため，安定した電力供給が可能になります。また，このブラインドは連結可能で，大きな窓では連結することで発電量を増やせます」

静かな会議室に，渡辺の声と，資料がめくられる音だけが響く。

「ブラインドは，設定によって自動制御されます。例えば不在モードの時は，人感センサーで不在を感知し，発電量が最大になるようにブラインドの角度を自動で調整します。実売価格として，8万円。まずは日米欧の市場に投入して，さらなるコストダウンを実現してから，将来的にはBRICs諸国にも販路を拡大していきたいと考えています」

渡辺が指さした画面には，「マンションでもソーラーエコライフ」の文字が躍っていた。

おもむろにブラインドが上がり，外の陽光が入ってくる。眩しさに真田は目を細める。

「ブラインド部分はTANAKAブラインドさん，コントロール・ユニット部はスマート電器さんの技術協力なくして，この製品は完成しません。よろしくお願いします」

渡辺の言葉にも熱がこもる。先ほどの人物とは別人のようだな，と真田は思った。

「ブラインドが勝手に動いて発電する時代になるとはね」と田中が言った。

「世の中，どんどん技術は進んでますから。もちろん，なんといってもCSEさんの技術力のおかげです」

石川がそう反応すると，渡辺は，

「それに，スマート電器さんの低コストのバッテリーと，昇圧器の小型化技術があれば実現できるはずです」

その言葉に，石川の表情が明るくなった。

「ありがとうございます。絶対に，成功させましょう」

石川は真田を振り返り，笑ってみせる。田中社長も，頼むよ，と真田の肩を叩いて笑った。真田は，自分自身にかかっている期待と責任を噛み締め，それでも笑顔がこぼれてくるのを抑えられなかった。

　その日，ふたりと田中社長は，「ソーラーブラインド」の成功を誓って別れた。

3

　居酒屋の喧騒のなかで，真田は終わったばかりの会議を思い出していた。薄暗い会議室，スライドの画面，机を囲む真剣な顔，資料をめくる音…。とん，と真田の肩が不意に叩かれる。中座していた石川が，真田の隣に座った。
「それにしても，ああいうところは肩が凝るな」
「そうですね。ほんと，お疲れ様です」
　真田が注いだビールに，石川は少しだけ口をつけてコップを置いた。真田もビールを少しだけ口にする。
「パパ，メールきたよ。パパ，メールきたよ」
　居酒屋には似合わない，まだ幼い少女の声が聞こえた。真田が石川を見ると，彼はポケットから携帯電話を取り出していて，少女の声は彼の携帯電話から聞こえているようだった。石川は恥ずかしそうに携帯電話を開いた。
「娘さんですか」
「そうなんだよ」と，石川は真田を見ずに，携帯電話の画面を見つめて答える。
「そろそろ小学生でしたよね」
　真田が尋ねると，石川は携帯電話を閉じた。その表情は先ほどの会議でのものとも，真田がよく知る職場での顔つきとも異なっていた。
「ああ，妻がお受験を考えていてね。ローンもこれからだというのに」
　そこまで言うと，石川は再び仕事の表情に戻った。
「それより，これから来年の夏の発表まで一年半ほど…もっときつくなるぞ。特に，コントロール・ユニットの昇圧部分を，あと三十パーセントは小型化する必要がある」
「ええ，明日から始めます」と，真田も手にしていたコップを思わず置く。
「それと，今回先輩の細谷でなく，お前にチームリーダーを任せたのは，お前に成長してもらいたいということだ。期待してるぞ」
　石川は真田を見据えて言った。真田は少し息を呑んでから，まっすぐ

に石川を見つめ，答えた。
「はい。精一杯やらせていただきます」

4

　桜の散る頃，真田たちは「ソーラーブラインド」のコントロール・ユニットの開発にいそしんでいた。ホワイトボードの回路図を見ながら，
「ここの回路，けっこう熱くなる可能性がありますよね。どう回すのがいいんでしょうか」
　声を上げたのは，入社一年目の女子社員・金城だった。
「万が一のこともあるから，排熱もきちんと設計しとかないといけないな。でも，コストも考えて…」
　その勢いには，真田もしばしば押されてしまうのだった。
　列島に台風が上陸した夏の日，守衛が製作室を訪れた。いつも遅くまで作業する真田や金城らを，彼は気遣ってくれたのだ。真田が窓の外を見ると，強い風で木々が揺れていた。雨が窓ガラスを叩いている。
「これから，まだ台風がひどくなるみたいなので。今日は，そろそろ帰られたほうが」
「まだやることがあるので。毎晩遅くまで，すみません」と，ふたりは会釈をする。

　ある日，製作室をひとりの男が訪れた。制御プログラムを担当する細谷だった。真田にとっては，四つ上の先輩にあたる。細谷は淡々と，
「モードが頻繁に切り替えられても大丈夫か」
　語調は穏やかだったが，しかしその態度はどこか高圧的だった。
「はい。一応，安全には設計して…」
「一応じゃ困るんだよ，しっかりやってくれよ」
　真田が返事を言い終わる前に，細谷はぴしゃりと言い放った。真田は，
「すみません。いや…大丈夫です」
　その言葉に，細谷も頷いた。金城は少し離れたところから，その様子を何も言わずに見ていた。そのあいだ，彼女は作業の手を止めていた。随分寒くなった，枯れ葉の散る季節だった。

　粉雪の散る季節に，真田と金城は，いよいよ実際のブラインドを使った実験に取り組んでいた。
「今日もですか，お疲れ様です」
　守衛が制作室を訪れたとき，真田と金城は作業にかかりきりだった。
「すみません，それ取ってもらってもいいですか」
　真田は申し訳なさそうに，守衛に

頼む。その部品を真田がブラインドに取り付け太陽光のかわりにライトをつけて作業がすすむ。

　クロスサイドエレクトロニクス社での会議から，約一年が経っていた。再び桜の咲く季節がやってきて，おのずと社内の空気も明るくなったようだった。窓を開けると，爽やかな風が製作室に吹き込んでくる。

　春の陽光が「ソーラーブラインド」の試作品にも降り注ぐと，繋がれていた扇風機が回り始めた。思わず歓声を上げたのは真田だけではなかった。
「いい感じですね」
　金城が明るい声で言う一方で，吉田は，あとの問題はバイメタルパーツか，と呟く。
「一応これで，目処が立ったな」
「いけそうですね」
　石川と細谷の顔にも笑顔が浮かんでいた。
「この一年間，がんばった甲斐がありましたよ」
　真田の言葉に，石川が深く頷いた。

<h2 style="text-align:center">5</h2>

　その年の春も，瞬く間に過ぎていった。いつしか蝉の鳴く季節になり，社員たちの服装も，みな一様に薄着になっていた。陽射しは強く，屋内で作業する彼らの額にも汗が浮かぶころだった。
　その日，真田の表情は険しかった。
「金城さんも聞いてください」と，真田が切り出す。
「CSE社の東南アジア工場で，うちが納品した試作品のコントロール・ユニットが，不在モードでの作動中に異常発熱をし，触った人が軽いやけどを負ったそうです」
　部屋の空気がぴんと張り詰めた。細谷も金城も，言葉を失っていた。
「ブラインドを十個連結して使用していたとのことですが，はっきりしたことはまだわかりません。高温多湿な環境が原因で，配線かバッテリーに問題が生じた可能性があります」
「そのほかに，考えられる原因はあるのか」
　細谷はできるだけ冷静に話すよう努めているようだったが，しかしその表情には焦りが見えた。
「まだはっきりしたことは」
　真田は答える。このとき彼は，自分自身でも驚くほど落ち着いていた。

「早急に調査して報告する必要があるな」
「はい。細谷さんと吉田くんは，プログラムコードにバグがないか再チェックしてください。金城さんは，ぼくと一緒に回路の調査をお願いします」
　社員みんなが息を深く吸う音が，真田には聞こえたような気がした。

6

　それから彼らは一斉に，問題の原因の調査にあたりはじめた。製作室では，真田と金城が基板をひとつひとつテストし直し，設計室では細谷がパソコンの画面に向かってプログラムをチェックし直した。彼らの目は一様に真剣だった。作業の数々はとても地味で，彼らは孤独に自分の作業と格闘しなければならなかったのだ。それぞれの部屋では，測定器の作業音，マウスをクリックする音，キーボードを叩く音，彼らの息遣い…それらがやけに大きく聞こえた。画面上に波が揺れ，また一方ではプログラムの文字列が流れていく。作業開始からすべてのチェックが終了するまでには，数日の時間を要した。

「これで全てチェックしました。回路的な問題点はなさそうですね」
　金城が，チェックし終えた基板を見つめて言った。なぜ問題が見つからないのか…とでも言いたげに，彼女は下唇を噛んでいた。
「細谷さんのところでバグがあるか，ブラインド部分の問題か，あるとすれば部品の質の問題か…。これでは，報告書には不明とまとめるしかないよな。もう少し日数があれば」
　真田の言葉には，焦りと悔しさが混じっていた。
「仕方ないですよ，明後日が期日ですから。正直に報告しないと」
　金城は真田を励ましたが，真田は彼女を見ずにただ頷くと，
「細谷さんの方，見てくる」とだけ言って部屋を出て行った。金城には，その背中を黙って見つめるしかなかった。

　設計室では，細谷と吉田が黙って作業をしていた。空気は張り詰めており，真田は話しかけるのをためらいながらも，
「吉田さん，手掛かりは見つかりましたか」
　吉田は静かに，問題ありませんね，と答えた。しかし細谷は突き放すように，
「こっちにはなにも問題がないから，

そっちに問題があるんじゃないか」
　連日の作業の疲れからか，彼は不機嫌そうだった。真田が返答に困っていると，
「早く問題点を見つけてくれよ」
　細谷はパソコンの画面を見つめたまま，真田を見ずに返事をした。彼の貧乏ゆすりで，机が微かに揺れている。
「すみません。ただ，こちらにも問題点は見つからないんです」
「プログラムが悪いってのか」
「そういう訳ではありませんが…」
　真田の返事の歯切れが悪くなるほどに，細谷の表情は険しくなる。
「しっかりやれよ。お前，リーダーだろう！」
　細谷はキーボードを叩く手を止めると，真田を睨んで言い放った。真田は言いかけていた言葉を飲み込んで，すみません，とだけ言って部屋を出て行った。細谷が再びパソコンに向かおうとするのを，声が呼び止める。
「あいつ，最近疲れてるんだ。許してやれ」
　細谷が振り返ると，そこに石川が立っていた。細谷は向き直ると，
「彼はリーダーですから。今は，無理をしてでも成長してもらわないと。多少のストレスは必要でしょう」
　細谷の目に作業疲れの苛立ちとは異なった感情があらわれているようで，石川は思わず目を逸らす。
「まあな…。それで，手がかりは見つかったか」
「プログラムに問題はありません。真田の方は分かりませんが」
　石川は肩をすくめると，
「早く問題点を明らかにしてくれないと，CSEの渡辺さんに報告できなくて困るんだよ」
「私の方は，明日にでも報告書をあげてしまいます」
　石川は，助かるよ，とだけ答えると，細谷の肩を叩いて出ていった。

7

　真田もまた，報告書の作業に追われていた。事なきを得るため，石川の期待に応えるため，他のメンバーに迷惑をかけないため…。彼はすでに，ひとりで報告書を書き終えていた。
　真田は一人，屋上のベンチに座り込んでいた。夏の屋上は，その暑さに目がくらむようだった。照りつける太陽に空気が揺れている。真田は額に汗を浮かべながら，描き上げたばかりの報告書を見返した。しかし彼には，どうしてもその内容に納得

ができなかった。
　これじゃあ，やはりごまかしだ。明日，調査期日の延期を相談しよう…。真田が心に決めると，自ずとその手にも力が入った。

8

「あの，石川さん」
　翌日の夕方，真田は石川に声をかけた。すでに日は落ちて，細谷と吉田は退社準備をしていた。細谷は足早に部屋を出て行く。あわててついていく吉田を真田が見ると，吉田は，お疲れ様です，とだけ言って去っていった。
「なんだ，手こずってるのか？」
　石川は少し笑ってから，
「細谷の報告書では，プログラムに問題ないということだが…。やはり，回路の問題か」
　そう言うと，石川は退社準備にふたたび戻った。
「もしくは，ブラインドの方の問題ということはないでしょうか。仕様書通りだとしたら，異常な発熱などは起きないと思います」
「証拠はあるのか」
　石川の表情がやや険しくなったのが，真田にもわかった。
「ありません」
　石川は深い溜息をつくと，

「やはり，回路の問題だろう。早く問題点を見つけてくれよ」
　真田が言葉に詰まっていると，石川は荷物をまとめて，真田の肩を叩いた。設計室を出ていこうとする石川の後姿に，真田は意を決して，
「今回は製品化に向けて大幅にコストカットしていて，部品なども質を下げています。もしかしたら，それが原因なのかもしれません。信頼性の高いものに変えたら…」
　石川は真田を振り返ると，彼の言葉を遮った。
「おいおい。そんなことしたら，コントロール・ユニットは一回り大きくなるだろう。価格の方はどうなるんだ」
「少なくとも二万円は上がります。発売時期も延期せざるを得ないでしょう。ただ，それでも高温多湿で絶対安全かといわれると…」
　石川は自らのデスクに戻ると，ふたたび椅子に深く腰かけた。
「十万円…。売れなくなるだろう。『ソーラーブラインド』は，低価格が売りなんだよ」
　真田が言葉に詰まると，石川は言葉をつづける。
「原因が高温多湿にあるということは，確かなことなのか」
「それも正直なところ…」と，真田

はなお言いよどんだ。
「問題は再現したのか」
「サウナのような条件下では，回路はショートしてしまいました。ただ，もう少し日数をかけてチェックできれば」
「まったく，渡辺さんになんて伝えたらいいんだ。今日もメールが来ていたんだ。外資系の中でも，あの会社は特に納期にシビアなんだ」
　石川の語気も自然と強くなっていた。しかし真田もまだ諦めなかった。
「しかし，先方に正直に報告して，期日を延ばしてでも厳密に調査した方がいいのではないでしょうか」
「正直にって，わかりませんってことを正直にか。それとも証拠もなく，渡辺さんの方に問題があるんじゃないですかってか」
「いえ，ですが」
　真田がなおも言葉を継ごうとするのを，石川は遮った。
「とりあえず，適当な理由をつけて現状で問題ないと報告書を書くしかないな。しかたないだろう。今晩中に，報告書を仕上げておいてくれ。今日は娘の誕生日でね，早く帰らないといけないんだ」
　石川は立ち上がると，設計室を出て行った。真田はその後，報告書をさほど時間をかけることなく書き終えることができた。

　翌朝，石川は真田の報告書を受け取った。彼は，フォトスタンドに入れたばかりの娘の写真を手にしながら，一瞬だけ真田を見ると，ご苦労様，と言った。しかしその視線は，すぐに手元の写真へと戻されてしまった。

9

　報告書を提出したあとも，真田は製作室にひとりでこもることにした。時には出社時間より早く，時には退社時間を過ぎたあとも…。彼は連日，ひとりきりの検証作業を進めていた。自分とともに作業をしてくれる人は，社内にはもういない。そう真田は確信していたし，報告書を出した以上，それが仕方ないことも彼はわかっていた。

　しかしある夜更けに，真田はあることに気がついた。ピピ，という音が聞こえて，真田はいつものように測定器を確認した。するとその時，コントロール・ユニットに接続してあった測定器の波形が，ほんの一瞬乱れた。
「これは…」
　真田は目を疑った。驚きが，声と

なって洩れたのがわかった。

10

翌朝，鳥の鳴き声が聞こえるなか，真田は作業をつづけていた。製作室の外から，金城の元気な声が聞こえてくる。彼女は部屋に入ってくると，
「おはようございます，真田さん。今日も泊まりですか」
しかし真田は返事もせず，作業の手を止めなかった。金城はその様子を見て，
「何かあったんですか？　手伝いましょうか」
真田は手を止めず，大丈夫，といった。このことを真っ先に誰に話すのがいいか，彼はすでに決めていたのだ。金城は，作業をつづける真田の背中をただ見つめていた。

11

昼休み，屋上で煙草を吸う細谷に，真田は話しかけていた。
「不在モードの際，極めてまれですが，問題が生じる可能性があるのではないかと思います」
細谷も驚いたようだった。
「それは確かなのか」
「条件を揃えるのが難しいので，再現はできていません。ただ昨日の晩，突然，電圧の変換部分で波形の乱れが生じました」
「しかしそれなら，回路の問題じゃないのか。お前の方の問題だろう」
真田が何を求めているのか，細谷にはまだ掴みかねていた。真田にも，少なからず細谷が戸惑っているのがわかった。
「どちらの問題ということは，言えないと思います。それに設計を見直すにはコストがかかりますし，発売も延期になってしまいます。難しいと思いますが，プログラムだけで対処する方法を探ってみるのがいいと思うんですが」
そこまで真田が話して，ようやく細谷も事態を了解したようだった。
「いまさら何だよ，まったく。もう，問題はなかったと報告してあるんだ」
真田は，はい，と小声で答える。細谷はしばらく考えてから，
「石川さんは，先方との関係で本当に苦労してる。我々だけでどうにかしよう。なんとかして，製品化の前に書き換えておく」
細谷はそう言い切って，仕事に戻っていった。しかし真田には，どこかその言葉が不安に思えたのだった。上空を飛ぶヘリコプターの轟音が，真田に迫ってくるようだった。

12

　夕方，金城が退社したあと，設計室には真田と石川のふたりだけが残った。石川はあくびをしながら，退社の準備を進めている。
「今日も残業か？」
　石川に突然声をかけられ，真田は驚いたように，
「え，あ，はい」
「渡辺さんには，もう問題なかったと報告しておいたよ。お前も今日は早く帰れ」
　はい，と相槌を打ってから，しかし真田は石川に恐る恐る話しかける。自ずと表情は強張り，肩に力が入った。
「実は，今回の問題のことですが」
「もうそのことにはこだわるな。三週間後にはもう製品発表だ」
　帰ろうとする石川の背中に向かって，真田は，
「石川さん。問題を解決しないまま，製品化すべきではないと思います。来週の社内会議で，延期を検討すべきではないでしょうか」
「だったら，きちんと解決してくれよ！　もう製品を発表する段階なんだぞ。そんなこと，言えるわけがないだろう」
「でも事故が起こってからでは…」

　真田は言葉を続ける。
「実は昨日，一度だけ電圧の乱れが生じました。これが，発熱の原因かもしれません」
　石川はようやく真田を振り返った。その表情は硬かった。
「なに…。発熱はしたのか」
「そこまでの確認は取れていません。ですが」
　石川は再び背を向け，溜息をついた。そして彼はゆっくりと話し始める。
「万が一があるのは，しかたがない。何があっても問題の起こらない機械なんてないんだ。結局は市場に出てから，ユーザー対応していくものなんだよ」
　石川の口から出る言葉を聞きながら，真田は，自分自身から気力が奪われていくのを感じていた。
「それに今，そんなことを言ったら，会社の経営にどんな影響が出るか分からないぞ。それだけの責任を，君は取れるのか」
「ですが…」
「わかった，もういい」
　石川は深い溜息をつく。
「来週の社内会議で，相談してみよう」
　彼はそう言って，真田から逃げるようにして部屋を出て行った。

13

　翌週，社内会議が終わるのを，真田は製作室のなかで今か今かと待っていた。あと二週間，もう残された時間はない…。彼の表情に焦りが出るのを，金城も見逃さなかった。会議室の扉が開く音を聞いて，彼は製作室を飛び出した。
「それでは，よろしくお願い致します」
　石川は頭を下げながら，重役たちを見送っていた。頭を上げた石川に，真田は話しかける。
「石川さん，話していただけましたか」
　気の抜けた返事をする石川に，どうなったんですか，と真田は詰め寄る。すると石川は，あっけらかんとして答えた。
「延期はしないことになった。会社が決めたことだ」
「やっぱり，やっぱり良くないですよ！」
　真田が気力を振り絞って訴えると，石川は，
「いいんだよ。決まったことに，口を出すな」
　そう言って，足早に去っていった。去っていく石川の足音が廊下に響く。真田が石川を見送っていると，金城は製作室の扉越しに奥歯を噛み締めていた。

14

　真田は，外のベンチでひとりコーヒーを飲んでいた。夏が終わり，涼しくなりはじめる季節だった。彼は，ここしばらくの出来事を思い返していた。なぜこうなってしまったのか。もし誤ったとするならば，いつどこで誤ったのか。しかし今はもう，すべてが間に合わないのだった。
　真田は飲みかけのコーヒーをベンチに置くと，目の前の看板を眺めた。そこには，「なんでも話せる明るい職場」という社内標語が張り出されていた。なんでも話せる明るい職場…。彼はその言葉を頭の中で繰り返すと，静かにため息をついた。
「なんでも話したけど，聞いてもらえなかったんですね」
　声の方向に真田が顔を向けると，そこには金城が立っていた。金城はゆっくりと近づいてくると，真田と同じようにベンチに座った。なにも答えない真田の隣で，金城は彼の視線の先を眺めた。
「問題が，あったんですよね」
　真田はそれでも少し黙っていたが，やがて静かに答えた。

「はっきりとはわからないんだ」
「不安な点があるから，発表を延期したいと伝えたんですよね」
「でも会社の判断は違った」
「みんな頑張ったけど，チームリーダーとして，真田さんが一番苦労したじゃないですか」

　真田は再び黙り込んだ。金城の顔を見ることができなかったのである。金城は，そんな真田の顔を覗きこんで，
「私は，真田さんの判断を支持します。後悔しない結論を出してください。技術者として」

　その言葉に，真田は顔をあげた。何か言葉にしようとしたその時，建物の入り口から，身支度を整えた石川が現れた。
「おい，真田，そろそろ行くぞ」

　はい，と答えて真田は立ち上がる。去り際，空になった紙コップを，真田はゴミ箱に叩きつける。足早に歩いていく石川のあとを，真田は追いかけていった。金城にも，もはや何を言うこともできなかった。

15

　CSE社の会議室で，真田は神妙な面持ちで座っていた。「ソーラーブラインド」の製品発表に向けた最後の三社会議には，初回の会議と同様，真田と石川，TANAKAブラインドの田中社長，CSE社の渡辺とローレンスが出席していた。真田以外の四名は，会議を前にして気持ちの高揚を抑えられないようだった。
「いよいよですね，石川さん」
「みなさん，長い間お疲れさまでした」
「あれからもう一年半ですからね」

　真田は，互いの仕事をねぎらい合う一同と自分との間に，とてつもない距離があることを，あらためてその時知ったのだった。
「じゃあこれから，もっともっと忙しくなりますね」

　音を立てて，会議室のブラインドが下りてくる。秋のはじめ，冷たくなりはじめた陽射しから，会議室がゆっくりと遮断される。薄暗い会議室に，渡辺の声が響いた。
「スマートシステム電器産業さんと，TANAKAブラインドさんの協力により，ソーラーブラインドの発表まで…」

　真田は，じっと正面を見ていた。

〔了〕

= = = = = = = = = = = = = = = = = = = = = = = = = = = =
技術者倫理用ビデオ教材「ソーラーブラインド」補助教材ノベル
2014年1月23日
発行所：公益社団法人日本工学教育協会
技術者倫理調査研究委員会
〒108-0014　東京都港区芝5-26-20　建築会館4F
Tel. 03-5442-1021　E-mail : ethics@jsee.or.jp
https://www.jsee.or.jp/
= = = = = = = = = = = = = = = = = = = = = = = = = = =

付録2

# Gilbane GOLD

National Society of Professional Engineers, Gilbane Gold :
A Case Study in Engineering Ethics
(Alexandria, VA : National Society of Professional Engineers, 1989).
[Film23 : 25mm/video].

『ギルベイン・ゴールド』の登場人物：　　　　　　　　全訳：札野　順

- デイビッド・ジャクソン–Zコープの若いエンジニアで，同社がギルベイン市の規制に従って操業していることを認定する責任を負う。彼は，書類に署名することができる公的資格を持つ，プロフェッショナル・エンジニア（PE）である。
- マリア・レナート–この事件について調査を行っているテレビのレポーター
- ロイド・ブレーメン–市が新しい廃水規制を制定した際の，州の環境保護委員会メンバーで，現在は引退して家族で農業を営んでいる。
- ウインスロー・マッシン博士–ハノーバー大学工学部元教授。現在は引退している。
- フィル・ポート–Zコープの環境対策部長で，ジャクソンの直属の上司
- フランク・シーダース–Zコープの工場の技術部長
- ダイアン・コリンズ–Zコープの副社長で，ギルベイン市にある同社ディケンソン工場の責任者
- トム・リチャーズ–独立して業務を行う水質管理・処理専門のエンジニア，Zコープの元コンサルタント
- ダン・マーティン–Zコープの顧問弁護士

［デイビッド・ジャクソンが自宅でテレビを見ている］

レポーター：今週の『アップ・クロース』は，この地域で最も多くの従業員をもつＺコープが，問題を認識していたにもかかわらず，有害金属を市の下水に排出していた事件を取り上げます。

留守番電話の声：はい，デイブです。現在電話に出ることができません。ビープ音の後でメッセージをどうぞ。

トム・リチャーズ：もしもし，デイブ。私はトムだ。そこにいるんだろ。受話器を取ってくれよ。わかったよ。番組が終わった後でかけ直すよ。後悔しているかもしれないが，君は正しいことをしたんだから。

テレビ・レポーター，マリア・レナート：当13チャンネルの報道番組『アップ・クロース』をご覧いただきありがとうございます。私はレポーターのマリア・レナートです。私が立っている場所は，ギルベイン市の廃水処理施設のディケンソン・ストリート処理場です。ここでは，市の産業廃水が処理されます。ここで汚水の大部分が最終的に処理されます。そして，ここから我々の話が始まるのです。

数年前ディケンソン・ストリート処理場は，活気づく新興ハイテク産業が出す有害金属と溶液を処理しきれなくなりました。ここの設備では危険物質がギルベイン市のスラッジから作る「ギルベイン・ゴールド」に流入する前に取り除くことはできなかったのです。ご存知のように，市は，スラッジ（沈積物）を乾燥させたものを，過去75年に渡り，肥料として販売してきました。「ギルベイン・ゴールド」は人気のある商品で，利益も上げてきました。

この汚染問題を解決するため，市議会は新しい環境基準を制定しました。この基準は連邦政府の基準よりも10倍も厳しいものでした。

［場面が変わり，番組中のインタヴューになる］

ロイド・ブレーメン：この古い家は，私の祖父が建てたものです。

レポーター，レナート：ロイド・ブレーメン氏は，ギルベイン市が厳格な新条例を定めた際，州の環境保護委員会の委員を務めていました。新しい条例には，環境を汚染した企業の責任者に対する懲役刑も含まれています。ブレーメン氏は，現在では，公職を引退し，家族で農業を営んでいます。彼の農場では父親の代と同じように，「ギルベイン・ゴールド」を肥料として使っているのです。

ブレーメン：ハイテク産業には，環境に対して「きれいな」製造業というイメージがありますが，実は，潜在的に危険な化学物質を使っているのです。我々は，ハイテク企業が出す産業廃棄物を処理するための費用を，納税者が負担するのは不公平だと考えました。ですから，企業が市の環境基準を満たしていることを毎月，証明することを義務づける法律の策定を手助けしたのです。非常に危険な化学物質を我々のかけがえのない自然環境に廃棄することを見逃すことはできないのだというメッセージを明確にしたのです。

レポーター，レナート：ハノーバー大学工学部名誉教授ウインスロー・マッシン博士は，我々の社会は，汚染の問題になると心配性すぎるとの見解を示しています。

マッシン教授：エンジニアリングとは，実は，「妥協」なのです。絶対安全でかつ入手可能な値段の製品などは作れません。必ずトレード・オフが必要になるのです。また，ある都市には厳格な環境規制があり，そこでの製造コストが高くつきすぎるようになると，企業は別の都市に移転するでしょう。これはその都市が雇用と税収入を失うことを意味します。それに，10年前に我々自身が，Zコープのようなハイテク企業を優遇税制で，この町に誘致したことを忘れちゃいけません。それが，いまでは，国内で最も厳格な水質汚染条例でそれらの企業に重荷を与えているのです。

レポーター，レナート：この写真の人物はフィル・ポート氏です。この映像は一年程前のものです。彼はＺコープ社ギルベイン工場の役員の一人で，環境対策の責任者です。当時我々は当チャンネルでギルベイン地域で急成長するハイテク・ビジネスを扱う特別番組のためにポート氏にインタヴューしました。その時，ポート氏は次のように語っていました。

映像の中のフィル・ポート：我々Ｚコープでは，環境を最優先します。そうでなければ私はこの職に就いていません。我々は法律をきっちりと遵守してビジネスをしています。

レポーター，レナート：しかし今週チャンネル13ニュースが入手したＺコープ社の内部資料によりますと，一年前ポート氏がこのような発言をした当時すでに，Ｚコープは有毒物質をギルベイン市の下水システムに恒常的に廃棄していたのです。

ポート氏と他二名の関係者，技術担当責任者であるフランク・シーダース氏と工場の責任者であるダイアン・コリンズ氏に何度となくコンタクトを取ろうとしてきましたが，いまだに返事はいただいていません。

［白黒：Ｚコープ社での過去のミーティングの場面］

シーダース：というわけで，手短に申しますと，これから２週間フル稼働で製造を続ければ，バックオーダーを40％解消できることになります。

コリンズ：ちょっと待って。はっきりさせましょう。今から２週間たっても前の四半期からのオーダーの60％がまだこの工場に残っているというの！

シーダース：我々はあの製造ラインで最善を尽くしています。いろいろ問題がありましたが，現状は…

コリンズ：（シーダースの発言を遮りながら）本社は私たちの問題なんか気にかけてはくれないのよ，フランク。本社は仕事をやり遂げることだけを望んでいる

のよ。この問題については，後であなたと私で話し合わなければならないわね。よろしい，他に何かありますか。

ジャクソン：あのひとつご相談したいことがあるのですが。

シーダース：おい，ちょっと，デイビッド。俺にはやらなきゃいけない仕事があるんだよ。

ポート：（シーダースの発言を遮りながら）フランク！ デイブ，何がそんなに大事な問題なんだね。

ジャクソン：あの，フランクの廃水貯水槽からの検査結果によると我々は市の基準よりもよりも高いレベルで砒素と鉛を廃棄していると思えるのですが。

シーダース：我々は廃水を十種類もの方法で処理しているんだよ。もう何年だ，6年もの間，問題なしというテスト結果が出ているのに，なんで今頃そんなことを見つけだしたんだ。

ジャクソン：わかりません。

コリンズ：（ポートに向かって）あなたはこのことについて何か知っていたの。

ポート：いいえ。初耳です。

ジャクソン：今月になって気がついたんです。だからこの会議でお話したんです。どなたか私の知らないことを何かご存知かもしれないと思って。

コリンズ：デイビッド，この種の問題はまずあなた方の部署で解決が図られるべきものなのよ。もしなんらかの対策が必要なら，提案をまとめてから月例会議で報告するようにしなさい。フィル，おそらくあなたの専門知識と経験でデイビッドを助けてあげられるでしょう。チェックラインで，もうこれ以上問題があると困るのよ。今日の会議で聞いたように，フランクはもう手一杯なの。

みなさん，いいですか，これ以上何かが起こればあの製造ラインは採算が取れなくなるわよ。フィル，もし，問題があるなら，問題をなんとかしてちょう

だい，いいわね。それでは，今日の会議をこれで閉会とします。

［白黒：場面は変わって，フィル・ポートとデイビッド・ジャクソンはオフィスに戻る］

ポート：全く信じられないよ，デイビッド，私に一言もいわないであんなことを突然会議に持ち出すなんて。

ジャクソン：申し訳ありません，部長。でも，あれはエンジニアリングに関する会議だったので。それに廃水検査からこれまでよりも高いレベルが出ているんです。たとえ，わずかだとしても，市の基準より高い値が恒常的に出ているんですよ。

ポート：生産量が増えたことを考慮に入れたい。

ジャクソン：検査の結果からすると，もう6ヶ月も基準を越えた量を排出しています。なぜ，市の方は我々のことに気づいていないのでしょう。

ポート：このデータはちょうど線上だよ。もしかしたら，限度を超えていないのかもしれない。

ジャクソン：もっといろいろと検査してみなきゃいけないですね。多分。

ポート：時間と経費をかけて，なんでもかんでもダブル・チェックする余裕はないんだ。ここは大学じゃない，デイビッド。これはビジネスなんだ。

ジャクソン：でも，これらの重金属は重大問題ですよ。我々が今問題にしているのは砒素と鉛なんですよ。

ポート：私はこの仕事を15年やってきているんだ。私には問題とは思えないね。

ジャクソン：でも，市に対して最終的に責任を負わなければならないのは私なんです。自分が報告するデータが正しいことを確かめなきゃいけないんです。製造がピークに達したら，市の下水システムではとても処理できない量の砒素と鉛を，この工場が

垂れ流すことになるんじゃないですか。

ポート：しかし，はっきりとしているわけじゃないだろう。このデータからは，下流の下水システムで何が起こっているのかはわからないじゃないか。いいか，もしかりに我々が問題を起こしているなら，市の水質管理部から何かいってくるはずだろう。この問題に責任を持つべきなのは，彼らなんだ。市は，工場の廃水を規制しているんだから，これは彼らの仕事だろう。

ジャクソン：この問題で部長とけんかはしたくないんですが，私としてはこの状況が気にいらないんです。報告書に承認のサインをするのは私なんです。この問題についてトム・リチャーズに相談してみます。

ポート：わかった。じゃあ，リチャーズと話してみればいいだろう。もし，彼が同意するなら，この問題になんらかの対策を講じよう。でも，フランクの部署に請求書を送るようなまねはするなよ，わかったな。

ジャクソン：わかりました。

［**場面が変わり，トム・リチャーズとのインタヴュー・シーン**］

レポーター，レナート：Ｚコープ社関係者以外で，同社の水質汚染問題についてもっとも詳しいのは，こちらのトム・リチャーズさんです。リチャーズさんは，水質処理を専門とする独立したエンジニアで，長年にわたりＺコープ社のコンサルタントを勤めていらっしゃいました。同社の廃水処理システムを設計し，その運営を監視していたのは，リチャーズさんなのです。

リチャーズさん，Ｚコープは法的基準を超えた量の重金属を下水システムに流しているのでしょうか。

トム・リチャーズ：私の見解では，答えは「イエス」です。それほど多くではありませんが，制限量を超えているのは確かです。この問題に我々は長い間気がつきませんでした。なぜなら，我々が使っていた検査は，十分な精度を持っていなかったから

です。しかし，一年前Ｚコープのエンジニアが自分たちで集めたデータを持って私のところに相談にきました。そのデータは，Ｚコープが市の規制を超えた量の砒素と鉛を排出していることを示すものでした。

レポーター，レナート：そこでリチャーズ氏は，廃水レベルをより精確に測定するために，新しく高価な検査方法を使いました。その結果を元に，廃水処理システムの改善が必要なことをＺコープの経営陣に知らせたのです。

トム・リチャーズ：フィル・ポートは，Ｚコープは廃水処理システムを改善する必要はないと主張しました。Ｚコープは，条例に定められた方法の検査（これは精度が落ちるのですが）を基にすれば査察をパスすることができると彼はいいました。彼は，市の水質管理部から何も指摘を受けていないので，非合法なことは何もやっていないという立場をとっていました。

レポーター，レナート：それで，その後どうなったのですか。

トム・リチャーズ：数ヶ月は何事もなく過ぎました。そして，私はお払い箱になったのです。Ｚコープは，私との契約は経費がかかりすぎるし，私がやっていた仕事を，同じようにかつ廉価に行える社員がいるといいました。私は廃水処理システムを改善するためにお金を使うべきだと主張し続けたのでクビになったのだと思います。

［白黒：トム・リチャーズの契約が打ち切られた際の会議シーン］

コリンズ：リチャーズさん，申し訳ありませんが，もう，これ以上お話することは何もありません。あなたの論点やご指摘はもっともですが，我々としてはこの問題に経費を使い続けるわけにはまいりません。今わが社には，この問題を扱うことのできるスタッフがおりますので，あなたに仕事をお願いする必要はなくなりました。さてと，申し訳ありませんが，別の会議がありますのでこれで失礼します。

［コリンズが部屋をでていく。］

ポート：では，我々もやらなければならないことがあるし…

リチャーズ：君たちは，いったいどういうつもりなんだ。フィル，君には私が必要だということはわかっているだろう。デイビッドは，まだまだ経験が足りないし。

ジャクソン：ちょっと待ってください。わたしだって…

リチャーズ：問題は深刻だよ。この工場は，下水システムでは処理しきれない量の重金属を垂れ流しているんだぞ。

ポート：私はそうは思わないね，トム。市が要求する検査方法で得られたデータによれば，我々は限度内だ，ということだよ。

リチャーズ：その検査方法には欠陥があるんだ。わかっているくせに。デイビッド，君もわかっているはずだ。実際の排出レベルを正確に示す感度を，あの検査システムは持っていない。ウインスロー・マッシンのような大学教授でなくとも，そんなことぐらいわかるだろう。

市への報告書には，君が責任者として署名するんだよ。取り返しがつかないことを覚悟した上で判断しなきゃいけないんだよ。

レポーター，レナート：下水に企業が何を流しているかは，問題なのでしょうか。下水は排出物を処理するためにあるのではないでしょうか。しかし，個々の下水システムは特定の排出物のみを処理できるに過ぎないのです。

トム・リチャーズ：砒素や鉛のような物質は毒物です。これらの物質は，次第に土壌のなかや体内で蓄積されていくのです。市の水質処理担当者は古いタイプの検査法を使っていて，そのためZコープの排出量の変化に気づいていないかもしれないということを私は気づいていました。そこで，このことを何度か担当者に勧告したのですが，いままでのところ，いくつかの理由で

彼らは検査方法を最新のものに変更できていません。

[場面が変わって]

**レポーター，レナート**：ここは，「ギルベイン・ゴールド」を作るために，スラッジを乾燥させる場所です。ギルベイン・ゴールドは，ギルベイン市にとって，スラッジを処理する便利な方法以上の役割を担っています。ギルベイン・ゴールドは，市が当てにしている重要な収入源なのです。もし，スラッジからの収入がなくなるとすると，家族4人の一般家庭は毎年，現在の額よりも300ドル多い税金を支払わねばならないことになるでしょう。

13チャンネルでは，市の水質処理担当者にインタヴューすることを要請してまいりましたが，これまでのところ市当局は我々の依頼を断り続けています。しかし，以下のような文書による回答を得ています。

「市の顧問弁護士の勧告により，現在進行中の本件の調査に関しましては声明を控えさせていただきます。」

[場面が変わって]

**ブレーメン**：本当にギルベイン・ゴールドを信用していいものかどうか，私にはわからなくなってしまいました。これまでのところ，スラッジに含まれる金属類の量はそれほど危険なものではありませんでした。もちろん，確かなことは誰にもわかりません。おそらく，金属の含有レベルは問題にならないほど低いのかもしれません。しかし，重金属は崩壊しないのです。逆に，何十年にもわたって土壌の中に蓄積されていきます。問題を解決できるチャンスがあるときに解決をしなかったために，将来自分の孫や次世代の子供たちに有毒な物質で悪影響を与えるようなことはしたくありません。

**マッシン教授**：Ｚコープの廃水がスラッジを汚染していることを示すデータはまだありません。それに，忘れないでいただきたいことは，市の規制は，連邦政府の規制よりもはるかに厳しいと

いう点です。

レポーター，レナート：つまり，教授のおっしゃりたいことは，この問題を別の視点から検討すべきだということでしょうか。例えば，規制値を変更したり，規制の遵守を強制しないとか。

マッシン教授：そんなことをいっているのではありません。しかし，Ｚコープに対する告発は，はっきりとしたものではありません。私の研究結果からいえることは，もしリチャーズ氏の主張が正しいとしても，Ｚコープの生産量が現状のまま推移すると，蓄積された重金属が人体に影響を与えるようになるには，100年，いや，おそらく200年以上かかるでしょう。

レポーター，レナート：もし，生産が2倍あるいは3倍になったら，有毒物質は農地にどのような影響を与えることになるのでしょうか。

マッシン教授：もし，そうなれば，これは問題だね。

レポーター，レナート：次回の13チャンネルの「アップ・クロース」をお楽しみに。

[白黒：場面が変わってＺコープの工場で]

ポート：フランク，おめでとう。なんだかすごいことをやり遂げたそうだね。

シーダース：ああ，かなり厳しい交渉だったけどね。

ポート：（おどけて）トーコー・コンピュータとＺコープ・システムズは本日，コントロール・モジュールの生産を行うために共同でベンチャー事業を立ち上げることを発表いたしました。Ｚコープの成功の功労者は，こちらのフランク・シーダース氏であります。

ジャクソン：おめでとうございます。なにかすごいことがおこるといううわさは聞いていましたが，それが何なのかは今はじめて知りました。すると，生産を倍増することになるのですか。

シーダース：そうだな，これらかの5年間で生産を5倍に増やすことも考えられるね。しかし，利益マージンが薄いから，無駄を省いてすべての工程を切り詰めなきゃいけないね。予定どおりのコストで事業を展開するためには，しっかりとした工場運営をしないとね。

ポート：それをやり遂げるのがビジネスというものですよ。

シーダース：デイビッド，君と一致協力して，この事業を成功させたいね。我々はこの仕事に貢献できるようがんばろう，いいかね。

ジャクソン：おめでとうございます，フランク。

シーダース：ありがとう。

［ジャクソンとポート，二人の場面］

ジャクソン：フィル，これは重大な問題になるかもしれません。かなりの経費をかけて廃水処理を改善しなくてはならなくなりますよ。

ポート：デイビッド，簡単なことさ。市が規制する廃水の濃度規制値を超えないようにするために，廃水量の増加に伴いどの程度フィルター処理を増やせばよいかを計算すればいいだけだよ。

ジャクソン：しかし，それでもこの工場が大量の毒物を垂れ流ししていることに違いはないんですよ。あなただってわかっているはずじゃありませんか。下水システムが処理できる量をはるかに超えています。こうしたらどうでしょう。市役所に行ってこの問題について話し合うべきではないでしょうか。

ポート：もし君が多額の経費を使わずにこの問題を解決することができたら，まわりの君を見る目はまったく変わるだろうな。君自身を「輝かせる」チャンスかもしれないよ。

［場面が変わってジャクソンの部屋］

（留守番電話から声がきこえる。）
ポート：デイブ，フィルだ。君が家

にいなくてよかったと思ってるよ。いないということは，13チャンネルが我々を槍玉にあげている番組を見ていないということだからね。やつらは，俺をまるで環境破壊者のごとく扱っているよ。連中がこんな情報をどこから手に入れたのか俺にはわからないけど。戻ったら，電話してくれ。いいね。

(テレビの画面)
レポーター，レナート：もし，生産が2倍あるいは3倍になったら，有毒物質は農地にどのような影響を与えることになるのでしょうか。

マッシン教授：もし，そうなれば，これは問題だね。

レポーター，レナート：マッシン教授の予言は正しかったのです。一週間前にこのインタヴューが行われた時点で，日本の巨大コンピュータ企業トーコーと米国のZコープが画期的な提携をすることを知る者は，少数のZコープ関係者を除いて，いませんでした。13チャンネルに提供された内部情報によりますと，Zコープのギルベイン工場での生産量は，これからの5年間で5倍になることが予想されています。生産量が5倍になれば，鉛と砒素の排出も当然増加することになります。

ブレーメン：現在のところZコープは市の規制値をほんのわずか超えています。これは問題です。重大な問題です。しかし，生産量が増加すれば事態はより深刻になります。しかも，市の条例には大きな抜け穴があります。法律では，排出量中の危険物質濃度が規制されているだけなのです。一般の方にもわかりやすく申し上げますと，濃度規制とは，百万ガロンの水の中に，一オンスの鉛，一オンスの砒素までなら許される，という形で規制されているのです。しかし，濃度規制の抜け穴は，濃度が増加しない限り，いくらでも廃水を流すことができるという点です。もし，廃水の総量が5倍になれば，これらの危険物質の量は，2オンスではなく10オンスになるということです。したがって，新たな法律を作らなければなりません。さもないと，Z

コープやほかの企業が，合法的に有毒物質でスラッジを汚染することになります。

［白黒：Ｚコープでの会議］

コリンズ：製造ラインがやっと利益を上げ始めた矢先に，新しい水質処理システム装置のために経費を使わなければならないというの！ 我々は市の規制を遵守しているの？

ポート：技術的には，イエスです。しかし，予想される生産量の増加があるとすると……

コリンズ：ギルベイン市の水質処理関係者が何かいってきた？ ノーでしょ。我々はスラッジを扱うビジネスをしている？ ノーよね。スラッジが安全でないかどうかすらはっきりしているわけではないでしょ。私にすれば，問題は，市じゃなくて，この工場の環境対策部のあなたたちよ。いいですか，何らかの解決策を講じてちょうだい。でも，経費を使うという意味じゃありませんからね。そんな余裕はないんだから。

ジャクソン：ダイアン，あなたは問題を理解していないようですね。我々は下水に毒を垂れ流しているんですよ。法律が許すかどうかの問題じゃなくて，毒物がスラッジの中に大量に蓄積され，それが農場で使われていくということが問題なんです。

ポート：デイブ，君はこの問題に過剰に反応していると思うよ。この問題について私はダイアンに賛成だね。

コリンズ：デイブ，いい，私だって野菜をたべるのよ。あなたと同じようにわたしだって意図的にだれかに毒物を与えるようなことはしないわ。でも，あなたの懸念を裏付ける証拠がないのよ。我々は市の規制の範囲内で操業しているし，市議会が法律を変えるまでこのまま操業するつもりよ。

ジャクソン：我々は公衆に対してより広範な責任を持っていると思いますが。

コリンズ：あなたのいう通りよ。わが社は，この市に何千もの職を

提供し，税収入の基盤を与えているのよ。我々はコンピュータのビジネス。市はスラッジのビジネス。もしスラッジが危険だと思えば，販売を止めればいいだけのことよ。

［場面が変わってZコープの工場の前で］

レポーター，レナート：ジャクソンさん，いくつか簡単な質問をさせていただきたいんですが。お時間はとらせません。

この人物は，Zコープの水質処理の責任者，デイビッド・ジャクソン氏です。彼の仕事および責任は今回の問題の中核にあります。市の法務局はジャクソン氏に市のエンジニアとの面談を要請しています。市は本気で行動をはじめました。その文書には，「この要請にお応えいただけない場合はZコープに対する法的な強制命令を発令することになります。また，貴殿個人に対する刑事責任の追及も考えられます」と書かれています。

ジャクソン：ノーコメントです。お願いだから，いい加減にしてくれ。わかったよ。カメラを止めてくれたら，話すよ。

レポーター，レナート：（カメラマンに向かって）カメラを止めてちょうだい。

ジャクソン：いいですか。私はまだ何も悪いことをしたわけではないんだ。私は彼ら（会社の上司）に私の意見を聞いてもらおうと努力している最中なんですよ。あなた方が我々を追っかけまわせばまわすほど，彼らは頑なになって，事態は悪くなるばかりです。

レポーター，レナート：あなたご自身の立場からの説明を，オフレコで，私に話していただけませんか。

ジャクソン：そうですね。わかりません。考えさせてください。この問題に関して相談しなければならない人が何人かいますので。どちらにしろ，ご連絡します。

[白黒：ジャクソン，リチャーズ，マッシンの三人が相談している場面]

ジャクソン：どうしたらいいのかまったくわかりません。私は市に対して責任があります。しかし，いま起こっていることを止めるためには，私はまったく無力です。

リチャーズ：デイブ，君の情報をもって，事実を公表すべきだよ。それが汚染を止める唯一の方法だよ。

ジャクソン：もし，この事実を公表したら，私は職を失うことになります。そうなれば，Zコープをクビになった後，誰も内部告発者（Whistle blower）を雇ってくれないでしょう。もし，裁判になって私が会社側の立場を取れば，自分が正しくないと考えたデータを正しいと認証したエンジニアとして記録に残り，プロフェッショナル・エンジニアとしての免許を失うことになります。

リチャーズ：ウインスロー，我々は何を問題にしているんだろう。Zコープに廃水処理システムを改善させても，彼らが破産するわけじゃないだろう。

マッシン教授：我々は誰のために意思決定をしようとしているんだろう？

ジャクソン：法律がこんなに多量の毒物の排出を許すことは，会社の責任なのでしょうか。

リチャーズ：この条例には欠陥があるんだ。

マッシン教授：それは我々の責任じゃない。それは市の責任だ。

リチャーズ：この件について，君は自分の良心に従って行動すべきだ。つまり，公衆が被害をうけることになるかもしれず，もしそうなれば，君は一生それを背負って生きていかなければならないんだよ。

マッシン教授：もし，公表すれば，君はきっと職を失うことになるだろうね。トム，君とは長い付き合いだけど，この件に関して

は君に同意できないね。私はデイビッドは公表すべきではないと思う。ダイアンよりも上役で，君が相談できる人はいないのかい？

ジャクソン：そんな人がいてくれたらいいんですけど。

マッシン教授：この件を，技術者協会（学会）に報告して，協会に細かい問題を解決してもらうという案はどうだい。

リチャーズ：協会が決定を下すまでに，被害が出てしまっているよ。

ジャクソン：（公表する決意をして）あのレポーターの名前はなんといいましたっけ。

リチャーズ：レナート。マリア・レナートだよ。

マッシン教授：腕の立つ弁護士の名前も教えておいてあげないと。

[場面は変わって，ジャクソンの自宅。テレビ番組の中で]

レポーター，レナート：Ｚコープの顧問弁護士と市の法務局は現在汚染を止めるための交渉に入りました。しかし，より大きな問題が答えのないまま残されています。我々は，企業を自分たちの市に誘致しておきながら，その後，その企業が製品を生産しても利益を上げることができないほど厳しい規制を制定してもよいのでしょうか。企業は，法律の基にある（環境保全の）原則を破っていることを知りながら，法律の文面だけを守ることを許されるべきなのでしょうか。我々はすでに有毒な物質による影響を受けているのでしょうか。

市のスラッジの重金属による汚染という，この事件についてより詳しく知れば知るほど，議論は不明確になっていきます。本当に，下水とおなじくらい暗く濁っていると申し上げざるをえません。

番組をご覧いただきありがとうございました。マリア・レナートがお伝えしました。

（電話が鳴り，留守番電話からの声）

マーティン：デイビッド，私はダン・マーチンです。以前お目にかかりました。私はＺコープの顧問弁護士です。ダイアン・コリンズからの依頼でお電話を差し上げています。彼女は，あなたのご都合がよろしければ明日の朝9時半ごろあなたに会いたいそうです。今しがた放映されたテレビ番組の件です。戻られたらお電話ください。それでは，「よい夜」を。

〔了〕

# 索引

●配列は五十音順．＊は人名を示す．

## ●あ 行

青山士＊ 113
アデランス社 211
アメリカ科学振興協会 257
アリストテレス＊ 274
アルヴィン・ワインバーグ＊
　→ ワインバーグ
安全神話 233
伊勢田哲治＊ 21
遺伝子組換え作物 235
インフォームド・コンセント 236, 270
ウィットベック＊ 118
ウィリアム・ルメジャー＊
　→ ルメジャー
疑わしい研究活動（QRP） 252
エシックス・テスト 128
エド・ハリス＊ → ハリス
黄金律テスト → 可逆性テスト

## ●か 行

カール・セーガン＊ 69
カール・ミッチャム＊ 20
改ざん 251
科学者の行動規範 254, 257
可逆性テスト 131
価値 54, 57, 58
環境 194
企業の社会的責任 181
技術者と法律 135
技術者倫理 15
技術者倫理の4つのレベル 59
規制の虜 225, 234
義務倫理学 101
キャロライン・ウィットベック＊
　→ ウィットベック
ギルベイン・ゴールド 166
クリストファ・ピーターソン＊ 103
黒田光太郎＊ 21
研究公正局（ORI） 250
研究倫理 245
原子力発電 239
行為者・行為・結果 98
公益通報 123, 175, 176
公益通報者保護法 177
功利主義 98
国際的相互承認 81
国防産業イニシアティブ 122
コスト・ベネフィット分析 231
コズミック・カレンダー 69
コンセンサス会議 237
コンプライアンス 202

## ●さ 行

サーベインス・オクスレー法 122
幸せ 22, 149, 268
志向倫理 19, 152
持続可能な発展 183
実験者 236
実験台 236
シティコープ・センター 152
シビアアクシデント 226
社会契約モデル 146
社会的実験モデル 142
社会的責任 187, 189, 190, 193
ジョイ＊ 73, 74, 269
消費者問題 196
ジョン・ラッド＊ 108
自律 96

ジレンマ問題　94
信頼　265
ステークホルダー　51, 57, 58, 192, 198
ステークホルダーエンゲージメント　185, 199
ステネック*　253
スペースシャトル・プログラム　29
世界技術組織連盟　116
責任　147
責任ある研究活動（RCR）　250
セブン・ステップ・ガイド　127
セリグマン*　23, 148
線引き問題　95
相互依存性モデル　144
想定外　234
ソーラーブラインド　166
阻害要因　137
促進要因　137

●た　行
チャレンジャー事故　29, 30
中核主題　193
ディジョージ*　176
デイビス*　108, 127
盗用　251
徳テスト　133
徳倫理学　98, 102, 133, 139
戸山田和久*　21
トランス・サイエンス　232

●な　行
内部告発　123
日本技術者教育認定機構（JABEE）　87
捏造　251

●は　行
畑村洋太郎*　242
パナソニックグループ　202
ハリス*　20, 137
東日本大震災　224
ビル・ジョイ*　→　ジョイ
不正行為　245
普遍化可能性テスト　132
普遍性　95
プラトン*　272
プロフェッショナル・エンジニア　174
プロフェッション　107, 174
ポジティブ心理学　23, 149
ボジョレー*　33
ホンダ　158
本田宗一郎*　158

●ま　行
マーティン*　21, 142
マーティン・セリグマン*
　　→　セリグマン
マイク・マーティン*　→　マーティン
マイケル・デイビス*　→　デイビス
マクロ・レベル　61, 64
マスキー法　160
松下幸之助*　203
慢心　262
ミクロ・レベル　61, 66
メゾ・レベル　63, 65
メタ・レベル　61, 64
モートン・サイコオール　31

●や　行
吉田昌郎*　263
予防倫理　19, 152

● ら 行
リスク　208, 227
リスク・マネジメント　265
リスクの受容　231
リスクの認識　229
リスク評価　227
リチャード・ディジョージ*
　→　ディジョージ
倫理　15
倫理綱領　107, 111
倫理担当者協会　122
倫理プログラム　256, 257
倫理問題　93
ルメジャー*　152
レオ・シラード*　19
連邦量刑ガイドライン　122
ロジャー・ボジョレー*　→　ボジョレー

● わ 行
ワインバーグ*　232

● アルファベット
ABET　85
CDIO　84
CSR　159, 181, 202, 208, 211, 219
CVCCエンジン　160
DII　122
ENAEE　81
EOA　122
eudaimonia　274
GA　83
GNR　74
good work　151
IEA　81
ISO26000　181, 183, 186
JABEE　87
Meaningfulな幸せ　23, 150
NASA　29
O-リング　33
PERMA　23
Philosopher-Engineer　272, 274
well-being　23, 268, 274
WFEO　116

# 分担執筆者紹介

(執筆の章順)

## 栃内　文彦（とちない・ふみひこ）
・執筆章→ 3・14

| | |
|---|---|
| 1970年 | 北海道に生まれる |
| 1994年 | 国際基督教大学教養学部理学科卒業 |
| 1994年 | ニッセイ電気株式会社入社，東京およびシンガポールで営業に携わる |
| 1997年 | Kobe Steel Asia Pte. Ltd.入社，シンガポールで営業に携わる（1998年まで） |
| 2004年 | 北海道大学大学院理学研究科物理学専攻博士課程単位修得退学，2005年　博士（理学）取得（専攻は科学史） |
| 現在 | 金沢工業大学基礎教育部准教授 |
| 専攻 | 科学史，科学技術社会論，科学技術倫理 |
| 主な著書 | 『改訂版　技術者倫理』（分担執筆，放送大学教育振興会） |

## 夏目　賢一（なつめ・けんいち）
・執筆章→ 5・10・13

| | |
|---|---|
| 1974年 | 大阪府に生まれる |
| 1997年 | 金沢大学理学部卒業 |
| 1999年 | 金沢大学自然科学研究科博士前期課程修了 |
| 2001年 | 東京大学総合文化研究科修士課程修了 |
| 2006年 | 東京大学総合文化研究科博士課程単位取得満期退学（2012年　博士（学術）取得） |
| 現在 | 金沢工業大学基礎教育部准教授 |
| 専攻 | 科学技術史，科学技術社会論 |
| 主な著書 | 『はじめて読む物理学の歴史』（分担執筆，ベレ出版） |
| | 『はじめて学ぶ技術倫理の教科書』（分担執筆，丸善） |
| | 『改訂版　技術者倫理』（分担執筆，放送大学教育振興会） |

## 金光　秀和（かねみつ・ひでかず）　・執筆章→6・7・8

1974年　石川県に生まれる
1996年　北海道大学文学部哲学科卒業
2004年　北海道大学文学研究科思想文化学専攻博士後期課程単位修得退学
現在　　金沢工業大学基礎教育部准教授
専攻　　哲学，科学技術倫理
主な著書『改訂版　技術者倫理』（分担執筆，放送大学教育振興会）

## 岡部　幸徳（おかべ・ゆきのり）　・執筆章→11・12

略歴　　神奈川大学大学院経営学研究科博士後期課程修了　博士（経営学）
2005-2009年　早稲田大学企業倫理研究所客員研究員
2014年　英国レスター大学　スクールオブマネジメント　客員教授
現在　　金沢工業大学基礎教育部准教授，英国レスター大学　スクールオブマネジメント　名誉客員フェロー
主な著書　単著：『よくわかる経営倫理・CSRのケースメソッド―エシックストレーニングのすすめ』（2014年，白桃書房）
　　　　　共著：『経営倫理用語辞典』（2008年，白桃書房）
　　　　　　　　『ビジネス倫理学』（2008年，晃洋書房）

# 編著者紹介

### 札野　順（ふだの・じゅん）　・執筆章→1〜15

| | |
|---|---|
| 1956年 | 大阪府に生まれる |
| 1980年 | 国際基督教大学教養学部理学科卒 |
| 1982年 | 国際基督教大学大学院教育学研究科博士前期課程修了 |
| 1990年 | オクラホマ大学大学院科学史研究科博士課程修了（Ph.D.） |
| 現在 | 金沢工業大学教授，同科学技術応用倫理研究所所長，放送大学客員教授 |
| 専攻 | 科学技術倫理，科学史，科学技術社会論 |
| 主な著書および訳書 | 『はじめて学ぶ技術倫理の教科書』（共編著，丸善）<br>『科学を志す人びとへ―不正を起こさないために―』（共著，化学同人）<br>『実践のための技術倫理―責任あるコーポレート・ガバナンスを目指して―』（共著，東京大学出版部）<br>『技術は人なり―プロフェッショナルと技術者倫理―』（共著，土木学会）<br>『技術者倫理』（編著，放送大学教育振興会）<br>『技術倫理Ⅰ』（共著，みすず書房）<br>『神と自然―歴史における科学とキリスト教―』（共訳，みすず書房）<br>『改訂版　技術者倫理』（編著，放送大学教育振興会） |

放送大学教材　1234277-1-1511（テレビ）

# 新しい時代の技術者倫理

発　行　　2015年3月20日　第1刷
　　　　　2016年1月20日　第2刷
編著者　　札野　順
発行所　　一般財団法人　放送大学教育振興会
　　　　　〒105-0001　東京都港区虎ノ門1-14-1　郵政福祉琴平ビル
　　　　　電話　03（3502）2750

市販用は放送大学教材と同じ内容です。定価はカバーに表示してあります。
落丁本・乱丁本はお取り替えいたします。

Printed in Japan　ISBN978-4-595-31570-1　C1334